電訊傳播
CEO的經營策略

劉幼琍　主編

朱詣璋　李泰臨　李彬　何薇玲　呂學錦　林東民　吳健強
陳怡君　陳建銘　楊鳴　廖福順　劉幼琍　賴弦五　嚴曉翠　合著

The Management and Strategies
of Telecommunication and Media CEOs

本書結合十三位高階經理人的經營策略，深刻的內容與精準的思維，完整剖析電信與媒體產業的現狀，並針對市場的趨勢加以把脈，明確指出經營管理的重點。這本有關電信與媒體的重要著作，提示了電信與媒體經營的最高指導原則，誠為關心電信與傳播產業的產官學研必讀的經典著作。

國立政治大學校長　吳思華

電信傳播正面臨轉型，只有站在CEO高度方可綜觀全局。但這些知識通常只是默會之知，難以窺其堂奧。這次劉幼琍教授邀請13位CEO齊聚一堂，感謝他們毫不吝惜地將經營智慧傾囊以授，將掌握趨勢、發展策略的默會之知化為文字。這絕對是一場千載難逢的知識盛會。

國立政治大學傳播學院院長　鍾蔚文

我喜歡聽故事，如果有一天，《三國演義》中的曹操、諸葛亮、周瑜、小喬受羅貫中之邀親自出來講述赤壁之戰的故事，那肯定很精彩。這本書，就是由傳播界大師劉幼琍教授親自出馬，邀請了十三位英雄好漢為大家說自己的故事，真的是太精采了。

台灣科技大學管理學院院長、特聘教授　盧希鵬

這本書的內容，有對理論的探研，但是，是架設在實務的基礎上；這本書更多的是業者的現身說法，他們的經驗其實就是台灣電訊傳播的真實發展史，所以說服力強。建議一般的讀者，好好從中分享業者、編者的觀點，就可以一窺台灣電訊傳播發展的全貌。

聯合報系金傳媒集團執行長兼經濟日報社長　楊仁烽

身為傳播學界的一份子，衷心期盼見到一本屬於全方位探討本地電信傳播產業相關議題的著作。劉幼琍教授在電信傳播領域是國內外知名學者，更是在國內難得具有產官學經驗的研究者。以劉教授的高度，邀請到13位產學經歷的友人，齊同為此一產業論述與建言，確實是值得大家所期盼的大作！

世新大學傳播學院院長　陳清河

華山論劍引人入勝之處，不在爭取武林盟主之位，而在各派宗師對電信業的歷史發展、經營之道、未來期許的觀點與論述，以及彼此間激盪出的火花。此書集13大家之大成，讓觀劍者對電訊傳播業瞬間增加一甲子功力。

國立政治大學商學院副院長　別蓮蒂

數位匯流時代的蓬勃發展與不斷蛻變，已然跨過了科技、通信與媒體產業的界線。本書匯集國內各大電信與傳播業界龍頭的觀點，讓您站在CEO的高度，從跨越國界、領域、平台、裝置等的嶄新互動模式中，為您勾勒出未來產業最先進的發展契機與願景。

國立政治大學商學院副院長、資管系主任　陳春龍

電信傳播產業蓬勃發展，蔚為顯學。劉幼琍教授洞悉此沛然莫之能禦的潮流，編輯此書，深具其開創性意義；所邀撰寫者均為一時俊彥，篇章中有導引全球趨勢的洞察力，有經營策略中轉折跌宕的感悟；更有面對市場競合之間靈活應變的真知灼見……，總之，劉教授是一位有智慧的串珠人，至盼企業界、媒體界、通訊界都能人手一冊，智珠在握。

大人物知識管理集團董事長、瑞士歐洲大學商學院教授　范陽松

政大的傳播學院一直是國內的翹楚，培育很多傳播界的人才，但過去似乎比較重視專業本身的訓練。「廣電大講堂」將格局提升到CEO的經營策略，並借重業界資深實務經營者的經驗，對傳院，甚至商管學院的師生都有幫助，講述內容也兼顧數位匯流，網路世代及跨國經營，非常貼近時代的脈動。

國立政治大學科技管理研究所教授　溫肇東

主編序

　　本書的緣起來自2011年秋天，筆者在政大開的一門課「廣電大講堂：電訊傳播CEO的經營策略」。本課程經過周詳的規劃，原來預計邀請16位國內電信與傳播企業知名的董事長或總經理。在邀請過程中，除了3位資深及傑出的總經理因為時間或不同因素無法應邀，13位應邀者均排除萬難，熱心貢獻經驗與智慧。為了避免他們臨時有會無法前來演講，本課特別開在晚上。修課的同學非常踴躍，除了傳播學院的大學生及碩士生，還有其他學院包括企管系的學生，甚至有大陸來的交換生。為了保存及傳播這13位業界管理者的演講精華，筆者說服他們將演講內容改寫出書。在撰寫過程中，本書每一位作者都慎重其事、反覆推敲，甚至重新改寫。多半的作者因為工作忙碌，斷斷續續花了一年的時間才算完成。好在沒有一位中途退出。

　　放眼望去，國內外有關經營管理的書很多，然而針對電信與傳播媒體經營管理的書卻相當有限，尤其是由各電信與傳播企業CEO親自執筆者更是前所未見。本書邀請13位國內重要的電信與傳播的董事長或CEO共同剖析台灣的電信及廣電媒體的市場生態及管理策略，藉此讓讀者瞭解此一行業的精髓。首先是由國內三大電信業者中華電信的董事長呂學錦，以及台灣大哥大總經理賴弦五與遠傳電信總經理李彬，分別以不同的角度分析電信產業發展與溝通領導，接著由無線寬頻接取的電信業者全球一動董事長何薇玲分析電信加

值服務市場之發展與經營策略。

電視媒體方面則分別邀請中視的總經理李泰臨、TVBS的總經理楊鳴、年代的總經理吳健強、Discovery的總經理林東民，以及前中天總經理暨黑劍總經理廖福順，以各自不同的領導風格來解析電視媒體的經營與管理。新興媒體則以愛爾達執行長陳怡君及Yahoo!奇摩總經理陳建銘爲代表，對於新媒體的營運方式提出深入的論述。最後，結合媒體購買公司凱絡總經理朱詣璋以其代表廣告客戶在媒體下預算播送廣告之經驗，加上利眾公關公司董事長嚴曉翠（前精英公關集團執行長）以其與客戶及媒體的互動及策略，都是本書涵蓋的主要內容。

本書13位董事長、總經理或執行長在其代表的業界，都是非常資深且傑出的管理者。從其親身經驗及掌握的第一手資料現身說法呈現給讀者，對於國內的產官學研都非常有參考價值。本書的內容對整個產業的輪廓有完整的分析，例如對各產業的收入、支出，或媒體收視率、廣告營收都有做趨勢性的整理，也提供經營管理方面實證的經驗，可說是一本電信與傳播經營管理兼具實務與理論的書。

本書所設定的讀者群主要包括電訊與傳播相關的產官學研人士。本書雖然以電訊傳播CEO的管理實務經驗爲主，也希望提供讀者對電信、電視、新媒體、網路、公關、媒體購買業界生態資訊的瞭解。本書不只希望有實用價值，也希望有保存價值。所以除了提供經營理念，也提出一些組織架構或市場分析的資料。歡迎讀者對本書未來的再版提出指教與建議。

本書的出版要謝謝上述13位作者的鼎力支持與全心投入，也要謝謝政大傳播學院鍾蔚文院長對「廣電大講堂：電訊傳播CEO的經營策略」課程的支持，助理李敬豪、朱思慶與葉俊延的聽寫整理，在媒體工作的位明宇及崔舜華的讀後建議，揚智文化閻富萍總編輯

的編輯建議。本書除了要感謝上述人士的付出，還要感謝一位耐心幫忙整理的助理：世新大學傳研所博士生徐也翔。另外要謝謝爲本書寫推薦文的政大校長吳思華、政大傳播學院院長鍾蔚文、政大商學院副院長陳春龍、政大商學院副院長別蓮蒂、政大商學院教授溫肇東、台灣科技大學商學院院長盧希鵬、世新大學傳播學院院長陳清河（曾任台視董事長及總經理）、聯合報系金傳媒集團執行長兼經濟日報社長楊仁烽及大人物知識管理集團董事長范揚松教授。

劉幼琍

2013年2月20日

政治大學廣電系

目　錄

電訊傳播
CEO的經營策略

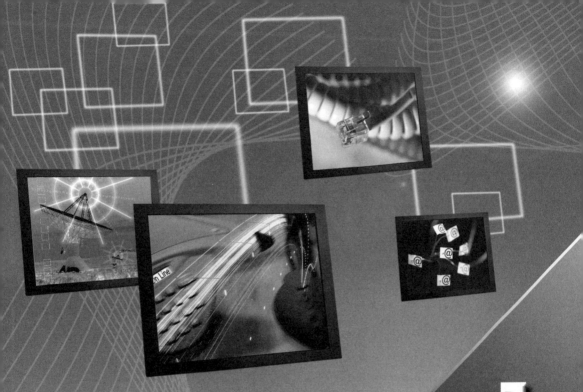

1

電訊傳播經營管理導論

國立政治大學廣播電視學系教授　劉幼琍

生活哲學

活到老，學到老。把握生命的每一刻。永遠要求自己比別人要求的多一點。

作者簡歷

劉幼琍，國立政治大學廣播電視系教授暨國際傳播英語碩士學位學程主任。美國印第安那大學電訊傳播博士。曾任國家通訊傳播委員會第一屆委員、行政院消保會委員、交通部電信總局「電信自由化工作小組」委員、中央電台董事、美國傅爾布萊特訪問學者、喬治華盛頓大學訪問學者、政治大學廣播電視系主任、文建會「文化白皮書」諮詢委員及撰述委員、中華民國新聞評議會委員、消基會媒體委員會委員、外交領事人員「大眾傳媒研究班」講座、民視評論主筆兼主持人、華視「國際瞭望」執行製作、顧問、華視記者與主編、中廣海外部記者與主持人、民視「台灣空中文化藝術學苑」總主持人。專長包括電訊傳播政策與法規、新媒體經營模式、媒介經營管理、數位媒體與寬頻網路、數位匯流政策與管理。著有《多頻道電視與觀眾》、《有線電視經營管理與頻道規畫策略》、《有線電視》等書及相關學術論文。現任 *Telecommunications Policy*、*Human Communication Research* 等國際知名學術期刊編輯委員會委員。

前　言

　　美國《電訊傳播管理》一書（*Telecommunication Managements*）的作者Barry Sherman指出，電訊傳播管理主要分為三個重要的環節，第一是管理的技巧，包含科技、人性及概念方面的技巧。管理者除了要懂電訊傳播相關的科技，也要知道如何領導及鼓勵員工，並且有經營電信公司或媒體的概念。第二是管理的功能，包含規劃、控制、組織、人事與創新。第三是管理的角色，包含人際的、資訊的與決定的角色。人際的角色是指扮演領頭者、領導者與聯絡人的角色；資訊的角色是指扮演偵查者、傳播者與發言人的角色；決定的角色包含資源分配、仲裁與協商的角色。本書所著重的是電訊傳播CEO的經營管理策略，每章的作者會選擇其關注的角度切入。本章是導論的性質，所以主要在探討影響電訊傳播經營管理的因素、CEO的職掌及電訊傳播CEO的理論與實務。本章的內容除了綜合整理國內外的相關文獻，也就一些電訊傳播管理實務的重要問題訪問了本書的一些作者，並做比較分析。

第一節　影響電訊傳播經營之因素

　　美國媒介管理學者Peter Pringle曾說，影響電視台經營的因素包括執照、競爭、政府、人力資源、工會、大眾（觀眾）、廣告商、經濟活動、產業秩序、社會因素及科技等（Pringle, Michael, & William, 1995）。本書的作者受邀在本人的課堂演講時，都強調政策法規尤其是主管機關對他們營運的重要性，但是他們多半抱怨主管機關管得太多，例如電信業的費率管制，或是申請設備器材查驗耗費時日。電視台的總經理則抱怨商業置入性行銷或內容管制處罰

太嚴。無線電視台覺得有線電視的管制尺度較鬆對他們很不公平。有線電視業者覺得中華電信MOD不受區域限制，他們卻要受到水平管制三分之一的上限管制很不公平。中華電信覺得主管機關援引《有線廣播電視法》對於黨政軍的管制限縮其MOD的經營也不公平。衛星電視業者除了抱怨置入性行銷或內容管制，也認為政府一味要求數位化，但是對內容的輔導獎勵並不夠。他們認為國家通訊傳播委員會（NCC）自2006年成立以來，只扮演監理角色應該有所調整。NCC雖然比較透明，但是在決策與執行方面比較費時，他們甚至認為很沒效率。筆者綜合13位作者的意見，將Pringle歸納的經營因素改編如下：

一、執照

對於電信公司而言，我國《電信法》將電信業者分成第一類與第二類電信業者，都要申請執照，但是管制的密度不同。3G業者及無線寬頻接取業者（WBA）是經由拍賣或標售方式取得，但是3G業者付出的代價非常大，當初發出的五張執照總計489億元。中華電信與台灣大哥大業者並沒有獲得WBA執照，他們都過了審議的第一關，但是他們所標的營業額乘數比值低於其他申請的業者，所以有人解讀是兩家公司故意放棄該執照，原因是對WBA的發展前景沒有信心。由此可見，要不要得標，要以多少金額得標也是CEO所要面臨的重要抉擇。固網業者是經由審議制獲取執照，2000年政府開放固網業務申請時，有一家業者沒有申請到。近年來，業者關心4G執照何時發放，2G業者的執照已經屆滿，政府已經決定透過換照方式讓2G業者經營到民國106年6月，屆時頻段就可釋出再發放做行動電信用途。總之，對於電信公司的CEO而言，必須瞭解國內外電信發展趨勢及頻率的使用價值，以決定要付出何種代價取得何種執照。

　　廣電媒體如電台、無線電視台、有線電視系統及衛星電視頻道一樣要申請執照。如果沒有執照或是執照被吊銷，即便有設備也無用。所以經理人必須謹慎經營，對於執照要好好維護。如果不慎被主管機關警告或處罰，業者要小心不要因為觸法而被吊銷執照。我國的廣電媒體過去從未被吊銷執照。但是近年來，電台與衛星頻道都有被吊銷執照的例子。美國的衛星電視頻道不需要申請執照，只要市場接受就可，美國的地方政府可透過有線電視系統管制其內容。但是台灣的衛星電視頻道及中華電信MOD平台上的頻道業者都需申請執照，而且根據《衛星廣播電視法》都需要被評鑑。面對多頻道的時代，媒體競爭激烈，良莠不齊，所以我國主管機關對於廣電媒體的管制有的算是放寬（例如除了新聞及兒童節目可做置入性行銷），有的算是變嚴（例如衛星電視頻道的申請）。

二、競爭

　　電信及廣電業者都有來自國際國內或跨業的競爭。以電信業者為例，固網剛開放時，各家業者在電視上大作國際電話費率的廣告。行動電話業者的競爭非常明顯，各家業者都有補貼手機的方案，也有業者推出網內互打免費，甚至利用號碼可攜補貼跳槽的使用者。在寬頻市場，中華電信的市占率最高，但是面對Google等大的國際ICP業者，也擔心未來會對HiNet帶來衝擊。

　　就電視市場而言，已經不再是無線電視或衛星電視頻道之間的競爭，早已變成跨平台的競爭。有線電視市場系統彼此的競爭幾乎不在，而是有線電視與中華電信MOD（IPTV）平台的競爭。不過，電信或電視業者又競爭又合作的例子比比皆是，例如衛星頻道業者會與無線電視業者合作，一起播同一部連續劇。彼此互相拉抬收視率（如三立電視頻道的偶像劇與無線電視台合作的經驗）。

美國的電信業者Verison本身有提供IPTV的服務，但是對其電信線路未達之處，該公司願意幫直播衛星電視業者承攬客戶，以分食利潤。從經營的角度，本來就沒有永久的敵人或朋友，只要有合作的空間，都可以嘗試。

三、主管機關與法規

本書的作者多半在政大「廣電大講堂」的課都提到主管機關與法規對這個行業的影響很大。例如電信業者與廣電業者都要遵守規範，否則有可能被警告、罰鍰或吊銷執照。電信業者多呼籲政府法規鬆綁或主管機關要更有效率。廣電業者對政府的數位化政策及處罰置入性行銷的節目很有意見。也有頻道在換照時沒過，因此失去一個頻道。電信業者與廣電業者都希望主管機關NCC不要只是監管媒體也要輔導媒體，換言之，不要只會處罰，而不給獎勵或誘因。這些CEO都希望NCC雖然是獨立機關，應該與行政院的國家發展政策目標一致，NCC應該要有前瞻及務實的電訊傳播政策，這樣對業者的經營才有幫助。反之，則讓業者對未來的投資充滿不確定性。科技永遠走在法規前面。電訊傳播的CEO要能掌握科技發展趨勢，並主動向主管機關反映法規不合時宜之處以利經營。

四、人力資源

人力資源是一個公司最重要的資產，尤其在電信及傳播界最為明顯。電信的人力資源妥善管理及運用，可以增加公司的產值及推出創新的服務。傳播的人力資源從發想、創作、製作、播出、廣告到行銷，需要不同專長背景的人力資源。就電視新聞而言，採訪團隊及主播都很重要。就電視劇而言，劇本、演員及導播都很重要。媒體強調的是團隊精神，但是也要有一些突出的王牌才能讓觀眾青

睞。電信公司與傳播媒體的文化很不一樣，所要吸納的人才也不一樣。當然在數位匯流的時代，對跨業的電信或媒體而言，兩邊的人力資源需要相通及互相支援。

五、工會

以電信公司而言，中華電信的工會比較有規模，以媒體而言，公視的工會力量比商業電視台壯大。中華電信工會章程與公共電視的工會章程都要求主管以外的員工都要加入工會。2012年NCC在草擬修訂《電信法》時，中華電信工會就曾表達反對將最後一哩從中華電信分割出來。公視的工會也曾經為了董監事選舉表達希望有員工董事的心聲。但是與國外相比，我國的電信或媒體的工會還有未及之處。例如，國內的罷工條件常讓工會成員感覺保障不足，有時未必敢提出罷工的訴求。即便如此，電信與媒體的CEO對於工會仍要多溝通，因為工會的會員有穩定的工作心情，在公司工作才會有效率，公司的發展才會順暢。

六、消費者與觀眾

對電信業者而言，大眾都是其潛在的消費者。電信業者不只賣服務，也有賣手機等終端設備，或者以綁約方式促銷。但是其對消費者的保護與承諾很重要。電話一旦斷線或是手機訊號接收不到，電信業者都要以最快的速度排除障礙。因此，其客服部門很重要。近年來有電信業者在全省增開很多直營店，理由是現在的產品與服務日趨多元，為能直接面對消費者需求並立即解決消費者問題，直營店可以讓業者直接接觸客戶以提供更好的服務。對廣電媒體的CEO而言，觀眾或訂戶是其最關心的部分。觀眾的口味可能是分眾化、兩極化或是多樣化，收視率的反應都來自觀眾的接收情形。

CEO所帶領的媒體要如何掌握觀眾的口味非常重要，因爲收視率連帶的是廣告收入及營業收入。

七、廣告商

無線電視台的收入主要是靠廣告，有線電視系統的主要收入是訂戶的收視費，衛星電視頻道的收入既有廣告，亦有收視費。對廣告主而言，他們希望看到廣告的效果。所以廣電節目的觀眾定位必須明確，例如是綜合頻道，還是專門頻道上的節目，該節目預定的目標觀眾的年齡、性別、收入、居住地域、收看的時間爲何。近年來，最爲媒體詬病的是「收視點成本」（Cost Per Rating Point, CPRP），也就是每得到一個收視點的成本。媒體如果沒有達到預期的CPRP，就會對廣告主提出補償，例如再贈送廣告時間。新聞媒體的新聞播出順序也會受每分鐘收視率的影響。

八、產業秩序

電訊與傳播媒體公平競爭的前提是要有健全的產業秩序。產業秩序的維護要以法規做後盾。爲了扶植與鼓勵新進業者，政府會以不對稱管制要求既有業者多盡一些義務。新進固網業者自從2000年進入市場以來就常要求中華電信將最後一哩釋放出來。中華電信的MOD常覺得有線電視系統會杯葛要在該平台上架的頻道。有線電視業者也抱怨中華電信的經營區域是全國性的，但是他們的MSO卻受到全國不可超過三分之一家數及戶數的水平限制。在數位匯流時代，如何防止被其他業者歧視或是遭受不公平競爭，也是電訊傳播CEO要關心的重要議題。

九、科技與技術標準

　　電訊傳播媒體的經營，科技也扮演重要的角色。舉例而言，數位化讓媒體進到下一新的世代。電視媒體因為採用歐洲DVB-T的標準與MPEG2的技術，只用一個6MHz就可在全國經營三個標準數位電視（Standard Digital TV, SDTV）的頻道，如果用更新的技術如MPEG4，可以播雙倍的SDTV頻道。然而，要做高畫質電視的頻道，所占的頻道較大，在既有的頻寬內所能提供的頻道變少。所以CEO面臨的是推出高畫質電視節目的時間點及投資的比例。2008年及2012年世界各國的奧運轉播多半是用高畫質的設備在播，台灣在這方面算是落後。因為業者對於在沒有看到會有更多收入的情形下卻要投資及發展高畫質電視節目會比較猶豫，但是這也是必走的路。另外，就電信業者而言，2007年是否該爭取無線寬頻接取（WBA）的執照，或者接下來如何看待4G的執照，也都是CEO要做的重要決定。

📶 第二節　CEO的職掌：董事長制或總經理制

　　從《公司法》的角度，董事長的角色就是對外代表公司，並且主持董事會討論公司重大議案與策略，但是不負責公司內部業務執行上之指揮與管理。一般公司總經理的角色就是要根據公司的目標，運用公司的資源，帶領同仁努力工作，對董事會負責並提出績效。有的公司除了總經理以外，還有執行長（CEO）的職務。我國的法律並沒有對執行長或總經理的職務內涵有所規範，而是由各公司自行決定。即使上市上櫃公司被要求董事長與總經理的職務須由不同人擔任，有的公司的董事長如果介入公司的營運還是可兼執

行長，有的公司的執行長則是由總經理兼任，也有的公司執行長就是總經理。執行長是公司的領導者與指揮者，除了規劃願景、訂定經營目標、擬定策略、組織僱用經營團隊，也要對公司的成敗負責（柯承恩，2008）。

　　本書的作者多半是總經理，也有的是董事長兼執行長，或是曾任總經理多年，現任董事長。台灣電信或商業廣電媒體的董事長與總經理的關係與分工比較清楚，但是公營廣電媒體的董事長與總經理（或稱台長）的權責有時會因人而異。有的董事長完全授權總經理，有的則會涉入經營層面。華視自從成了公廣集團的一員，其董事長由公視董事長兼任，但是公視的總經理與華視的總經理則由不同的人擔任（華視雖曾短暫出現過董事長兼總經理的情形，但是並非常態）。作為電訊傳播的CEO，不只要懂五管（生產、行銷、人事、研發、財務），還要有企業責任，注重企業倫理及對公民社會盡一份心力。其所應該達成的績效不應該只是為公司獲利，更要為公司贏得大眾的信賴及保有正面的形象。

　　根據Fortune雜誌的調查，CEO的形象與名譽也會影響公司的名譽。公司經營管理的品質與公司的成功直接相關。CEO的形象對公司也是一種資產（asset），並且可以轉化成資金（capital），可以吸引更多的投資者及顧客。CEO Capital的作者Dr. Leslie Gaines-Ross（2003）認為要建立CEO的capital，必須具備五項因素：

1.有公信力（credibility）。
2.注意行業的倫理（code of ethics）。
3.與內部溝通（communicating internally）。
4.吸引及保有有品質的管理團隊（attracting and retaining a quality management team）。
5.鼓勵及提供員工誘因 （motivating and inspiring employees）。

另外，根據ghSMART於2000年到2006年針對316位CEO訪談的研究結果顯示，CEO所具備的特質主要包括五種面向（Kaplan, Klebanov, & Sorensen, 2012）：領導力（leadership）、個人（personal）、智慧（intellectual）、激勵（motivational）以及人際關係（interpersonal）。其中領導力包含僱用員工、使員工成長、解僱不適任者、受到尊重、具影響力、人際網絡以及靈活有彈性。個人方面包括正直、組織力、冷靜、進取、快速與承諾。智慧則包含智力、分析技巧、策略願景、創造力、對細節的關注等。激勵面向則是具有熱忱、毅力、積極主動、工作倫理及高標準。最後在人際關係方面，包含傾聽技巧、接受公開批評、書面溝通、口語溝通、團體合作、說服及掌握員工進度。

針對現代CEO應該具有的條件，學者解侖也提出八項特質：包括具有系統思維、強大的知識結構體系、富有創造力、極強的演講表達能力、富有領導力、強大的人脈關係、勇於挑戰、懂得感恩及回饋（黃丙喜等，2011）。

Kirkpatrick與Locke（1991）的研究揭示成功的管理人員具有的領導特質包括：

1. 驅動力（drive）：意指反映高度努力的特質及動機，其中包括成就動機、工作志向、能量、堅持性和主動性。

2. 領導動機（leadership motivation）：指的是影響和帶動他人的慾望。具備高度領導動機的人往往想要影響他人，或是擁有更多權力。他們寧願選擇領導而非處於從屬地位，在領導者身上往往可以發現他們更願意承擔責任。

3. 誠實和正直（honesty and integrity）：誠實和正直是一種美德，對於領導者更有其特殊意義，如果沒有這些特質，則不能和追隨者之間建立互信的基礎。

4.自信（self-confidence）：作爲一位好的領導者必須要有自信，這樣才能帶領下屬採取行動去追求特定目標。對於自我充滿懷疑的領導者，將無法做好決策，也不能贏得下屬的尊重。

5.良好的認知能力（cognitive ability）：領導者必須要蒐集、整合和詮釋大量的信息，因此需要足夠的智能，訂定適當的策略，並作出正確的決定。

6.專業知識（knowledge of the business）：作爲一位有效率的領導者，對於所處行業的專業知識必須充分瞭解。

7.其他特質：如魅力、創意、靈活性等。

花旗銀行香港行長暨大中華區企業及投資銀行業務總裁陳子政也認爲誠實正直很重要。他根據個人的工作經驗歸納領袖的八大特質包括誠實正直、遠見、執行、推動改革、強力的以人爲本、靈活、正面思考與平衡（陳志輝、盧榮俊、謝冠東編著，2007）。這裡所說的「以人爲本」是指要體恤他人，並且多溝通及重視團隊精神。平衡的意思是指生活有很多層面，不要只是辦公室而已，可以有一些娛樂或社交活動，朋友圈也可以是多方面的，這樣才能平衡。

📶 第三節　電訊傳播CEO的理論與分析工具

本書只有第一章總論有一點理論，其他章節都是各電信與傳播CEO親身管理經驗的分享。筆者在訪問上述CEO對其最受用的理論時，大家的回答多半是從實務中去體會、歸納、印證與修正。很少人會直接用個別的管理理論來管理。儘管如此，本節企圖從所有傳播管理期刊及相關的媒介管理書籍找出一些重要及與媒介管理相關

的理論供讀者參考。

　　筆者觀察近二十年來國內外之重要商管及傳播期刊發現，國內傳播管理期刊作者的研究對象多半是電視產業，包括有線電視、無線電視及衛星電視頻道等，而近十年網際網路的相關研究則有顯著增加的趨勢。在理論應用上，多數研究者使用五力分析、競爭分析、策略分析、SWOT分析，作爲瞭解媒體產品規劃的工具；研究跨國媒體集團方面，則主要使用全球化、全球在地化以及跨文化組織管理等理論；對於媒體產品發行策略上，採用行銷規劃、整合行銷傳播、行銷4P等分析架構。針對新興網路媒體的研究，如寬頻網路業者、網路電話服務業者，由於網際網路的變化及變動性較高，重視產業的內部及外部資源應用，因此研究者多半以資源基礎理論、策略聯盟作爲應用的理論。

　　在商管領域相關期刊之中，作者的研究對象以電信產業如行動電話業者、ISP業者爲主，其他還包括社群媒體、數位電視、廣播及有線電視等。在理論分析上，主要是使用關鍵成功因素以及策略分析，也有論文使用競爭分析、戰略地位與行動評價矩陣（Strategic Position and Action Evaluation Matrix, SPACE矩陣）、創新經營模式等。

　　有關國外針對電訊傳播管理的相關研究，相較於國內研究而言，研究對象較爲平均，不論是電視、網路以及電信均有所觸及，因爲市場規模的因素，針對傳媒集團及跨國媒介集團作爲研究對象，成爲另一個研究大宗。多數研究者所採用的理論則爲策略分析、營運模式以及目標管理，另外還包括跨國媒介管理、綜效等理論。Mierzejewska（2011）因爲擔任國際媒介管理期刊的主編，根據她的親身觀察，歸納了媒介管理最常使用的理論包括策略管理理論（strategic management theory）、結構理論（structural theory）、跨國媒介管理理論（transnational media management theory）、科

技創新理論（technology and innovation theory）、組織文化理論
（organizational culture theory）、領導理論（leadership theory）。本
節綜合Mierzejewska及上述期刊作者的文章，提出下列常見的媒介
管理可以運用的理論或分析工具。

一、領導者理論

　　Mierzejewska（2011）在分析媒介管理的理論與實務時指出，
領導者理論雖然在媒介管理的教科書常看到，但是在媒介管理的研
究領域卻少有研究。我們很容易推論，領導者與媒介組織當然有關
係，至於是什麼關係，還有哪些面向可以討論，這些方面的研究比
較少。在組織研究中，有討論領導者的特質、風格、追隨者的特質
與風格、決策風格、溝通風格、動機與滿意度等，但是很多都是運
用心理學的理論來分析。媒介管理的研究和領導者有關的有領導者
與改變、組織的問題、組織的優先順序等（Küng, 2000; Sylvie, 2003;
Demers, 1996）。近十年來，有些關於領導者理論的研究開始探討
媒體變革管理（change management），例如經濟、法規、科技的變
動對媒體變革的影響。研究發現，領導者會對組織的改變有非常大
的影響。

二、XYZ理論

　　X理論與Y理論出自Douglas McGregor（1960）的一本書《企業
的人性面》（*The Human Side of the Enterprise*）。該書將員工分為兩
類及採取兩種管理的思維。X理論假設員工比較懶惰，工作只為報
酬，必須施加一些直接的壓力或管控才能讓他們有效工作。他們會
用處罰、威脅的方式管理員工，所以是一種權威式的管理方式。Y
理論比較民主，假設員工有創意，且願意努力工作。他們會在工作

過程中，尋求自我滿足與自尊。Y理論的主管會創造一個好的工作環境讓員工的個人目標與公司目標契合。他們的獎勵方式未必是金錢，也可能採用精神方面的獎勵（Sherman, 1995; Kopelman, Prottas, & Davis, 2008）。Z理論是由美國日裔學者William Ouchi提出。根據Z理論，員工希望與公司建立一種合作關係，希望得到公司支持，他們會謹守紀律，認真工作，只要管理階層讓他們安心工作，為他們爭福利，他們認為工作與家庭一樣重要。Z理論的這種參與式管理的前提是員工對公司面臨的問題必須有相當的知識與能力。該理論強調通才，所以會有工作輪調，以及給予員工在職訓練，這樣員工待的比較久，而且對公司比較有忠誠度（Massie & Douglas, 1992）。

三、結構權變理論

結構權變理論（structural contingency theory）可解釋組織結構與績效結果的關係。每個組織或公司都會視市場環境的狀況採取可以將效率極大化及財務最佳化的結構。因為每個組織所面臨的外在環境和內在要素各不相同，因此沒有一成不變的管理方法，領導者在管理時要根據組織所處的環境和內部條件的發展變化隨機應變。Mierzejewska（2011）認為在傳播的領域，所有權的結構多半會影響到節目內容。近年來有些分析媒介管理與所有權結構的研究開始轉向研究比較公營與民營結構的管理。權變理論除了探討組織結構之外，也有研究人性的權變理論。例如領導者的視野（vision）、價值與優先順序也會影響公司的管理。權變或狀況要考慮的因素不外乎本章第一節所討論的九項影響電訊傳播經營管理的因素。

四、組織文化理論

組織文化可以形塑公司的決策、決定優先順序、影響公司行為及績效,可以是組織的優點或是缺點。組織文化會受到創辦人、領導者或行業的影響。例如電視台的組織文化與電信公司的組織文化不同。跨國媒體與本地媒體的組織文化也不相同。美國前哈佛教授Clark Gilbert強調,傳統平面媒體與數位媒體的文化不同,必須將兩者分開經營。他在接手擔任the Deseret News的CEO後,自稱有60%~70%的時間都花在整頓傳統平面媒體與數位媒體的組織文化。有些媒體組織也存在多種專業與行業的次文化。組織文化與專業文化也有衝突的時候。例如,當媒體的創辦人、CEO或新聞部經理如果對其公司的某條新聞報導有意見,會被認為侵犯到新聞自由(Mierzejewska, 2011)。各國公視的總經理與新聞部經理對其新聞部同仁的專業都要表示尊重,這也是一種組織文化與專業文化的例子。

五、策略管理理論

Nag、Hambrick與Chen(2007)從管理學的角度解釋策略管理為描述公司當下的績效,瞭解內在與外在環境,有清楚的目標與定位,運用能力確實管理,並掌握機會及發揮優勢。此外,在競爭的市場,建立公司的能力以便能創造顧客、股東及社會的價值。國內管理學大師司徒達賢(1995)指出,策略管理的研究領域大約分為事業策略(business strategy)、總體策略(corporate strategy)、策略規劃制度、策略執行及策略家角色與高階管理的藝術。他在2001年出版的《策略管理新論》將策略管理的內涵與範圍分為三個層次:網路定位策略(networking strategy)、總體策略以及事業策

略。Hofer與Schendel（1978）將策略分為總體策略、事業策略與功能策略。不過亦有人將corporate strategy譯為企業策略。司徒達賢認為策略就是重點的選擇，是建立在相對的競爭優勢上，以建立長期的競爭優勢。企業主持人要制訂策略，並且要有策略雄心與落實執行的決心。吳思華（2000）指出，策略是「評估界定企業生存利基、建立並維持企業不敗的競爭優勢、達成企業目標的系列重大活動、形成內部資源分配過程的指導原則」。電訊傳播的CEO在做決策時，策略管理的相關理論很有實用價值。

六、競爭分析（五力分析）

　　策略管理大師麥可‧波特（Michael E. Porter）的「五力分析」過去只是運用到一般產業的競爭分析。筆者在1997年出版的《多頻道電視與觀眾》一書也運用此分析工具分析不同電視平台的競爭。「五力分析」是指一個產業的競爭情形主要和五種競爭動力（五力）有關，包括產業內的現有競爭者（industry competitors）、潛在競爭者（potential entrants）、替代品（substitutes）、購買者（buyers）及供應商（suppliers）的議價力。這五個競爭動力決定產業競爭的強度和利潤。「五力分析」也就是分析上述五種類型企業的相對談判力。不過，由於網路時代讓業者之間的交易成本降低，市場生態改變，五力分析比較適合企業評估是否要進入某一產業，如果已經進入某產業就很難適用了。所以也有人批評「五力分析」架構是零合遊戲的概念，競爭者只要在其競爭環境中向供應商取得最便宜的價格，就可把新競爭者隔絕在外，但是現在的時代應該可以既競爭又合作，而且必須以顧客為尊，為其創造更多的價值（曠文琪、曾如瑩、李郁怡，2012）。

七、SWOT分析

管理學者Steiner將企業的優勢（Strengths）與劣勢（Weaknesses），以及環境中的機會（Opportunities）與威脅（Threats）組合成SWOT模式。在SWOT的運用上，所謂「優勢」是指公司或其產品／服務內部現有的競爭優勢；「劣勢」則是指公司或其產品／服務內部現有之相對競爭劣勢。所謂「機會」是指外在大環境所提供，對於公司、其產品／服務或整個市場有利生存發展的可能性；而「威脅」則是個別產品／服務，或是其所屬市場面臨外在環境的負面問題。SWOT雖然不是理論，但仍是一個很方便及簡單的分析工具。

八、關鍵成功因素

關鍵成功因素（Key Success Factors, KSF）主要從外部總體環境、產業分析得到企業成功的重要因素，加上企業內部分析所掌握的獨特競爭能力，可作為企業制訂策略的參考（Kennedy, 1993；吳泓怡、高福泉，2008）。然而，關鍵成功因素並非一成不變，會因市場、時間及產業別而有變化（Aaker, 1984），也會在不同的公司有差異性。Rockart（1979）則建議可從產業結構、競爭策略、產業地位、地理位置、環境因素、突發因素等面向分析。管理者必須掌握其公司所要投入產業的關鍵成功因素，有效運用資本、人力和時間等資源，以發揮競爭優勢。因此，關鍵成功因素乃是分析產業時最需優先考慮的項目。經由探索而掌握產業的關鍵成功因素，可讓管理者檢視企業自有資源，並分析當下產業面臨的機會與威脅，藉此定出企業之營運策略（Leidecker & Bruno, 1984；楊文華、梁朝雲、周文修，2008）。

九、資源基礎理論

　　資源基礎理論認為，公司可藉由其本身資源的累積與能力的培養，形成長期的競爭優勢（Barney, 1991）。如果這些資源稀有（rare）、有價值（value）或不易被模仿或（imperfect imitability）及不可被取代（insubstitutability），就能成為公司發展競爭優勢的潛在能力。公司的資源可以包括能力（competencies）、技巧（skills）、策略資產（strategic assets）、資產、證券等。有學者把資源分為兩大類：資產（assets）與能力（capabilities）。資產可以是有形（tangible）或是無形（intangible），可以幫公司創造、生產產品或提供服務。能力包括技巧，例如工程技術、管理能力、整合能力等（Wade & Hulland, 2004）。總之，就電訊與傳播界而言，有形資產是電信設備、網路、機器廠房、攝影棚、資料帶等。無形資產包括品牌、專利、著作權、企業形象等。能力則包括專業技術能力、管理能力、人際網路能力、創造設計、生產製作的能力等。

十、破壞性創新理論

　　創新會增加企業的競爭優勢，也會帶來不確定性及市場壓力（Lettice & Thomond, 2002）。如果創新的程度很大，就很難估計市場的接受度及市場潛力。因此，有些公司寧願守住主流市場的客戶，也不敢追求巨變的創新。經濟學家Joseph A. Shumpeter認為創新是一種「破壞性創造」。美國哈佛大學教授Clayton M. Christensen則提出兩類企業創新類型：「維持性創新」（sustaining innovation）與「破壞性創新」（disruptive innovation）。「維持性創新」是指針對主流市場客戶的需求進行研發與創新。「破壞性創新」是指破壞既有市場，銷售更簡單、便利與便宜的產品給要求不高的客戶。「破

壞性創新」又可分為兩類：一類是新市場的破壞性創新，針對過去尚未消費的顧客群；另一類則是低階市場的破壞性創新，重點在攻擊主流市場中的低階顧客（李芳齡譯，2005）。「破壞性創新」在初期只能吸引邊緣或新興市場的顧客。然而，隨著科技進步與顧客需求增加所帶來的經濟規模，破壞性創新也開始逐漸席捲高階市場。「破壞性創新」不只被用來分析鋼鐵及汽車業，在電訊傳播領域，有研究者用「破壞性創新」來分析山寨機。Christensen教授本人也用「破壞性創新」來分析捷運報及其他新聞媒體的營運模式。

十一、綜效理論

綜效（synergy）的概念在組織管理很重要，是指企業如果能將相關事業合在一起經營可充分發揮「2+2=5」的「綜合效果」，亦指當企業各部門合作的獲利總和大於其各部門所產生的個別獲利的總和時，這種效果就稱作是綜效（Holtström & Anderson, 2010）。換言之，綜效是充分利用與整合公司各種資源，透過策略合作達到共同目標。當組織的每一部門發揮合作，可以共享資源，降低成本及提升效率。綜效可以區分為銷售綜效（sales synergy）、作業綜效（operating synergy）、投資綜效（investment synergy）及管理綜效（management synergy）（Ansoff, 1965）。Goold與Campbell（1998）指出，綜效也有失敗的時候，例如高估正面效果卻忽略了成本因素，或者各部門經理並不合作。有些媒體採取垂直併購希望發揮綜效，亦有媒體希望做大編輯台以發揮綜效。綜效雖無清楚的定義，卻是媒體管理經常思考的問題。

十二、經營模式

經營模式（business model）所描述的原則可以瞭解一個組

織如何創造、傳送及得到價值。經營模式也如同一個組織的策略
藍圖，透過其架構、過程及系統來實踐其經營目標（Osterwalder
& Pigneur, 2010）。經營模式亦指組織的經營邏輯，其營運的方
式，以及如何爲其利害關係人產出價值（Baden-Fuller, MacMillan,
Demil, & Lecocq, 2010）。Drucker（1954）則定義好的經營模式是
能針對以下幾點提出解答：「誰是客戶及客戶價值爲何」、「隱
含的經濟邏輯，作爲解釋組織如何以適當的支出成本傳遞價值給
客戶」。Gambardella與McGahan（2010）從高科技的領域描述經
營模式爲在合理的支出之下，將構想轉換成收入的機制。Teece
（2010）對經營模式的定義則是企業如何傳遞價值給客戶以及轉換
報酬成爲利潤。不過他卻對經營模式提出批評。他認爲經營模式的
概念在經濟學、組織、策略及行銷等研究領域範疇缺乏理論基礎。
儘管如此，經營模式仍有必要存在，因爲經營模式可以作爲在不同
市場採取不同經營方式的參考，同時亦可瞭解如何做才能滿足消費
者的需求。

　　Osterwalder與Pigneur（2010）邀集45個國家的470位業界人士
共同提出了一個創新經營模式的模型，而且非常適合供電訊傳播
CEO參考。他們主張藉由九塊積木（building blocks）（基本元素）
可以建構一個公司賺錢的營運模式。這九項基本元素都包含在顧客
（customer）、提供（offer）、內部結構（infrastructure）及財務能
力（financial viability）的四大範疇內。以下則是九項基本元素的分
析：

1.客戶區隔（customer segments）：客戶是經營模式最重要部
　分。沒有客戶，公司將無以爲繼。但是必須將客戶區隔，才
　能準確行銷，創造最高的價值。例如尋求的是大眾市場、利
　基市場、區隔市場、多元市場或是多方市場。

2.價值主張（value proposition）：價值主張是客戶在選擇商品或服務時的考量。客戶在乎的是新奇、價格、速度、數量、設計、使用經驗、客制化服務、便利性還是品牌，必須能夠掌握。

3.管道（channels）：這裡的管道可以是溝通、傳送或銷售的管道。管道可以直接或間接。例如是靠自己的管道接觸客戶，或是靠合夥者的管道。

4.客戶關係（customer relationships）：客戶關係要如何管理？如何維繫？如何擴張？有些透過直接的互動、指定的客戶代表、自我服務、自動化服務、社群聯繫（如臉書、粉絲團）或邀請客戶共同創造等。

5.收入來源（revenue streams）：例如資產銷售（賣所有權）、使用費、訂閱費、租賃、執照費、版權費、佣金、廣告。

6.主要資源（key resources）：主要資源包括物理性資產（如攝影棚、設備、網路）、知識型資源（如品牌、版權、專利、資料庫）、人力資源或財務資源。

7.主要活動（key activities）：看公司的性質，可能是節目製作、知識管理、顧問諮詢、平台營運或網路傳輸等。

8.主要夥伴（key partnerships）：合夥關係包括與非競爭者的策略聯盟、與競爭者的策略合作、合資發展新視業、買方與供應方的合作關係等。

9.成本結構（cost structure）：有些公司是以降低成本為優先考量，有些是以品質為優先考量，或是創造價值為考量，有些有固定成本，有些有機會成本，有些會受到經濟規模影響。

　　這九項基本元素往外擴張則是主要趨勢、產業力量、市場力量及總體經濟力量的考量。任何一種行業的經營模式並不是一成不

變，也需定期檢討及調整。Osterwalder與Pigneur（2010）所設計的
經營模式及相關因素考量（**圖1-1**），很適合套用到電訊傳播產業來
作分析。

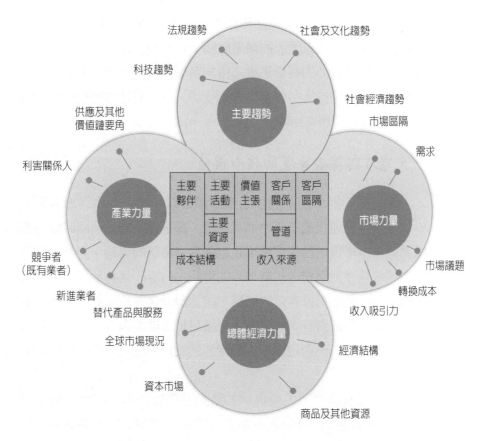

圖1-1　九塊積木的經營模式及相關因素考量

資料來源：Osterwalder & Pigneur (2010).

🛜 第四節　電訊傳播CEO的實務

　　本書其他各章作者都是電訊與傳播界的董事長、CEO或總經理。他們都在其負責的章節與讀者分享他們個人的經營理念。筆者也特別就一些大家關心的議題訪問了其中幾位作者，讓讀者瞭解電訊與傳播界CEO的經營思維。由於篇幅及時間有限，筆者選擇的訪問時間，不見得所有作者都方便受訪，底下則是方便接受訪問的CEO的經營管理理念比較。

一、電信與傳播產業的核心價值

　　電信業者對於產業的核心價值都是以「溝通」作為出發點，不論是以行動通訊或是任何通訊來講，都是為了讓人們隨時隨地都能溝通。中華電信呂學錦董事長也強調有品質的溝通、有品味的服務，以做到感動服務，包括網路的傳輸、內容的傳遞品質要好，另外還有包括員工對於客戶的服務，如處理顧客抱怨、到府服務、帳單的正確性以及個資的維護等，不僅只是理性的滿意，同時還要做到讓顧客感動，不單是處理客戶問題的SOP流程，而是出自內心的態度。

　　由於電視業者所主要提供的產品是節目內容，因此一般業者如中視就會將「內容」視為其產業的核心價值，主要是著眼於可以一再地重複運用，在片庫當中是有價的資產。至於內容的類型則會因電視台所擅長的種類而有所不同，例如TVBS會以新聞為主，Discovery是紀實類節目，年代則強調重視內容當中的文化內涵及元素，而黑劍公司由於是以戲劇製作為主的公司，因此「觀眾」是最重要的核心。另一方面，愛爾達公司所經營的是新媒體，產業經營

上必須要整合及匯流，因此在考量核心價值上，相較於傳統業者就比較複雜，整體而言，就是「整合、創新、人才以及服務」。

二、關鍵成功因素

　　中華電信呂學錦董事長指出，經營電信事業要有效運用新的科技系統，建置網路平台，來提供客戶滿意的服務，在這過程當中收取合理的費用。因此關鍵成功因素在於必須要以掌握科技為優先，如此才能建置滿足客戶需求的平台。台灣大哥大賴弦五總經理則認為，要能達成良好的溝通，最重要的就是網路的品質，網路的品質包含涵蓋面、可靠度和成本架構等，如今消費者使用的經驗相較於過去的語音時代更為複雜，導致出現手機、裝置、配備、軟體、雲端提供者等各方面的問題，顧客最終還是會尋求服務提供者協助解答，因此第二個關鍵因素就是管理消費者的使用經驗及解決消費者的需求和問題。第三個關鍵因素是要創新的服務，以提供讓顧客驚喜及滿意的服務。

　　對於電視業者而言，由於自身的經營方式不同，因此各有其關鍵成功因素。中視李泰臨總經理表示，目前的產業經濟規模難以支持內容的製作，因此CEO必須要去嘗試應用、結合不同的資源，融合不同的力量共同合作，例如與大陸方面合拍戲劇。TVBS為因應數位匯流，近期開始投資於數位化設備，以提供高品質的內容節目。Discovery則是致力於各頻道的品牌發展，內容的製作上，在亞太區域範圍之內，從台灣出發，延伸至韓國、香港，及對於在地化的關注。愛爾達陳怡君執行長認為，經營的關鍵在於「快、狠、準」，意指能綜觀到整體大環境和公司的處境，以良好的評估及模擬判別現狀，「準」代表精準，「狠」則由於新媒體的變動很快，要敢於做決策和不猶豫。前中天總經理廖福順則強調「人」的重要性，因

為組織服務的對象是人,再進一步而言就是團隊,團隊要有共同的目標,如果成員之間沒有共同目標、彼此有歧見,就談不上成功。

三、對於創新的具體實踐

中華電信呂學錦董事長的創新目標,主要是在於領先其他的業者提供新的服務,具體作為則體現在電子書及雲端運算上面。當初管理者看到了外在的產業趨勢之後,就立即去實行,才能在產業間扮演領頭羊的角色。台灣大哥大賴弦五總經理表示,他在公司的創新構面上,主要是投入資源來提升整體結構效能,加強員工訓練,改革企業全體員工的態度與思維,將顧客的使用經驗提升至「品牌化」層面,來提高客戶的忠誠度。

TVBS近期由於HTC的投資,因此在移動平台與新媒體的部分希望與關係企業之間有更多結合,目前積極建設投資相關設備器材,未來目標是在移動平台上可以提供節目內容。愛爾達所強調的是在雲端運算架構下,除了高畫質的HD內容之外,同時提供雙向、互動式的節目,讓民眾更能融入節目情境中。Discovery主要是提供高品質的節目內容,由於近期發生了許多重要的天然災害等事件,例如日本核災、九二一地震、東南亞海嘯等,因此會要求拍攝的題材要高度連結時事,效率要非常快,讓觀眾能深刻即時瞭解外在生活環境的變化。

四、對於不同平台的管理方式

數位匯流的特色就是不同的服務能夠整合在一起,因此中華電信希望能以一種整合服務(bundle service)的方式加以管理,但是受到主管機關的政策限制,暫時無法放手去做。台灣大哥大採用的管理方式是雙軌制,前台的部分由總經理賴弦五管理,前台就是與

產業事務相關的，例如分成企業事業、消費者事業、家庭事業、科技事業、網路建設等；至於財務、資訊技術、行政、人力資源、法務屬於後台的部分就是由許婉美總經理管理。

　　中視李泰臨總經理曾分別任職於無線電視及衛星電視頻道，他認為這兩者的差異在於無線台的組織成員年紀比較年長，他們不是不懂得如何做節目，對於節目好壞的判斷力也不差，可是因為較不能掌握市場的變化，有時未必能被市場接受。為克服此一問題，李總經理採用老幹新枝的方式，資深的員工還是具有一定的實力，要將其用對位置，但是其他的工作人員則儘量年輕化。相較於無線電視，衛星電視頻道的員工年齡較輕，較不被既有的舊觀念及經驗包袱所束縛，對媒體環境變化及傳媒科技的發展與運用較能掌握，在創新能力方面表現較佳，因此如能將老幹的經驗值與新枝的創新與衝勁加以融合才能發揮競爭力。至於愛爾達作為一個新媒體，在不同的媒體平台，管理上主要是以整合的方式，善用科技力量，以IT技術管理收視資料、片庫等，以降低對於資源的需求，提升企業經營效率。

五、經營者須具備的視野

　　身為管理者，與公司團隊所做的就是檢視公司的願景（vision），因此呂學錦董事長要求團隊去發想組織階段性的願景，進而定義出中華電信的目標是成為消費者最信賴的資通訊公司，重視公司與客戶及利益關係人之間的信賴關係，把核心價值從communication延伸到一部分的ICT產業。台灣大哥大認為由於目前外在的環境變化劇烈，因此整個產業界，不僅電信產業、網路產業，甚至內容產業、服務產業等，都必須要能夠掌握產業趨勢。因此經營者必須要擁有前瞻的視野、遠見，帶領公司前往產業應走的

方向，若要具備這樣的元素，經營者可能要擁有國際觀、對於科技的敏感度以及對消費者的需求要有所瞭解。

TVBS目前將焦點放在華人市場的潛力，因為華人遍布全世界，且國語（普通話）也成為華語市場的主流，加上台灣近期的戲劇製作品質相當精良，因此TVBS未來會嘗試推出自己的戲劇。年代重視的是管理者必須要能綜觀古今，經營公司必須對於過去發生的事情及發展很清楚，對於未來也要能很清楚的預測可能的發展，掌握先機，包括人的問題、理念的問題、政策的問題、執政者對於產業心態的問題、兩岸互動、國際局勢等，甚至是類比訊號轉換成數位訊號的產業問題。

作為一個跨國性的頻道，Discovery會高度的關注本土、本地，同時要有比較高的國際視野，須具備相當的高度、廣度以及深度，而高傳真、高品質電視也會是Discovery未來走的方向。愛爾達在每一年開始，都會訂定一些公司所要完成的任務或是目標，有短中長期的策略，在此策略中會產生許多細項的資料必須佐證，愛爾達的營運需要比較多整合的事項，主要是致力於維持和夥伴之間，或是和客戶之間的良好關係，像和MOD以及政府的一些合作，必須要重視他們的需求，並參與一些和數位匯流相關的開發計畫。黑劍的節目製作策略主要是與國外合拍戲劇節目，因此最主要的營運走向就是國際化，只是局限於台灣市場是很難有所發展的，所以一定要找出學習的對象，可能是日本、歐洲或是美國，加以參考及學習。

六、電訊傳播CEO的管理風格

中華電信呂學錦董事長認為自己是屬於Z型（中道型）的管理者，主要是試著去綜合X型與Y型的管理風格，取一個中間的做法，並且把公司的日常營運完全交由總經理負責，充分授權。他本人

主要關注於策略性的議題導向與做法。台灣大哥大賴弦五總經理則是比較美式風格的領導方式，直言不諱的作風。他認為管理者必須面對現實，特別是人事的問題，假設此人不行，就必須換掉，此人非常能幹，就要多授權、多讓他發揮，必須要有嚴格的要求、有清楚的說明、平衡的系統去執行，另外，在經營決策方面，能不能夠掌握趨勢及轉折點非常重要。經營者必須要能在對的轉折點投入資金、技術才有可能會成功。

　　電視界的CEO多半喜好以授權的方式管理組織，其中包括TVBS、Discovery等，由於電視台的節目製作需要員工充分發揮創意，因此在一些細節部分會儘量給底下的主管處理，總經理不會加以干預，而專注著眼於重大的決策、經營的方向與產業的走向。中視李泰臨總經理說，他不是以力服人的管理者，而是以德服人。他不喜歡用高壓、嚴格的方式來管，他希望給同仁在一個愉快、放鬆的環境之下工作，但是如果遇到經理層級的主管經驗明顯不足時，他就會有一些涉入。年代吳健強總經理強調，除了充分放手讓員工去做之外，還要以務實的方式去完成公司設定的目標。愛爾達陳怡君執行長表示，面臨新科技的快速演進，組織會需要任務加上夥伴導向型的領導者，結合團隊的每一個份子以使命必達的決心完成任務。

七、最重視的經營管理部分

　　呂學錦董事長認為每季的法說會是中華電信用來檢視內部最好的機會。從投資人的角度看待組織經營的優缺點，因此在每季的會前會都必須要回顧公司營運的近況，預先設想投資人、分析師會提出的問題，同時能藉此釐清公司在經營管理上有何不足之處。台灣大哥大賴弦五總經理認為，現今的管理著重於如何塑造人才，當環

境轉變，除了需要聘用新的人才之外，也要思考如何把舊的人才重新訓練、教育，讓他能夠面臨新的環境變化。

　　有關於「人」的部分，都是每位電視經營者在組織經營上最重視的地方，有好的人才，就能使公司的營運走在正軌上，進一步而言，身為無線台的中視，目前最大的問題就是如何把好的人才留住，李泰臨總經理以強調成就感及願景的方式作為吸引員工留下的方式。TVBS楊鳴總經理則重視要把人才放在對的位置，讓員工能夠充分施展自己的專長和抱負。愛爾達包含了電視與科技兩個部分，所以很著重組織內部的溝通。

八、企業的社會責任

　　企業在獲利之後，一定要負起回饋社會的責任，中華電信在這方面，主要是成立中華電信基金會。基金會的核心主要是減少數位落差，具體做法是透過「數位好厝邊」，選擇一些地點落實改善數位落差及提供數位機會，協助解決軟硬體資源並捐助免費寬頻使用。另外還有與學校配合做課業輔導，邀請輔仁大學等數個學校進行課後輔導，還有「蹲點‧台灣」的活動，由基金會和政大廣電系共同舉辦志工服務活動，為當地社區拍攝紀錄片。台灣大哥大對於偏遠地區，不論在電信服務或是有線電視方面，逐年都會編列預算加以改善硬體設備，另外還會贊助音樂會、慈善基金會，幫助弱勢族群。台灣大哥大的基金會主要著重於偏遠地區的數位設備建置、補助學生網際網路及電腦上面的費用。

　　中視愛心基金會每年都會有捐助偏遠地區學生學費，以及貧窮救助的活動。TVBS則表示其關懷文教基金會相當積極的關心弱勢孩童，例如在九二一時，TVBS募集到11億的善款，同時也幫助山區的小學重建，這十幾年來陸陸續續也落成許多學校，而近期的八八風

災TVBS又再度前往小林村去幫忙當地村民重建，而平日則是資助清貧家庭的小孩，特別是原住民兒童。Discovery集團在每年的6月17日會有一個「Impact Day」，遍部全球所有辦公室的員工皆須利用這一天投入當地環保義工活動，例如2010年選擇在台南七股沙灘海岸進行護沙活動，2011年在金山整理步道，2012年是去清理冬山河的水道。愛爾達也投入進行社會公益，例如教育方面，愛爾達將資金交給特定的學校或系所，贊助清寒的學生幫助他們發展，也會贊助資金給弱勢兒童，譬如家福機關，或是罹患癌症的兒童；贊助生態工法基金會，除了贊助錢之外，愛爾達也會提供其平台供公益訊息露出。

九、管理理論知識的應用

電信管理者對於管理知識理論的應用，主要是從做中學，認為學校的訓練，都非提供解決的方式，而是提供一種全面性的思維和思考方式。呂學錦董事長喜歡在與專家學者互動當中，印證經營管理之道，而台灣大哥大賴弦五總經理認為學校的訓練會將很多國外的案例、模式、實務經驗等歸納統整成一個理論，學會思維還是必須要瞭解理論架構，以在實務上有參考的依據。賴總經理最欣賞的管理學大師是Peter Drucker。他說Peter Drucker所提出的趨勢可以延伸五、六十年，其所撰寫的一本書──*The Effective Executive*，裡面提到有效的管理者注重的是績效，在用人的時候，是用他的長處，而非看他的短處，這本書裡有很多值得思考的地方。

電視業者對於管理理論的應用，則呈現較為不同的看法，其中李泰臨總經理及楊鳴總經理認為由於電視產業具有變化性，與一般產業的管理概念不同，主要還是邊做邊學比較重要，經由工作當中瞭解產業特性、組織特質，因此管理理論及相關書籍主要是用

來充實自己之用，或是從書中擷取出一些理論參考，包括《誰搬走了我的乳酪？》或是彼得‧杜拉克的管理理論等，都是很有實用價值的書籍。而年代及前中天的總經理則會以理論架構當中的管理要素作為發想決策的依據，例如吳健強總經理就是以行政管理理論的計劃、執行、考核三元素應用在商業管理之中，作為其經營時的座標，首先做任何事情一定都要有計畫，接著就是提出執行的方案，執行之後要對結果加以考核與修正。廖福順總經理認為，組織策略的模型當中，人、錢、策略這三個重要的因素，能夠將關於公司管理的所有事項都帶入這個架構中去處理。另外以組織外部而言，消費心理學以及供應鏈管理最具實用性，黑劍就是廖總經理在供應鏈管理的應用上所發想的點子，並把它做出來變成實際的案例。

十、如何看待節目收視率

對商業電視台來說，收視率很重要，因此有些總經理進到辦公室第一件事，就是看收視率，但是也有的總經理則是用不同的態度在看收視率。中視李泰臨總經理面對無線電視台面臨老化的困境，目標觀眾不足，所採取的應變方式是要求業務部修改目標觀眾，改成用目標觀眾去說服廣告主，用節目類型去爭取觀眾收視，並嘗試用不同的時段擺不同的節目，也就是根據時段來調整內容。TVBS的楊鳴總經理對於短期的收視率異常，並不會急於處理，但如果是長期的問題，就會找相關製作人開會檢討。他認為管理者必須去思考地區性、年齡，甚至是板塊性移動的收視率。年代總經理吳健強表示，他在看收視率時有幾個角度，首先收視率不代表全部，僅作為參考營運之用，可是業者也必須兼顧在這個社會上層、白領的觀眾，因此要掌握目標觀眾。然而，管理者心裡必須要有一個平衡點，例如75%的節目收視率要好，但是有些節目必須要做影響力。

例如，有影響力的節目包括政策（如對市容的建議）、對公共政策的探討（如文林苑都更案的探討），不見得有收視率，但是回響很大。

　　Discovery總經理林東民所重視的是以一週為間隔單位的收視率趨勢，或是某種節目類型在各個不同時段的收視情形，也有可能是當外在環境發生一些事件時，節目收視因此而產生變化的情形。至於分析節目收視的反應情形，也會參考過去主管機關每年委託外界做的媒體大調查。Discovery會以多樣的指標作為參考，至於廣告策略是直接訴求廣告客戶，不一定依賴媒體代理商，強調的是品牌及高品質的內容，以及目標觀眾的精準度。中天前總經理廖福順強調每天進入辦公室並不會第一個先看收視率調查，而是注意辦公室的氣氛。過去他在擔任新聞總監時，往往會觀察辦公室的氛圍，瞭解員工的行為就可以知道當天新聞的精采與否。他過去對於收視率的高低起伏非常重視，後來則會以區段作為分析的依據。愛爾達執行長陳怡君則利用資訊科技設定最高的高標和最低的低標以及平均值，高標不用花太多力氣去關心，因為高標就是達到獎勵的標準，而低標就會需要加以注意，而低於低標就會檢討，由於相關細節已經設定好，若在平均值的部分就交由專案經理負責。

十一、如何進入電信與傳播界

　　電訊傳播界的CEO未必從小就立志要進入這個行業，甚至也沒想到會當上CEO或董事長。呂學錦董事長小時候的志願是擔任老師，後來接觸電機的領域，原先是想念自動控制，申請獎學金進入夏威夷大學電機系之後，由於該系的通信領域師資相當豐富，後來就轉行。回台灣進入了交通部電信研究所，接著做電信研究所所長、交通部郵電司司長、電信總局副局長，先做研究，然後進入官

場，最後再回到業界。他做了中華電信多年的總經理，然後做到董事長。賴弦五總經理過去是讀工科，大學聯考考上電機系，也去美國讀了電機碩士，然而發現自己對這領域沒興趣，所以做了幾年技術方面的工作，最後還是轉到行銷領域。他在電機碩士畢業之後先去富士通商用通訊當工程師做軟體設計，做了兩年之後轉到AT&T做通訊系統，工作四年回台灣，加入東信，一直做到東信電訊副總經理，這段期間曾幫忙撰寫投標書標2G執照，在東信之後才進了台灣固網。

李泰臨總經理大學是讀政治，之後去日本唸碩士，攻讀國際公法，本來沒有要到電視台，完全是誤打誤撞，從日本回來之後想當老師，但是沒有機會，當時碰到華視在招考人才，就因此進了電視圈。離開華視之後曾進到I'm TV、東森電視及澳亞衛視，最後才到中視當總經理。楊鳴總經理小時候的第一志願是成為律師，因為受到身為記者的大哥和大嫂影響，所以當記者是其第二志願，後來到國外選擇唸電視製作，從華視、傳訊電視、超視、新加坡新傳媒集團MediaCorp到TVBS。而年代吳健強總經理也是想當記者，大學畢業後先到廣告公司做事，後來於1980年由他人引薦創業成立製作公司，主要是製作節目交由台視播放，所製作的各種節目類型包括晚會、專輯特別節目、紀錄片等。當時曾觀察到台灣有線電視產業的機會，因此與周荃合作共同成立台灣第一個有線電視新聞台「真相新聞網」。

愛爾達科技執行長陳怡君笑說小時候的志願是當一個家庭主婦，人生規劃從來沒有照著計畫走，沒想過會出來創業，由於新媒體產業的蓬勃發展，順著數位匯流的趨勢，在因緣際會之下成立了愛爾達。廖福順總經理曾經想過要當律師，大學時代念的是東吳政治系，會進入媒體是從黨外雜誌開始做起，期間待過新新聞、聯合晚報、中時晚報、台灣日報，再進入TVBS、中天擔任新聞總監，是

在香港讀EMBA期間升爲中天電視的總經理。

十二、聘用人才所重視的特質

　　呂學錦董事長表示，他在聘人時是以一個人的誠實正直（integrity）爲優先，能力則擺在第二順位，他在與那麼多人接觸之中，有些人的能力相當優秀，但是如果不夠正直的話，他會不予以考慮。賴弦五總經理表示，目前台灣大哥大需要有更多的軟體、網際網路的人才，能夠開發產品來幫助台灣大哥大，若有技術的背景、軟體的背景，加上行銷的背景將是非常適合的人才。他也強調，現在電信界需要的人才是要更敢冒險、更想改變現況、更熱情，而不是想找一個只想有穩定生活形式的人。

　　李泰臨總經理強調觀察人才時所重視的特質，重要是在於做任何事情的態度，同時在與同事之間的相處上，應該要能「嚴以律己，寬以待人」。然而對於經營新媒體的陳怡君執行長來說，她重視的人才要有整合、創新能力。她認爲具有此種特質的人能夠看見產業的每一個重點，並且能夠將這些重點組合起來，不過這類的人才很少，大部分的人都只具備單一的才能，或是沒有創新能力。楊鳴總經理認爲在聘用公司一級主管上，首先是在於主管要能夠對自己的專長領域具備一定的熟悉度，另外，主管在對待下屬同事上，要能秉持公平公正的立場，不可有所偏頗。

📶 結　語

　　國際知名管理學大師Peter Drucker 有句名言：「管理是把事情做好，領導是做對的事」（Management is doing things right; leadership is doing the right things）。經營者（manager）與領導人

（leader）的差別是前者有positional power（職位的力量），後者有personal power（個人的魅力）。管理者以嚴明的規則管人，領導人以個人的魅力帶心（范揚松，2011）。管理與領導雖然有差別，但是兩者之間還是有所關聯，也可互補。成功的經營者是兩種力量都擁有。當一個成功的CEO要具備各方面的條件，這些條件並非與生俱來，也未必能從書本中得到。CEO除了要有前瞻的視野及過人的膽識，誠實正直最重要，還要把握趨勢與機會，做正確的決策，並要有堅毅的執行力。每一位CEO的領導風格未必一樣，有的是充分授權部門主管，有的是親自參與指導，有的是用激勵的方式鼓勵同仁，有的是用設定目標與策略的方式帶領同仁。當電訊傳播的CEO在追求績效時，除了營業額與盈餘之外，最重要的是該公司的企業形象與社會責任。現在很多企業都開始講求社會責任，電信與媒體公司應該要更重視。然而每個行業、每個公司難免會遇到外在環境不順遂的情形，如何正面思考，轉逆勢為順勢非常重要。在這裡除了要祝福台灣電訊傳播的CEO，也要鼓勵追隨者向其學習並勇敢提出建議。

參考書目

司徒達賢（1995）。《策略管理》。台北：遠流。

吳泓怡、高福泉（2008年5月）。〈中華電信MOD發展關鍵成功因素之研究〉，「2008年ICIM第十九屆國際資訊管理學術研討會」，暨南國際大學。

吳思華（2000）。《策略九說：策略思考的本質》。台北：臉譜。

李芳齡譯（2005）。《創新者的修練》。台北：天下雜誌。

柯承恩（2008）。〈誰是執行長（CEO）：從公司治理看執行長權責的歸屬〉。上網日期：2012年08月15日，取自www.cepd.gov.tw/att/files/P030-042-特別報導.pdf

范揚松（2011）。〈領導統御──從管理者到領導人的高階思維〉，黃丙喜等（著），《領導未來的CEO：12堂EMBA名師的管理必修課》，頁53-97。台北：商周。

陳志輝、盧榮俊、謝冠東（編著）（2007）。《CEO領導智慧》。香港：商務印書館。

黃丙喜等（2011）。《領導未來的CEO：12堂EMBA名師的管理必修課》。台北：商周。

楊文華、梁朝雲、周文修（2008）。〈台灣行動電視服務的關鍵成功因素與其發展策略〉。《新聞學研究》，96：87-127。

曠文琪、曾如瑩、李郁怡（2012年11月）。〈為何越來越多公司不適用五力？〉，《商業週刊》，1306：96-97。

Aaker, D. (1984). *Developing Business Strategies*. N.Y.: John Wiley & Sons Inc.

Ansoff, H. I. (1965). *Corporate Strategy: An Analytic Approach to Business Policy for Growth and Expansion*. McGraw-Hill.

Baden-Fuller, C., MacMillan, I. C., Demil B., & Lecocq, X. (2010). Business models as models (editorial). *Long Range Planning*, *43*(2-3): 143-145.

Barney, J. (1991). Firm resources and sustained competitive advantage. *Journal of Management, 17*(1), 99-120.

Demers, D. P. (1996). Corporate newspaper structure, profits, and organizational goals. *Journal of Media Economics, 9*(2), 1-24.

Drucker, P. (1954). The Practice of Management. New York: Harper and Row Publishers.

Gaines-Ross, L. (2003). *CEO Capital*. New Jersey: John Wiley & Son, Inc.

Gambardella, A. & McGahan, A. M. (2010). Business-model innovation: general purpose technologies and their implications for industry architecture, Long Range Planning, 43(2-3), 262-271.

Goold, M. & Campbell, A. (1998). Desperately seeking synergy. *Harvard Business Review, 76*(5): 131-143.

Hofer, C. W. & Schendel, D. E. (1978). *Strategy Formulation: Analytical Concepts*. St. Paul, Minn.: West.

Holtström, J. & Anderson, H. (2010). Connected Synergy - a case study of mergers and acquisitions within business networks. Retrieved on January 13, 2013, from http://www.impgroup.org/paper_view. php?viewPaper=7476

Osterwalder, A. & Pigneur, Y. (2010). *Business Model Generation*. New Jersey: John Wiley & Sons, Inc.

Pringle, P. K., Michael, F. S., & William, E. M. (1995). *Electronic Media Management* (3rd ed.). Boston: Focal Press.

Kaplan, S. N., Klebanov, M. M., & Sorensen, M. (2012). Which CEO characteristics and abilities matter? *The Journal of Finance, 67*(3), 973-1007.

Kennedy, P. (1993). *Preparing for the Twenty-First Century*. New York: Random House.

Kirkpatrick, S. A., & Locke, E. A. (1991). Leadership: do traits matter? *Academy of Management Executive, 5*(2), 48-60.

Kopelman, R. E., Prottas, D. J., & Davis, A. L. (2008). Douglas McGregor's theory X and Y: Tower a construct-valid measure. *Journal of Managerial Issues, 20*(2), 255-271.

Küng, L. (2000). Exploring the link between culture and strategy in media organizations: The cases of the BBC and CNN. *International Journal of Media Management, 2*(2), 100-109.

Leidecker, H. K. & Bruno, A. V. (1984). Identifying and using critical success factors. *Long Range Planning, 17*(1), 74-32.

Lettice, F. & Thomond, P. (2002, July). Disruptive innovation explored. Paper presented at Ninth IPSE International Conference on Concurrent Engineering: Research and Applications (CE2002).

Massie, J. L. & Douglas, J. (1992). *Managing: A Contemporary Introduction*. Englewood Cliffs: Simon & Schuster Company.

Mierzejewska, B. I. (2011). Media management in theory and practice. In M. Deuze (Eds.), *Managing Media Work* (pp. 13-30). SAGE Publications, Inc.

Nag, R., Hambrick, D. C., & Chen Ming-Jer. (2007). What is strategic management, really? Inductive derivation of a consensus definition of the field. *Strategic Management Journal, 28*, 935-955.

Rockart, J. F. (1979). Chief executives define their own date needs? *Harvard Business Review, 57*(2), 81-93.

Sherman, B. L. (1995). *Telecommunication Management: Broadcasting /Cable and the New Technologies* (2nd, ed.). New York: McGraw-Hill, Inc.

Sylvie, G. (2003). A lesson from the New York Times: Timing and the management of cultural change. *International Journal of Media Management, 5*(4), 294-304.

Teece, D. J. (2010). Business Models, Business Strategy, and Innovation. *Long Range Planning, 43*(2-3), 172-194.

Wade, M., & Hulland, J. (2004). The resource-based view and information systems research: Review, extension, and suggestions for future. *MIS Quarterly, 28*(1), 107-142.

2

電信產業的領導者經營策略

中華電信董事長　呂學錦（口述）
中華電信主任級工程師　陳元凱（執筆）

經營哲學

　　電信事業的本質是提供方便有效的溝通工具。經營這個事業，要善用實務經驗、掌握領導原則。在經營決策方面，本人一向講求──「Do the right thing at the right time with the right people」，用對的人，做對的事，正派經營，正確行事。如是，電信事業所創造的價值才有意義！

作者簡歷

　　呂學錦董事長畢業於美國夏威夷電機工程博士，歷任交通部電信研究所所長、交通部郵電司司長、電信總局副局長、中華電信股份有限公司總經理。專長於電信經營與管理，領導中華電信公司拓展固網、行動、網際網路和國際等業務發展，提升營運效能，推出創新ICT服務，拓展海外業務，並以發展成為最有價值與最值得信賴的資通訊公司為願景。呂董事長長期致力於促進台灣資通訊產業的發展，歷年來參與推動多項重要的國家資通訊科技政策，促進台灣資通訊服務與時俱進，近年來更積極參與推動數位匯流和雲端運算等智慧創新服務之發展。呂董事長於2008年至2012年擔任台灣電信產業發展協會理事長，2010年至2012年擔任台灣雲端運算產業協會首任理事長。

前　言

自電報與電話發明以來，電信事業已有一百五十年以上的歷史經驗，相關的經營策略研究與實務十分豐富，相關論述經營策略的著作更是汗牛充棟，不勝枚舉。

有鑑於科技進步神速，電信事業與電子媒體傳播事業朝向數位匯流發展之趨勢，已然形成。因此，若要談電訊傳播領導（CEO）的經營策略，我認為這個命題包括了「電訊、傳播、執行長、經營、策略」這五個關鍵詞，由這五個詞可以組合為「電訊CEO、傳播CEO、電訊經營、傳播經營、電訊策略、傳播策略、經營策略、電訊CEO的經營策略、傳播CEO的經營策略，乃至於電訊傳播CEO的經營策略」。透過分解與組合，建構起「電訊傳播」的治學方法，更是訓練幹部、培養人才的良策；而針對各個組合進行分析、探討，有助於擬訂願景、設定目標、規劃策略、設計業務計畫、以及推展事業。

不過，在數位匯流時代的創新浪潮之中，上述組合未必是經營事業的必要元素。建議諸位不妨挑選一兩本經典之作，深入瞭解體會其中堂奧，再博覽群書、融會貫通，運用起來自能得心應手。

第一節　從企業領導人談起

美國企業中著名的領導人很多，例如奇異企業（GE）前執行長傑克‧威爾許（Jack Welch）；IBM前執行長路易斯‧葛斯納（Louis V. Gerstner）；Intel前執行長安迪‧葛洛夫（Andy Grove）；以及二十一世紀獨領風騷的蘋果企業前執行長史帝夫‧賈伯斯（Steve Jobs），皆是大家耳熟能詳之名人。

　　放眼台灣企業，成功的企業領導人如台塑集團創辦人王永慶、宏碁集團創辦人施振榮、華碩集團董事長施崇棠、廣達董事長林百里、鴻海集團董事長郭台銘、統一集團董事長高清愿與總裁林蒼生、台積電董事長張忠謀、台達電董事長鄭崇華、宏達電執行長周永明等，也都是一時之上乘者。

　　我認為每一位成功的企業領導人，都是你我學習的模範。傑克・威爾許帶領奇異企業成功變革，打造了「奇異傳奇」時代，讓奇異企業市值成長三十五倍，成為當時全球市值最高的企業！史帝夫・賈伯斯以創新和簡約的經營理念帶領蘋果企業推出橫跨個人電腦、音樂和行動電話等三個產業的偉大產品，使得蘋果企業成為企業追求創新的典範！周永明執行長領導宏達電積極發展品牌，從手機代工廠成功轉變成為全球知名的手機品牌！基於這三位領導人的卓越領導能力，本人將以這三位領導人的成功經驗，作為產業經營的典範，揭開本文序幕。

一、傑克・威爾許（Jack Welch）

　　「一位經營者，如果能夠像運動員似的競爭，賭徒般的下注，平常時候像科學家一樣尊敬數字，整頓企業的時候，像發射子彈一樣毀滅性十足，提出理論的時候像哲學家似的深沉又前瞻，他會達到什麼成就？他可以把企業版圖從塑膠、發電機擴展到醫療、金融、傳播、電子商務；二十年間讓企業成長六倍，股票漲三十倍，創下領導的里程碑，全球企業的典範；自己個人也被《財星》雜誌封為『20世紀最佳經理人』。這就是1981年到2001年間接任奇異總裁的傑克・威爾許。」

　　原本從事塑膠和發電機事業的奇異企業，是如何進入了傳播世界？1970年代中期，日本製造業突飛猛進，產品品質高，價格又合

理，銷售成績橫掃全球。威爾許在這段期間赴日本工廠參觀時，親眼見證了日本生產效率遠遠超越自家工廠，於是他開始試圖尋找可提供安全屏障的市場，由於當時美國內需市場正逐步起飛，與民生需求密切相關的食品、藥品和電視廣播三大產業，便成為威爾許的首選。

1980年代初期，由於外資限制的投資保護，電視產業為奇異帶來了極佳的現金流量，更有助於增強與擴充奇異其他事業的發展。美國無線電公司（Radio Corporation of America, RCA）的併購案讓奇異企業擴大版圖進入廣播電視事業（National Broadcasting Company, NBC），也增加了企業的策略籌碼，從併購過程中獲得的資產——優秀人才，更為奇異燃起一股新活力。

這是傑克‧威爾許初試啼聲之傑作。他豐富且具有傳奇性的領袖故事，請參閱其自傳[1]。

二、史帝夫‧賈伯斯（Steve Jobs）

亨利‧福特（Henry Ford）改變了汽車工業；泛美航空的瓊‧崔普（Juan Trippe）開創全球航線；康納德‧希爾頓（Conrad Hilton）把美國旅館業國際化，他們名留青史的原因，乃是因其不只是企業家，更是產業革命者！

2009年11月5日，《財星》雜誌發布賈伯斯為近十年最佳執行長（CEO of the Decade）[2]，過去這十年中，賈伯斯成功地重新定義了音樂、電影和行動電話三項產業，並極大地影響了電腦產業，成為二十一世紀美國最偉大的創新企業家。在此，本人簡要地說明賈伯

---

[1] 黃佳瑜譯（2002），《jack》，台北：大塊文化。（原書：Jack Welch (2001), *Jack: Straight from the Gut*, Warner Books）

[2] Adam Lashinsky (2009). Steve Jobs: CEO of the Decade, CNN Money. http://money.cnn.com/magazines/fortune/steve_jobs/2009/index.html

斯是如何以領導力，帶領蘋果航向數位時代的榮光。

1997年，賈伯斯重回蘋果企業接受代理執行長一職，在他的嚴謹整頓與獨特領導之下，挽救了瀕臨破產的蘋果，並緊接著推出i系列產品，引起市場熱烈迴響。我曾於2011年11月1日，於《遠見》雜誌主辦的華人企業領袖高峰會中，以兩首白話詩向賈伯斯致敬，形容他的領導成就與時代開創性——

「蘋果電腦，一號二號；
晴天霹靂，震撼全球；
個人電腦，於焉普及。
麥金塔裡，藝術字型，
典範轉移，蔚為風氣；
若非休學，焉得旁聽，
字形藝術，心儀學門。」

「二十年寒窗無人問，一舉成名天下知。
意氣風發任性獨裁，三十功名飛灰煙滅。
流年暗轉覓生機，追尋直覺渡迷津。
新創NeXT又創Pixar，軟體平台為誰開？
豈是老天巧安排？
蘋果買下NeXT奠宏基，迪士尼併購Pixar虎添翼。
重回蘋果當顧問，既顧且問謀奪宮。
重掌兵符挽狂瀾！
重新布局脫胎換骨，不同凡響石破天驚。
客戶導向為宗旨，四方格中定策略，
四大產品聚焦點。產品設計極約簡，
信奉less but better，追求完美。
工程技術超領先，人文藝術真體驗。

硬體軟件及內容，垂直整合天衣無縫。

稱霸的商業模式，引領風騷數十年。

iMac、iTune、iPod、iPhone、iPad、iCloud，

世人皆愛史帝夫賈伯斯（Steve Jobs）。」

　　賈伯斯為什麼能做出如此獨特的產品與服務？當2004年8月確認罹患胰島細胞神經內分泌腫瘤之後，賈伯斯依然魅力十足，2007年iPhone的發表，改變了行動通信產業，智慧型手機上網帶動了行動寬頻上網的業務，創造了第三代行動通信網路（3G）的價值。2010年，iPad推出讓平板電腦成為可能，改變了個人電腦產業！2011年，賈伯斯又把他的核心概念「數位生活中樞」往上推展，iCloud順勢而來，為千千萬萬蘋果迷提供時尚的個人雲端服務。

　　賈伯斯以一顆赤子之心，致力於想要改變世界，在宇宙中掀起波瀾，他如何經營事業呢？此處摘引賈伯斯的談話摘要，藉此窺探一二：

「如果我們能洞悉消費者的需求、感覺和動機，就可以生產出他們想要的東西。」

「我希望激發企業裡的人做出偉大產品。」

「最重要的動機還是產品，而不是獲利。」

「我們的任務是預知。」

「蘋果能打動很多人的心，是因為我們的創新還有很深的人文淵源。」

「蘋果能做的就是幫助消費者整合。」

「你要跟我一起工作，就絕對得誠實。」

「執行力跟好點子一樣重要。」

「決定『不做』什麼，跟決定『做』什麼一樣重要。就企業而言是如此，就產品而言亦同。」

三、周永明（Peter Chou）

近來，台灣的創新發明在國際舞台上戰果輝煌，橫掃瑞士日內瓦、英國匹茲堡、德國紐倫堡、韓國首爾，獲獎數為全球第一。又如防毒軟體趨勢科技，雙A的宏碁電腦、華碩電腦，智慧型手機宏達電（HTC）等在全球市場都有非常成功的經營成果。從這些企業領袖的成功之中，我們也看見了未來的啓發和希望。

我曾打趣道：「山不在高，有仙則名。桃園龜山不高，因為有宏達電，龜山會很有名。」宏達電本來以代工為主，是台灣眾多代工業者之一。2005年，宏達電執行長周永明決定改變策略成立品牌，直接切入當時尚未萌芽的智慧型手機市場，連連創下驚人的紀錄：

2005年推出全球第一支Windows Mobile智慧型手機
2008年推出全球第一支Android智慧型手機
2010年2月HTC Hero英雄機榮獲GSMA MWC年度最佳手機獎
2011年推出全球第一支LTE智慧型手機
2011年2月獲得GSMA 2011年最佳手機企業獎[3]
2013年2月New HTC ONE獲得MWC 2013年最佳新手機獎

宏達電的智慧型手機銷售量扶搖直上，其中特別值得強調的是，HTC在2011年歐盟五大Android phone市場中，市占率為第一名（平均34.6%），英國50.9%，法國21.8%，德國29.8%，義大利24.8%，西班牙31.9%。而宏達電只花四年多的時間，便在2011年晉

---

[3] GSM Association, Best Mobile Devices - Device Manufacturer of the Year: HTC, http://www.globalmobileawards.com/awards/winners_2011.php

升成為全球智慧型手機市占率第五大的企業[4]，證明了周永明成功的塑造HTC成為一個國際知名的品牌。

　　2011年10月周永明在倫敦接受《金融時報》訪問時曾說道：「光有領先的技術是不夠的，客戶要的是全盤考量完整的，包括硬體、軟體和內容，並且每天經常使用的使用者體驗。」[5]周永明帶領HTC，創造產品的高品質，體貼客戶的感覺細節，他本人口袋裡更經常放置五支以上的手機，隨時把玩，每項產品他必定要親自體驗到滿意才可上市。

　　他充滿好奇，具有擁抱熱情的熱忱，他堅持創新，有一顆勇於挑戰的信心，也有「我沒有想過失敗，只要努力去做，失敗也沒有關係」成敗等同觀的虛心。他更有Quietly Brilliant深沉忠厚的智慧。他個性內斂沉穩，實事求是，有堅強的毅力和獨到的眼光。探討市場開拓，他鼓勵同仁Think out of the box，作跳躍式思考，蛙跳成長，從不以線性成長為滿意。

　　與周永明共事者常說：「很難在台灣找到他這種老闆，他不會因為員工做錯事而生氣或責罵同仁，他只會因為同仁不去嘗試新方法，一再重複錯誤而難過。同仁都可以感受到Peter（指周永明）對人的熱情與期望，永遠沒有停過。」

　　2011年9月24日，《經濟日報》社論〈HTC寫傳奇〉評析道：「HTC的強項在品質，開放性及客製服務。」「影視娛樂看HTC最棒，很難想像其他品牌手機還有多少加值空間。」「宏達電，在

---

[4] 方巧文（2009）。〈宏達電Android機冠歐洲五國〉，《經濟日報》。上網日期：2012年9月10日，取自http://forum.udn.com/forum/NewsLetter/NewsPreview?Encode=big5&NewsID=6614732

[5] 邁亞・帕爾默、鄺彥暉（2011）。〈HTC尋找"特別酷"的手機〉，《金融時報》。上網日期：2012年9月10日，取自http://big5.ftchinese.com/story/001041186/?print=y

1997年以新台幣500萬元成立的企業，到2011年4月時，股票市值超過全球手機市占率第一的Nokia，這樣的傳奇故事只有在美國矽谷和台灣出現過。」[6]至2011年10月中旬時，宏達電的品牌價值超出36億美元，成為全球百大著名品牌之最新會員。在王雪紅董事長全力支持下，周永明執行長登上傑出企業領袖的寶座。

第二節　電信傳播的經營策略

企業經營一定要有目標和願景，領導人必須能勾畫「願景」，讓同仁們知道企業要走的方向是什麼，據此建立共識。因此企業願景是帶領團隊前進與團結的力量。回顧1996年，中華電信在電信自由化、企業化過程中，從政府機構轉型為民營企業的各個階段，都具體掌握了經營願景。

在電信產業的自由化階段，中華電信的經營本質已從原本的電信資源支配者轉型為電信市場的競爭者，必須有適當的願景和經營策略來面對電信自由化、國際化後的競爭市場。當時在陳堯董事長領導下的經營團隊，以求新求變之卓越技術、專業服務來滿足客戶之需求，推動中華電信的轉型發展，使企業永續經營。具體的計畫包括推動網路光纖化、交換寬頻化、服務整合化、應用普及化、連線國際化、資訊生活化等業務，致力推動企業民營化、組織扁平化、流程改造、單一窗口等，並同時開始在經營理念導入「客戶」的觀念，處處「以客為尊」。

這些策略充分運用中華電信充沛的活力、優秀的人才和豐富的經驗來提供品質最好且具備競爭力的服務。這些落實推動的成果都

---

[6]《經濟日報》（2011），〈HTC寫傳奇〉，上網日期：2012年9月10日，取自http://www.cdnews.com.tw/cdnews_site/docDetail.jsp?coluid=110&docid=101672126

為客戶提供更好的服務，並為百年老店注入新活力。

　　在這個階段（1996/7~2000/8）的中華電信願景是「*服務比人家好、價格比人家合理、效率比人家高、技術比人家領先！*」同時「以卓越的技術、專業的服務，滿足客戶的需求，並增進人類的溝通與和諧」為經營理念，以「溝通人間情，連接世界心」為精神標竿，及以「客戶的滿意，永遠是中華電信全體同仁的責任」為績效準繩外，並以「感性對話」作為標的。

　　企業化之後的下個階段，目標是從國營企業轉化成民營化企業，提升企業競爭力。此階段（2000/8~2003/1）在毛治國董事長領導下，設定的願景是「*讓中華電信成為投資人、客戶與員工的價值創造者*」。2000年，中華電信正式於台灣證券交易所上市，接著陸續多次釋出政府持股，2005年8月12日中華電信的政府持股降至50%以下，正式成為民營企業。2003年起，中華電信由賀陳旦董事長領軍，重新思考布局海外業務，朝向國際化及轉型多元，力圖發展為4C服務業，此階段（2003/1~2008/8）願景為「*一個以『科技』為後盾的4C服務業！一個更有『社會責任』的龍頭企業！一個跨足『國際』的控股集團企業！*」。

　　中華電信在順利逐步轉型成為資通訊企業之後，提高企業的價值以及永續經營，便成為下個階段的重要目標。本人在2008年升任董事長之後，重新檢視了企業的經營環境及營運規劃，經過團隊討論，決定以「*成為最有價值與最值得信賴的資通訊公司*」為願景，要為客戶、員工、股東及社會創造價值！因此，我們制定了「創新、寬頻、加值、整合、感動、固本」作為策略主題，以此為基礎展開相關的經營策略，包括永續經營的網路建設、創新產品研發、平台整合、客戶導向的客戶服務以及內控制度等。

　　就經營策略而言，電信產業領導者應著重於永續經營，注重基礎網路設施的長期建設規劃，積極投入前瞻技術的研發，以因應政

策與市場的變遷、科技與環境的演進,率先引進新技術及新服務,達到與時俱進,掌握先機,成為領導發展的先驅。以投入技術研發為例,美國AT&T、英國BT和日本NTT等電信企業均設有專責的研究機構,進行先進技術的研發。中華電信設有電信研究院,針對下世代網路(Next Generation Network, NGN)、4G LTE/LTE-Advanced、雲端運算、多媒體服務等前瞻技術進行研究,積極與國際研究組織交流,引入先進電信技術;再者以網際網路服務(Internet Service)為例,中華電信在老電信總局時代(1994)推出ISP試用服務,一年後,則以HiNet為名正式商用,成為電信事業提供ISP服務的先驅!

有些傳統電信業者因主管機關的監理要求,將企業某些部門切割出去,如美國AT&T、日本NTT、英國電信等;美國AT&T在1985年被主管機關要求拆分成八個企業,之後又歷經多次分割和併購,隨著業務發展的需要,最後又由當初拆分的區域電信業者SBC Communications於2005年購併AT&T,並繼承AT&T企業名稱(之後改為小寫的at&t),成為美國最大的固網服務商、第二大的行動電話服務商,並提供收費電視服務的綜合電信服務商。美國另一大電信企業Verizon也是由區域電信企業經過多次併購而有今日之規模。而日本NTT及英國BT等企業拆分後,其經營的績效也大都不如以前輝煌。

由這些例子來看,將企業部門拆開出售或獨立經營,是一種高風險行為。面對數位匯流的服務整合及多元化競爭時代,最好的方式還是以整合(integration)的方式經營,才可使企業各部門發揮到極大值。除此之外,無論是新進電信業者或是傳統電信業者,都必須面對外在環境迅速發展而產生的變化!以往電信業的主要服務在於電話,爾後發展到數據通信和行動通信。現在則是發展到網際網路與寬頻服務,而網路與寬頻服務目前面臨到重要的課題是在某些地區,在某些時段,網路的容量擴充跟不上用戶對頻寬的要求,電

信業者必須持續投注龐大成本建設網路，但消費者卻偏好免費使用網路和免費下載內容，加上使用者合理付費的觀念仍有待加強等。因此，要成就一個健康的電信發展環境，建立良好的消費者、使用者付費制度是相當重要的，如此才能使資源的分配與使用公平，讓產業能夠永續發展。關於此項議題，國際電信聯合會（ITU）於2012年12月舉行WCIT（World Conference on International Telecommunications）大會討論修訂國際電信規章（International Telecommunications Regulations, ITRs）。

良好的經營尚需要良好的內控制度來檢驗企業整體之運作，一家企業的運作，就好比身體血管中血液的流動一般，不論企業大小，除了要有好的營運計畫之外，一定要有縝密的內控制度。例如企業本身就像人體的血液，執行業務的是紅血球，在創造營收的同時，相對也會花掉成本；而內控制度則像白血球，適時偵測問題的可能性，並抵禦外來的侵犯，兩者相輔相成才能有效執行。另外，亦需搭配良好的風險管控制度，就好像人體血液的血小板一樣，具有止血的功能。以中華電信為例，即依據董事會核定之「內部控制制度」及各年度之「內部稽核計畫」，建立良好的稽查制度與內控；同時訂有「風險管理規則」明確規範風險管理政策、運作機制及管理程序，降低經營風險，強化公司治理。

在業務行銷、市場開拓的經營上，最基本的要素是4P策略──產品（Product）、費率（Price）、通路（Place/Channel）促銷（Promotion），以及客戶服務與業務計畫。行銷4P理論是由麥卡錫（Jerome McCarthy）在《基礎市場行銷：管理方法》一書中提出的行銷組合（Marketing Mix）概念，成為常被參考引用的行銷模型[7]。

---

[7] 陳宏仁譯（2002），《行銷學》，台北：台灣西書有限企業。（原書：William D. Perreault and E. Jerome McCarthy (1998). *Basic Marketing*. Mcgraw-Hill College）

由於電信市場競爭激烈，行銷策略相對複雜，尤其隨著通信技術的快速演進，顧客的通信行為和消費習慣都隨之改變。因此，服務不只要使客戶滿意，更要做到令客戶感動。2010年起，中華電信推行「感動服務」再造工程，於2011年啟動新一代服務門市，以創新技術及感動服務，化被動為主動，提升客戶的滿意程度。

企業經營當然要能獲利。然而電信已經成為國家經濟社會發展的重要基礎設施，寬頻網路的發展更是現代化不可或缺的驅動力量。因此在經營方針上至少應該思考下列五項重點：「追求成長」、「厚植基礎」、「強化人力資源」、「精進管理機制」與「落實企業社會責任」。分述如下：

一、追求成長

企業宜以行動、寬頻、加值、整合服務促進業務良性演進；並以同理心關懷客戶，增強客戶信賴度，廣泛結合產業生態，領先推出應用新服務與開發市場，促進數位生活，且拓展海外市場，開發新成長空間以精進集團企業協同機制，增強願景實踐力道。

二、厚植基礎

企業必須加速網路升級與整併，持續ICT（Information and Communications Technology）基礎設施優勢；並且強化資訊與平台技術，以達搶占新興服務的策略高點；最後還要充實研發能量，增益技術服務價值。

三、強化人力資源

企業應加強員工專業訓練與新陳代謝，維持永續營運活力；加速經理人養成，培養具整合能力之經營人才。以中華電信為例，內

部設有電信學院，使在職人員可以持續不斷地學習，增進能力。

四、精進管理機制

　　企業必須力行績效管理與建立有效檢討機制，籌劃管理精進路徑；落實專業分工與營運作業集中，從創造績效中促使組織演進。

五、落實企業社會責任

　　企業經營取之於社會，應回饋社會，實現企業公民承諾。例如，中華電信長期投入偏遠地區網路建設，縮短數位落差；研發盲胞專用通信設備；近期更宣示打造「數位雨林」理念，期許為國內產業建置生生不息、欣欣向榮的數位經濟發展環境，將積極投資建設寬頻網路，打造活水沃土的寬頻基礎設施，提供產業發展繁榮創新的數位服務，同時落實節能減碳，建構與環境共創多贏的產業生態鏈！

📶 第三節　決策、溝通與領導：中華電信的經營實例

一、決策

　　競爭與挑戰是每個人、每個企業、團體，甚至每個國家必須經常面對的課題。競爭，要贏，必須要有贏的策略；挑戰，要達成目標，必須要有達成目標的方案。面對競爭與挑戰，成功的事業經營必須選擇對的決策，輸贏之間，決定於領導者的決策。

　　電信服務事業是一種高投資、人力密集的產業，需要有前瞻的技術能量來規劃基礎網路，投入巨額資金以及技術人力來建置網

路，因此每一項電信建設都必須審慎地進行規劃營運模式，進行獲利分析，益顯決策對電信企業的重要性，以下文章中，我將以中華電信的經營實例，具體分析、說明。

2000年初，中華電信推展寬頻上網業務，原本第一年設定目標為10萬用戶，但考量到網際網路的快速發展，當時的毛治國董事長在重新檢視裝機能力、維護能力、銷售能力後，將目標訂成100萬用戶，並同時重新規劃網路建置和業務推展策略。第二年，用戶數增加到200萬，奠定了日後寬頻上網蓬勃發展的基礎。

事後來看，這項策略主要成功因素包括了「見」、「識」、「謀」、「斷」、「行」五項要素[8]，見──周延，識──洞達，謀──深遠，斷──精準，行──果決。透過敏銳的市場判斷，搭配正確的決策，配合全體同仁的執行力以落實推動。由此推論，決策的背後必須有許多的基本功來配合，才能規劃落實為成果，這些基本功包括了正確的網路規劃與建設、快速供裝的設計、資訊化的維運和帳務系統以及業務行銷等。

企業在做決策的時候，幕僚單位必須先蒐集分析相關產業資訊、市場資訊、技術資訊與營運資訊，作為決策背景參考。決策可以再細分為幾個部分，決策方法、問題與決策的模式、決策情況與決策者風格等相互融合後進入決策之過程。而所謂的決策方法，則依據理性的判定，決策者的高度，和些許的直覺性來構成。此種問題與策略模式所要探討的是，當下的決策與問題是否具有完整結構？所面對的環境是確定的還是具有風險的？決策者的風格是命令型？分析型？概念型或是領導型？最後帶入決策過程，並由最終決策找出最佳的解答，並具體落實決策方案、評估執行的情況，進行

---

[8] 毛治國（2003），《決策》，台北：天下雜誌。

必要的檢討與改進。

　　以中華電信來說，首先第一步是策略的形成，以企業的發展願景爲中心，評估產業與環境分析，並制定發展策略與策略主題。第二步是策略展開，經由上述的制定發展策略與策略主題後，發展策略目標，並且發展KPIS[9]，制定KPIS的目標值，之後還要建立明確的行動方案。第三步則是策略執行之前的先導工作，企業藉由分配資源與編製預算，與連結績效評核及獎酬，並結合資訊系統的呈現與維護，爲決策做好基石（**圖2-1**）。

二、溝通

　　企業必須具備經營理念，並作爲團隊與各級溝通的依據，形成策略、推動方案，並貫徹執行。在溝通上，可以分爲幾種面向，分別是：員工間的溝通、與客戶之溝通、與股東暨社會大眾之溝通、與同業之間的合作溝通等。

　　中華電信設置「中華異言堂」社群網站，提供討論議題與資訊溝通，使員工之間可以利用輕鬆的方式進行內部的溝通。而領導者也可利用此管道與下屬進行溝通，增進組織內部訊息流通的順暢度。社群網路的溝通方式不僅即時，更廣爲年輕員工所接受，達到

---

[9] KPIS爲美國勤業管理顧問企業（Arthur Andersen Business Consulting）推動全球知識管理的成效卓著，對於知識管理的組成曾經提出一個簡潔明確的KPIS公式，K＝(P＋I) S。式中K＝Knowledge（知識），P＝People（人力資源），I＝Information（資訊），而S＝Sharing（分享擴散）。KPIS公式的意思，是表示知識管理即等於人力資源加上資訊並予以分享擴散。換句話說，知識管理是將知識視同創造財富的資源，其重點在於資訊科技與人員智慧的結合，讓知識得以流通、擴散、應用、傳達，讓整個組織得以發展變革，此即爲知識管理最重要的意義。另外由KPIS公式得知，如果S＝0則K＝0；若S＝∞則K＝∞，也就是說，分享擴散等於零，知識也會等於零；分享擴散無窮大時，知識也會無窮大，分享擴散即爲最重要的關鍵因素。因此，一個組織知識累積的速度，全賴組織內部知識分享擴散的程度。

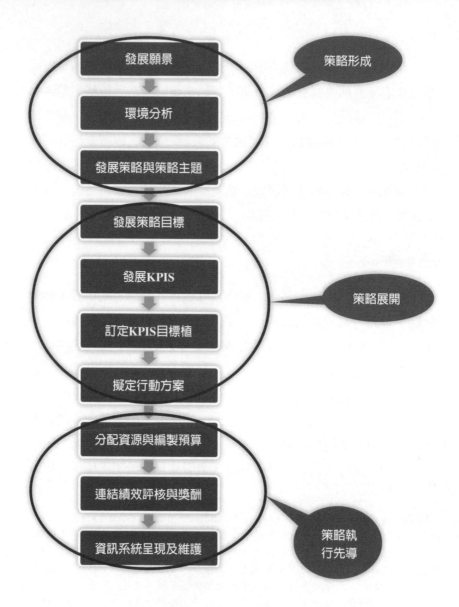

圖2-1　策略形成、展開及執行示意圖

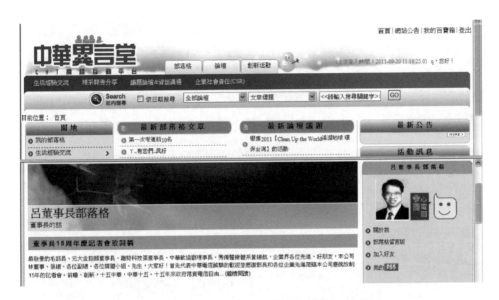

圖2-2　中華電信異言堂與董事長部落格的畫面

高溝通效率（**圖2-2**）。

　　中華電信的內部資訊系統也扮演著員工之間的重要溝通平台，平均每日約有六百萬件以上的電子郵件、一千三百多件電子公文，電子會議系統每天約三千人次使用，每天約六千人次上線使用企業協同作業即時通（Unified Communication）的即時傳訊、線上通話、線上會議研討及檔案即時傳送等服務，提供另一種企業內部的快速溝通平台。

　　與客戶溝通面向上，中華電信透過遍布全國的服務窗口，以及拜訪客戶、營業場所裝機、維修的工作同仁，與客戶進行面對面溝通，而客服中心數千位值機同仁透過電話受理申告為客戶解決問題。另外，中華電信網路平台設有會員專區，藉此與客戶保持緊密的溝通，如提供會員活動、提供最新推薦服務或活動等。使客戶可以與企業保持良好的聯繫關係（**圖2-3**）。

圖2-3　中華電信會員中心介面

　　在同業合作溝通面向，中華電信透過「台灣電信產業發展協會」（Taiwan Telecommunication Industry Development Association）作爲溝通平台。

三、領導

　　領導者的領導力是企業成功發展的重要因素之一。除了領導人的特質之外，從企業的經營角度而言，領導力的定義含括五項主軸，分述如下：

(一)以願景作為領導策略

　　舉例來說，領導者與經營團隊必須爲企業同仁提出一個明確的願景，例如中華電信的願景是「成爲最有價值與最值得信賴的資通

訊公司」，我們期許自己要給我們的股東一個具有成長性而且值得
投資的企業，給我們的客戶有最信賴的通信環境與高品質的資通信
服務。一旦提出願景之後，企業運行方向明確，同仁之間才能將目
標願景化爲實際的行動方案，像是要做到最有價值的行動方案可能
是使企業內部營收成長，或是成爲某服務的最大提供者等。而要做
到最值得信賴的企業則仰賴企業提供安全可靠的服務，或是藉由國
際認證、評比，使消費者更有保障等行動來達成。

(二)以經營方針作為領導策略

以經營方針作爲領導策略的領導注重追求成長，厚植基礎與蓄
積成長能量的面向。而且尚須注重強化人力資源、精進管理機制與
企業的社會責任等。

(三)以發展企劃作為領導策略

企業必須制定短、中、長期發展企劃。以中華電信爲例，在以
策略爲領導的中長期發展策略下，還細分爲業務拓展、客戶服務、
網路建設、資訊技術應用、人力運用與訓練、海外市場拓展與科技
研發、集團管理與轉投資發展等各面向。再依各面向之發展需求去
制定策略，作爲領導依據。

(四)以績效目標與激勵作為領導策略

亦即將績效與目標管理結合、與績效考核結合來驅動同仁朝此
目標前進；同時佐以激勵機制作爲獎勵，例如優秀員工、經理人選
拔獎勵、單位員工績效獎勵等。

(五)以經營理念、企業文化作為領導策略

企業必須有明確的經營理念，作爲同仁推展業務的最高指導原
則，並積極落實爲企業文化。例如，中華電信的經營理念爲「專注
本業、注重專業、提升效率、感動服務、正派經營」。

📶 第四節　領導哲學與經營理論：前瞻與創新

　　前瞻與創新是領導力的關鍵，當技術進步日新月異，連帶影響商業模式，使得電信與傳播產業的經營策略更形複雜。隨著經濟發展型態的轉變，如今以資訊通信科技爲基礎的數位經濟，讓網路整備度成爲國家競爭力的關鍵指標，先進國家均積極推動國家資通訊基礎建設來發展數位經濟。因此，電信業者便扮演著相當重要的角色。

　　爲配合國內經濟發展，中華電信長期投入大量資本建設基礎網路，在國內經濟起飛的70年代積極推動電話普及服務，建置國際衛星地面電台及參與國際海纜建設、提升HiNet網際網路連外頻寬；2000年起，則大量建置ADSL帶動國內寬頻上網浪潮，同時積極投入行動通信網路系統建設。

　　多元化、高頻寬、高品質的網路基礎設施，使得我國網路整備度大幅提升。2011年世界經濟論壇（World Economic Forum）公布我國網路整備度評比位居全球第六名。近年來網路技術演進快速（圖2-4），固網及行動寬頻技術演進，中華電信更高度投資，建置寬頻基礎設施，打造活水沃土的寬頻建設，將國內寬頻上網速率從K世代（Kbps）提升至M世代（Mbps），近期正積極進行光纖網路建設，將寬頻上網速率推升至100 Mbps，甚至未來將提升至G世代（Gbps），促進數位經濟的發展力與競爭力。

　　除了配合外在環境，爲了提供更好的資通訊環境，電信企業亦須在其他通信領域上提供完善的服務，如中華電信爲客戶提供資通訊服務，除了基本的電話及寬頻業務外，同時提供眾多加值服務，來滿足客戶在居家、工作、休閒及移動等方面的需求，大幅提升用

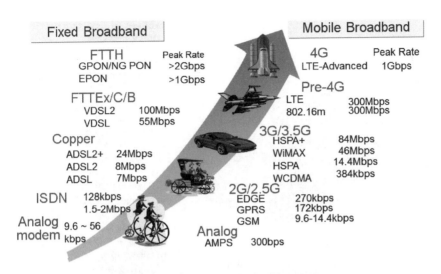

圖2-4　固網及行動技術演進示意圖

戶的資訊閱聽品質（**圖2-5**）。

　　網際網路（Internet）快速發展，網路內容從早期以文字為主，到今天演進為豐富多元的多媒體影音內容，並成為大眾日常生活不可或缺的部分。當今，全球寬頻網路趨勢正邁向結合語音、網路及視訊的三網合一（Triple Play）服務趨勢，舉凡高畫質視訊、IPTV、網路購物、線上遊戲、網路電話、部落格、社群網路（Social Network）及各式的網路服務與通訊的結合運用，都需要高速的寬頻網路來支援這些服務內容。

　　而網路科技的進步快速也讓傳統的科技媒體與電信產業產生質變，Flickr、Myspace與YouTube分別被Yahoo!、News Corp及Google買下，證明產業的匯流趨勢正逐漸形成，單一服務模式已無法滿足新匯流時代之需求，企業需要垂直及水平整合，提供各種加值服務，形塑差異化內容服務，以提升產業競爭優勢。

　　現在數位匯流的趨勢是「三網合一」，結合電信、媒體與網

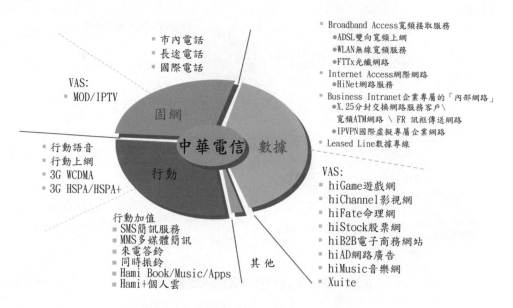

■ Broadband Access寬頻接取服務
  ●ADSL雙向寬頻上網
  ●WLAN無線寬頻服務
  ●FTTx光纖網路
■ Internet Access網際網路
  ●HiNet網路服務
■ Business Intranet企業專屬的「內部網路」
  ●X.25分封交換網路服務客戶\
   寬頻ATM網路 \ FR 訊框傳送網路
  ●IPVPN國際虛擬專屬企業網路
■ Leased Line數據專線

市內電話
長途電話
國際電話

VAS:
■ MOD/IPTV

固網

中華電信　數據

行動

■ 行動語音
■ 行動上網
■ 3G WCDMA
■ 3G HSPA/HSPA+

VAS:
■ hiGame遊戲網
■ hiChannel影視網
■ hiFate命理網
■ hiStock股票網
■ hiB2B電子商務網站
■ hiAD網路廣告
■ hiMusic音樂網
■ Xuite

行動加值
■ SMS簡訊服務
■ MMS多媒體簡訊
■ 來電答鈴
■ 同時振鈴
■ Hami Book/Music/Apps
■ Hami+個人雲

其他

圖2-5　中華電信提供之資通訊服務

路,朝向平台整合與跨網路的服務方向邁進,提供滿足用戶需求的數位生活服務(**圖2-6**);而數位匯流又可以分成產業的匯流及服務的匯流。產業的匯流,亦即企業經營業務的界限模糊化,如廣播電視、終端廠商、IT業者、跨境業者、內容業者均已開始透過寬頻平台跨入電信業務,提供電信、視訊及加值等數位匯流服務。各產業之間不僅面臨相互競爭,彼此間的合作模式更為多樣。因此,電信業者不能再以電信業者自居,電信業者必須跨出腳步,涉足經營多元領域(**圖2-7**)。

　　舉例來說,中華電信與廣電業者、節目內容業者、應用業者和其他終端業者相互合作,共同推動匯流產業,最好的例證便是MOD(Multimedia on Demand)服務的推出——MOD做到了將影視(Video)與網路(Internet)和電信(Telecommunication)的結合,完成了「Triple Play」的願景,並將金融服務、遠距教學服務納入,

圖2-6　數位匯流發展目標

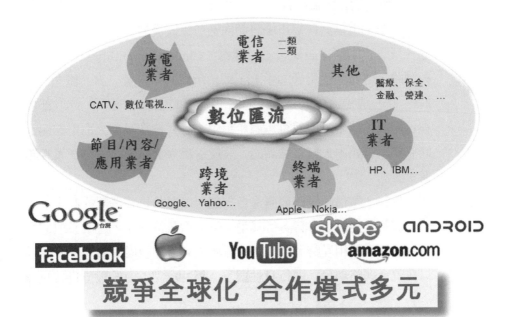

圖2-7　產業的數位匯流

圖2-8　多螢一雲示意圖

形成完整的數位匯流平台。

　　未來，電信與傳播市場將朝向數位匯流發展，許多服務都會透過各型各式的終端設備、雲端運算（Cloud Computing）平台和寬頻網路，傳遞到使用者的手上，即為所謂的「多螢一雲」概念（圖2-8）——透過雲端的建立，將各式各樣的服務、資訊、存取都放在遠端的雲端中，用戶可以憑藉手中的各式終端設備來取用雲端上的服務，有如本人經常強調的：「隨心所欲資訊來、心想事成百花開！」

　　以往，電信、網路與廣電各自發展，無論是在法規的制定上，或是服務的提供上，皆各行其是。但面對數位匯流，產業必須進行融合、擴張與相互跨業競爭；故需要更完善的發展策略，使產業得以在整合網路環境下進行良性競爭（圖2-9）[10]！由於數位科技快速

----

[10] 行政院（2010），數位匯流發展方案（2010~2015年）。

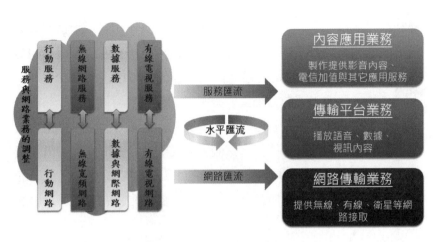

圖2-9 數位匯流發展政策

發展，通訊及傳播產業日趨匯流，服務型態更是推陳出新，有線電
視網路可以提供電信服務；網際網路亦可提供即時的傳播服務，第
三代行動通信網路除可提供傳統語音電話外，更可進一步提供多媒
體服務。為因應科技匯流趨勢，先進國家均已陸續推動相關管理機
關之組織調整，並進行必要之立法改革，以因應產業發展需求。

　　就台灣而言，現行通訊傳播之監理業務，以產業別分別立法，
面對通訊傳播產業匯流所產生嶄新服務時，便產生了修法之必要！
因應科技匯流之趨勢，政策制定、監理機制與獎勵產業發展之權責
有待進一步明確化，政策制定更必須涵蓋匯流趨勢之全貌！因此，
事權統一之通信傳播單一主管機關，統籌通信傳播相關政策與監理
事項，提升產業國際競爭優勢，實為當務之急！

　　接著來談商業模式，不論是電信服務，甚或是數位匯流服務，
要找到對的商業模式才能夠順利推展並且獲利，因此商業模式是很
重要的成功要素之一。就學理而論，設N表客戶數，廣播網路的價
值跟N成正比，電信網路的價值跟N的平方成正比，社群網路的價值
則就有可能跟2的N次方成正比。以電話服務為例，電話的即時性和

便利性已成爲人們最常用且最有效的溝通工具,如果以十位家庭成員之間的頻繁聯繫爲例,在最佳情況下兩兩依序相互撥打電話的結果,十位成員將可產生近百通電話,創造出N平方的價值效果。

最後,我要以「能力公式」來勉勵諸位自我培養能力!品德、知識技能以及清楚的頭腦是「能力公式」的基本三要素,品德之養成應具備溫良恭儉讓等德行,每個人應該隨時培養個人的知識和技能,像是外語能力、專長等。除此之外,頭腦要清楚。更重要的是,要使自己的妄念和妄爲降至最小,如此一來才有可能使自己的能力發揮至最大!

$$能力 = 清楚的頭腦 \times \log\left(1 + \frac{知識技能}{妄念妄為}\right)$$

結　語

電信和傳播因數位化、寬頻化和網際網路(IP)技術成熟而進入數位匯流之新階段。跨業、跨界經營已成爲可能,並且快速發展中。本人在文章中,特別強調了領導者(即CEO)的重要性,目的爲希望尋找台灣的史帝夫‧賈伯斯。

經營事業,講求誠信,這不是掛在牆壁上的標語,或一時興起的信口開河,而是必須在行爲上展現!誠信,是經營能力的重要內涵,更是企業發展的基石,不論經營何種事業,企業領導人都應該追求提升企業的價值,發揮創新創意尋找有價值的商業模式,著重產品品質,提供優質服務,爲客戶、員工、股東及社會創造價值,腳踏實地邁向永續經營!

參考資料

張光正、呂鴻德（1990），〈知識經濟時代的領袖特質〉，收錄於高希
　　均、李誠主編（2000）之《知識經濟之路》，台北：天下文化出版
　　企業。

項慧齡、吳茵茵譯（2009），《當和尚遇到鑽石》，台北：橡樹林。
　　（原書：Geshe Michael Roach (2000), *The Diamond Cutter: The
　　Buddha on Strategies for Managing Your Business and Your Life*, Bantam
　　Dell Pub Group）

廖月娟、姜雪影、謝凱蒂譯（2011），《賈伯斯傳》，台北：天下文
　　化。（原書：Walter Isaacson (2011), *Steve Jobs*, Simon & Schuster）

3

電信產業的創新經營策略

台灣大哥大營運總經理 賴弦五

經營哲學

　　經營一個事業，要歸本溯源，扎實地先做好「基本功」，然後再去思考創新與成長。「行動寬頻興起，讓電信商有了一條嶄新的路」，但最基本的還是網路建設、確保傳輸品質，接下來才是滿足「客戶應用的需求」，規劃創新的產品和服務，此外，我很重視財務紀律（discipline），任何的創新要產生獲利，不然就是花招。不管創新產品、網路建設、通路經營與組織管理，我要各層主管設定目標，擬定計畫，分階段追蹤績效達成狀況，以確保很好的獲利能力。

作者簡歷

　　賴弦五現任台灣大哥大營運總經理。曾任台灣固網資深業務副總經理、廣通科技總經理、康訊全球電子商務總經理、東信電訊副總經理、美國AT&T貝爾實驗室研究員、美國富士通商用通訊專案研發工程師等職務。畢業於台灣大學電機工程系，並取得美國北卡羅萊納州立大學電機碩士及國立政治大學商學碩士。

📶 前　言

近十五年以來，台灣電信產業陸續開放新執照如：2G、3G、固網、PHS以及WiMAX等，隨著時間也陸續淘汰與整併。而電信業者的經營管理及應變能力，也不停地面臨社會考驗。

隨著數位匯流狂潮來襲，電信產業的生態已經不復以往，跨業競爭和創新經營模式，為電信產業帶來不同生機，也同時帶來了全新挑戰。我認為，面對數位資訊時代的來臨，電信產業的經營策略必須朝「Think Different」的方向邁進，謹記「Control your own destiny or someone else will」的原則，認知現實，將命運緊握手中。

我自己在電信產業已有二十五年以上的管理實務經驗，藉著這篇文章，期望能與各位分享目前國內外產業環境的種種變遷，同時以台灣大哥大的經營管理策略為實務範例，共同思考面臨未來的因應之策。

📶 第一節　電信產業的生態觀察

在正式談論電信產業及其生態環境之前，有必要先行釐清幾個產業相關的專有詞彙：

1. 「電信」：根據《電信法》第二條條文表示，「電信」一語乃指：利用有線及無線方式，透過光、電磁系統或其他科技管道，發送、傳輸或接收符號、信號、文字、影像、聲音等各種性質之資訊。
2. 「電信事業」：所謂的「電信事業」，則指經營電信服務，提供公眾使用之相關事業。

3. 「電信網路」：至於「電信網路」，則是指介接設備、交換設備、傳輸設備及接取設備等，傳輸電信資訊、提供電信服務的網絡架構。

具體定義以上關鍵名詞的意義內涵後，接著，我們方可來談論，電信事業的發展過程，以及該產業所面臨的議題與挑戰。

一、電信事業的發展

談及電信事業（telecommunication company, telco），則不可忽視其中幾項重大改革及發明，如：1876年，Alexander Bell發明電話；1973年，Martin Cooper發明行動電話；1989年，Tim Berners Lee，發明了網際網路（World Wide Web），以上的發明，都為電信事業帶來了革命性的轉捩點。

一般來說，電信事業的從業者可分為固網通訊業者、行動通訊業者（Cellular Company, Celco）及網際網路服務提供者（Internet Service Provider, ISP）。相較於早期以電話（語音）為主的服務，後來隨著科技變遷及時代進步，數據存取（Data Access）的部分逐漸加重，使網際網路服務至今成為業者們挺進市場的關鍵項目。

早期，電信事業以固網語音和數據存取為主，因牽涉到龐大的基礎建設，所以早年的電信事業大多屬於國營事業；如：美國最早的固網業者AT&T，以及日本的NTT，其中英文縮寫的兩個「T」，便分別代表著了電報（telegram）與電話（telephone）；而我國的中華電信在民營化之前，屬於台灣電信總局的營業單位，以國營事業型態經營，具有極高的市場獨占性。

隨著電信自由化與行動通訊普及，電信事業受到規模經濟和頻譜資源的限制，其市場也從獨占轉變為寡占。舉例來說：美國電信產業自由化後，將AT&T拆解成許多小型Bell公司，而這些小型Bell

公司與新進業者經過多次的合縱連橫，整併起整體的固網行動業務，前四大業者：AT&T、Verizon、Sprint Nextel與T-Mobile，便占有了美國的主流市場。

　　而台灣經過1996年的電信自由化，陸續釋出了八張2G的行動執照，三張綜合固網執照，與五張3G執照；經過多年的整合工作，這些執照分屬於三個大型電信集團和兩個較小的電信集團[1]。此外，台灣同時也發放了六張WiMAX執照，但相較之下，持有WiMAX執照的業者，反而在網路建設與提升用戶數方面成長頗為緩慢。

　　行動通訊因具備了跨國漫遊、跨國服務與聯合採購等特性，必定刺激電信業者朝全球化整合的方向尋求發展，極大型的跨國電信集團也應運而生。2011年7月，《財星》（*Fortune*）雜誌從全球500大企業中選出12家全球性的跨國電信集團（**表3-1**）[2]，可看出這些跨國集團大多同時經營固網與行動業務服務，而許多新興公司也是從老字號的國營企業轉型而來的；而台灣最大的電信業者——中華電信，年營收約69億美元，未列入這份500大企業的名單之中。

　　至於目前全球行動用戶數Top 10的電信集團（**表3-2**）[3]，其中，Vodafone橫跨五大洲，市場遍及約莫三十來個國家；América Móvil則縱貫美洲十八國。我們足以觀出：國際電信事業集團透過跨國投資與區域聯盟等策略，建立起龐大規模經濟的營運模式。

---

[1] 三大電信集團為中華、台灣大及遠傳，兩小電信集團為亞太及威寶。

[2] Fortune (2011). Fortune Global 500, Retrieved Jan 7, 2013, from http://money.cnn.com/magazines/fortune/global500/2011/full_list/

[3] mobithinking (2012). Largest mobile network operators. Retrieved Jan 7, 2013, from: http://mobithinking.com/mobile-marketing-tools/latest-mobile-stats/a

表3-1　全球前12大電信集團

電信集團 （行動＋固網）	HQ所在國	服務別	Fortune 500排名	營收 （百萬美元）
AT&T	US	行動，固網	30	$124,629
NTT	Japan	行動，固網	31	120,315
Verizon	US	行動，固網	41	106,565
Deutsche Telecom	German	行動，固網	75	82,674
Telefónical	Spain	行動，固網	78	80,444
Chian Mobile	Chian	行動，（固網）	87	76,673
Vadafone	UK	行動	92	71,344
France Telecom	France	行動，固網	121	61,965
Américal Móvil	Mexico	行動	172	48,126
KDDI	Japan	行動，固網	213	40,100
China Telecom	China	行動，固網	221	38,469
Telecom Italia	Italy	行動，固網	235	36,854

表3-2　2010年全球用戶數前10大行動電信集團

排名	集團 （HQ所在國）	用戶數 （百萬）	營運團隊
1	China Mobile (China)	594.2	China Mobile
2	Vodafone Group (UK)	338.9	Verizon (US)
3	America Movil (Mexico)	224.4	Vodafone Group
4	Telefonica (Spain)	216.9	AT&T
5	Bharti Airtel (India)	199.2	Telefonica
6	China Unicom (China)	169.3	NTT DOCOMO (Japan)
7	AT&T (US)	148.8	Deutsche Telekom
8	SingTel (Singapore)	133.9	América Móvil
9	France Telecom (France)	129.5	France Telecom
10	Reliance Communications (India)	125.7	Sprint Nextel

二、台灣的電信事業

　　台灣的《電信法》將電信事業分兩類，分別是：第一類電信事業、第二類電信事業。「第一類電信事業」是指設置電信機線設備以提供電信服務的事業型態，「第二類電信事業」則指第一類電信事業以外的電信事業，其可能經營的業務項目包括了：語音單純轉售服務、網路電話服務、批發轉售服務、公司內部網路通信服務、頻寬轉售服務、語音會議服務、網際網路接取服務、存轉網路服務、存取網路服務、視訊會議服務、數據交換通信服務、付費語音資訊服務、行動轉售服務、行動轉售及加值服務等。同屬於電信事業的一部分，兩者的經營模式與服務內容卻是界線分明（**圖3-1**）。

　　截至2012年4月為止，台灣共計有83家第一類電信事業，包括：中華電信、台灣大哥大、遠傳、亞太電信、威寶電信等5家主要電信業者，另外，尚有62家從事國內電路出租業務的有線電視業

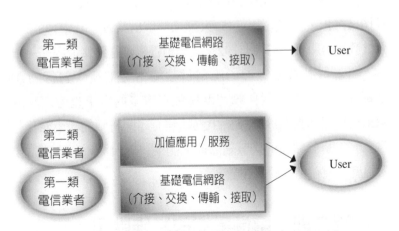

圖3-1　第一類與第二類電信業者提供服務內容示意圖

表3-3　台灣第一類電信事業統計

業務類別	分類	家數	主要電信業者
固定通信網路業務	綜合網路業務	4	中華，台灣大，遠傳，亞太
	國際海纜電路，電路出租業務	4	
	國內長途電路，電路出租業務	62	62家有線電視公司
	市內網路業務	4	佳聯，大新店，威達和大屯
行動通信網路業務	無線寬頻接取業務（WiMAX）	6	
	第三代行動通信業務（3G）	5	中華，台灣大，遠傳，亞太，威寶
	第二代行動通信業務（2G）	8	中華，台灣大，遠傳
	無線電叫人業務	3	
	數位式低功率無線電話業務	1	大眾（PHS）
衛星固定通信業務		6	
合計		83	

者。根據NCC針對第一類電信事業的統計結果（**表3-3**），至2012年6月6日為止，台灣共計有452家第二類電信業者，其中178家登記進行批發轉售服務，另外有192家登記經營網際網路接取服務。

　　隨著行動寬頻數據的應用日益擴增，消費者對行動網路的依賴度日益提升，對傳輸速度與頻寬容量的需求也隨之高漲，而NCC目前著手規劃的「技術中立執照」（即所謂的「第四代行動網路」），基於頻段與釋照細節尚未明朗，對台灣電信產業帶來的衝擊程度，現在仍屬於未知數。

第二節　電信事業的特殊性質

　　關於影響我們生活甚鉅的電信產業，究竟，我們該如何定義，或瞭解這個產業的主要特色？根據我個人在電信產業的從業經驗與

長期觀察，針對該產業的運作特性，且提出以下四項電信事業的特殊性質，提供各位參考：

一、自然獨占性

　　電信事業是具備了自然獨占性與網路外部性的一個產業，況且涉及無線電頻率、路權、號碼等稀少資源的分配、運用與普及服務，甚至在國家安全層面也有可能涉足。基於種種因素考量，各國政府皆採取法令保障方式，來維護電信事業的獨占經營權，並對電信業者申請加入、退出及訂價變動等行為，施加嚴密的管制措施。

　　近年來，隨著科技快速進展，市場自由化競爭與數位匯流趨勢於焉形成，電信事業的特有性質也越趨明朗，初步整理為以下幾項要點[4]：

1. 產品市場與地理市場的界線不清，造成市場區隔性越來越模糊。
2. 需求替代性（即客戶轉換、選擇不同業者）與供給替代性（同類型業者相互競爭以爭取客戶）的張力提高。
3. 各家業者均深受科技發展的影響左右。
4. 垂直整合電信事業因同時經營上下游，故慣於壓低價格以吸引客戶，並壓制下游競爭者。
5. 同時經營多項業務的電信事業，常以差別訂價、交叉補貼、樞紐設施等方式，進行不公平競爭。
6. 市場上既有的電信業者握有不對稱資源，需要相應的不對稱管制。

---

[4] 〈行政院公平交易委員會對於電信事業之規範說明〉。上網日期：2009年1月12日，取自http://www.ftc.gov.tw/internet/main/doc/docDetail.aspx?uid=211&docid=275

7.業者間的聯合杯葛阻絕新進業者,或獨大壟斷市場,使消費
者的選擇性日趨受限。

以中華電信為例,中華電信具有高度的垂直整合,從IP頻寬、
IDC、電路(FTTX／ADSL)、上網服務(HiNet)到視訊服務
(MOD),在固定網路的寬頻服務上具備獨占的優勢,當它推廣
MOD服務時,有機會可以綑綁電路與上網服務來提供交叉補貼。同
時,可以藉由垂直整合優勢,來擠壓或阻絕競爭者。而遠傳和台灣
大哥大則藉由整合有線與無線網路,發展非語音市場的應用服務,
如「雲端物聯」及「行動應用」等,以在行動業務面與中華電信並
列三大市場領導者,但在有線寬頻上則難以與獨大的中華電信競
爭。

二、高度管制性

電信產業屬於特許經營事業,電信頻譜資源有限,故電信業
者必須支付昂貴的成本,才能取得合法經營資格。以台灣大哥大為
例:2000年,台灣大哥大約以100億元標得3G特許經營的執照,分
為十五年分期攤分,而原先的2G網路特許費,則按照營收的2%計
算。2011年台灣大哥大財報顯示當年度台灣大哥大應繳交特許費約
為13.62億元,頻率使用費為5.16億元,合計貢獻給國家財庫約18.78
億元。

除了高額特許費,電信事業業者還受到法規的嚴格管制,例
如:電信網路使用之編碼、用戶號碼、識別碼等等,都必須接受主
管機關的統一管理。當電信業者推出新的服務和電信資費,均需主
管機關核可方能執行;而主管機關還規定電信資費須按照一定比例
往下調整,有關引進新技術(例如21M高速上網)所需對應的收費
機制,也需要經過審查。

　　由此可看出：審核辦法及相關法規，對於電信事業的發展握有深度的決定權。為掌握法規動向，電信業者必須持續參與制定新的技術標準，爭取新執照或新頻譜，並與主管機關進行溝通；所以，「法規單位」對電信事業乃為一大關鍵，以前述提及的NCC規劃中的「技術中立執照」為例：原定2017年將隨2G執照到期方才釋出，但目前因各家電信業者普遍面臨頻譜資源不足問題，透過法規單位積極向主管機關爭取，使釋照時間將比預期的提早；不過當前規劃的頻譜要分成幾張執照？釋照規則又將為何？仍處於並不明朗的階段。

三、高公眾關注

　　如同電力、水和石油，電信事業已成為普遍受到社會大眾關注的公用事業，尤其是屬於個人化服務的行動電話，已幾乎是每位民眾日常生活不可或缺的部分，所以，民眾的使用經驗、客戶服務和收費機制，都會影響到個人乃至群體的選擇效應，加上前述的需求替代性與供給替代性因素，消費者期待業者提供資費低、通訊品質佳、上網速度快的服務，若遇到不滿意的服務品質時，因對生活有立即性的影響，也使消費者客訴行為頻率不斷增加。

　　另一方面，整體社會對電信業者的高獲利性常產生誤解，大眾往往認為電信業者收費過高，收取超額利潤，希望電信業者降價或提供相對補貼，但電信業者為了因應新科技和更高頻寬的需求，必須持續擴大投資。如中華電信在2010年與2011年的研發費用，分別為32.5億元與35.3億元，共計占年度總營收的1.61%與1.62%；而遠傳電信在2010年與2011年的研發費用，分別為0.58億元與0.53億元，約占不到總營收的1%；台灣大哥大在2010年與2011年的研發費用，分別為6.41億元與5.63億元，各占年度總營收的1.1%與1.91%。

此外，有關最基本的通訊問題，因基地台電磁波影響的疑慮，經常造成基地台的抗爭甚至拆站，但拆站後又產生訊號不好的問題，所以，電信業者必須謹慎面對客訴問題，最好在第一時間就提供解決方案，若稍有不慎，便立刻失去客戶的信任。有關掌握客戶信心與應對媒體關注的敏覺能力，是電信業者尚需補強之處，若能嫻熟處理「公共關係」與「客戶服務」，將對未來經營發展影響甚鉅。

四、高資本經營

電信業者因必須投入高額資本以擴大網路建設、提升服務效能並提供用戶優惠，因此資本支出和現金流量的管理，對電信業者來說尤爲關鍵。依據台灣大哥大2011年的年報顯示，台灣大哥大在2010年與2011年的資本支出分別是62.4億元和63.5億元，折舊攤銷費用分別是88.4億元和91.6億元；中華電信2010年與2011年的資本支出分別是243億元和264.8億元，折舊攤銷費用分別是336.5億元和319.1億元；遠傳電信2010年與2011年的資本支出則分別是146億元與166.5億元，折舊與攤銷費用則分別達92.8億元與84.5億元。若經營管理稍有不當，盈虧數字的差距則將十分驚人。

📶 第三節　全球電信事業的發展趨勢

一、未來全球電信市場的面貌

未來五年間（2011~2016年），全球行動與固網服務的總營收將持續增加，主要營收成長是來自於全球對於數據流量需求的大量提升。

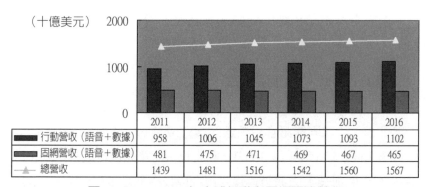

（十億美元）

	2011	2012	2013	2014	2015	2016
行動營收（語音＋數據）	958	1006	1045	1073	1093	1102
固網營收（語音＋數據）	481	475	471	469	467	465
總營收	1439	1481	1516	1542	1560	1567

圖3-2　2011~2016年全球行動與固網服務營收

資料來源：Ovum (2011/07).

　　以行動領域來看，在語音與數據用戶數都持續增加的狀況下，行動服務總營收將持續成長；在固網方面，雖然數據服務在用戶數與營收都持續增加，但由於固網語音在用戶數與營收都下跌的狀況下，固網服務總營收則呈現衰退現象。

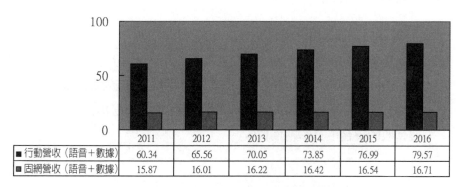

	2011	2012	2013	2014	2015	2016
行動營收（語音＋數據）	60.34	65.56	70.05	73.85	76.99	79.57
固網營收（語音＋數據）	15.87	16.01	16.22	16.42	16.54	16.71

圖3-3　2011~2016年全球行動與固網服務用戶數

資料來源：Ovum (2011/07).

　　未來全球電信市場的面貌究竟為何？我初步提出以下三項觀察：

(一)固網語音衰退，寬頻用戶成長

　　參考Ovum研究機構2011年7月的推估，未來五年內（至2016年為止），全球固網語音用戶數的複合成長率（Compound Annual Growth Rate, CAGR）為-3%的負數成長，而寬頻複合成長率則預計為7%的正面成長，固網語音營收複合成長率則是-5%，寬頻營收成長率則是7%。總的來說，固網數據用戶數從2011年的4.5億戶成長到7.8億戶，而固網語音用戶將從10.4億戶減少到8.2億戶[5]。

(二)全球行動電信用戶持續增加

　　根據Ovum的報告，全球行動電信用戶數在2011~2016年將有5%的複合成長率，預估將高達78億戶。用戶普及率於2011年為86%，到2016年將成長為107%，就營收面來看，行動營收的複合成長率預計為2%，達1萬億美元[6]。

(三)全球行動數據用戶快速成長

　　根據Ovum對於行動寬頻的評估，未來全球行動寬頻用戶在2011~2016年將有24%的複合成長率，智慧型手機數據用戶的複合成長率為28%，平板或筆電數據用戶的複合成長率為20%，而行動數據營收的複合成長率則為17%[7]。

---

[5] Steven Hartley & Charlie Davies (2011/7). Fixed Voice and Broadband Forecast: 2011-16.

[6] Emeka Obiodu & Steven Hartley (2011/7). Mobile Connections Forecast: 2011-16.

[7] Steven Hartley (2011/3). Mobile Broadband Connections and Revenues Forecast: 2010-15.l

二、行動裝置與使用行為的改變

　　隨著智慧型手機在全球暢銷，消費者行為之改變也為電信業者帶來新的市場商機。根據Ovum的預估，未來五年，手機銷售量複合成長率將達至2.5%。3G（含3G以上）手機的銷售複合成長率則達15.1%，而2G（含GPRS）則為-4.7%，前者的市場占比將從24%成長到54%[8]。

　　根據KPCB的調查報告，智慧型手機用戶約花費60%的時間在使用新應用服務上，包括了web/wap應用、遊戲網站及社群網站、衛星定位地圖等等[9]。其中，社群網站、app store與行動數據，構成三股互相拉提的力量，有如滾雪球一般，使消費者花更多時間在行動數據服務上，這除了為社群網站帶來新商機，也促使開發者加速研發更多的創新應用；而未來行動裝置將朝更輕、更薄、更小的方向發展，將帶動更多元的行動應用服務，連帶創造行動商務和行動廣告的巨大商機；與此同時，行動多媒體將更加普及，根據Cisco的預測，2016年的行動數據流量，將為2010年流量的18倍！為因應數據流量的成長，電信業者必須取得更多的頻譜資源，投資更多的基地台建設，增加傳輸網路的頻寬，提高頻率的使用效率，提供WiFi等替代網路，以上都將成為電信業者無法避免的成本預算。

三、數位匯流的整合趨勢

　　在全球數位化、網路IP化浪潮的推進之下，電信網路（以語音通訊為主）、電腦網路（以數據通訊為主）與電視網路（以視

---

[8] Clare McCarthy & Mark Giles (2009/12/4). Telecoms in 2020: telco operations.

[9] KPCB (2011/1). Top Mobile Internet Trends. Retrieved Jan 01, 2013, from: http://www.scribd.com/doc/48586092/KPCB-Top-10-Mobile-Trends

訊廣播爲主）的界線日益模糊，也進而造成服務（service）、網路（network）及終端設備（device）的匯流（convergence）效應，引發全球市場與產業匯流的快速發展。

對電信業者來說，在此趨勢下應力圖跨足經營多媒體、網際網路和娛樂等不同平台及領域；多媒體（有線電視業者和頻道業者）與網際網路業者也期望使電信業者「管道化」，亦即讓電信業者扮演傳輸管道的角色，而由他們來提供應用與服務，獲取附加價值的利潤。

四、未來電信業者的經營策略

根據國際產業的演變趨勢，未來電信業者經營的兩種主要策略：

1. 「Go deeper in telecom」：深耕本業，鞏固既有優勢，並致力於技術創新與服務研發。
2. 「Go broader into convergent」：藉由跨業擴張，創造新應用服務並拓展營收來源。

Ovum分別將這兩種發展策略稱爲「LEAN」與「SMART」。所謂的「LEAN」（Low-cost Enablers of Agnostic Networks），指的是維持成本優勢與原有競爭力的電信業者，而「SMART」（Services, Management, Applications, Relationships and Technology）則是指跨入數位匯流領域的綜合型發展業者。前者可固守本業，提供傳統語音和數據存取服務，也可以延伸至物聯網等應用，如：智慧電錶、智慧醫療、智慧車載資通訊等，或者藉由海外業務的擴張來擴大規模經濟。而後者則建立新式平台，提供有別傳統電信管道的多元化服務，如整合網際網路服務、廣告內容，甚至行動商務等

等，橫向拓展多元的成長機會。

五、AT&T的經營實例

AT&T身兼全球營業額最大的電信業者，與美國最大的固網業者及次大的行動業者，近年從電信領域跨入多媒體，提供數位匯流（triple play）服務，積極創造營收成長的新興機會。

AT&T的服務產品可區分為行動、固網和廣告三塊，2011年的營收占比分別是50%、47%與3%。其中，行動服務部分快速成長，固網數據部分為正面成長，唯有固網語音部分大幅衰退，整體來說，其年營收成長率大約在1%~2%間（**表3-4**）[10]。

表3-4　近三年AT&T營收的組成表

	營收金額（百萬美元）			YOY成長率	
	2011	2010	2009	2011 vs. 10	2010 vs. 09
行動服務	56,726	53,510	48,563	6.0%	10.2%
行動設備	6,486	4,990	4,941	30.0%	1.0%
行動小計	63,212	58,500	53,504	8.1%	9.3%
固網數據	29,606	27,555	25,644	7.4%	7.5%
固網語音	25,131	28,332	32,345	（11.3%）	（12.4%）
固網其他	5,028	5,413	5,632	（7.1%）	（3.9%）
固網小計	59,765	61,300	63,621	（2.5%）	（3.6%）
廣告小計	3,293	3,935	4,724	（16.3%）	（16.7%）
其他小計	453	545	664	（16.9%）	（17.9%）
合計	126,723	124,280	122,513	2.0%	1.4%

資料來源：AT&T (2011).

---

[10] AT&T (2011)。《2011年年報》。

　　AT&T將用戶分為個人、企業與家庭三種客群；2011年底，AT&T的行動用戶數為1.03億人，固網用戶數為3,673萬戶，固網寬頻用戶數則為1,643萬戶。在各個市場區隔面向上，AT&T都面臨了不同的競爭力量，使其十分注重客戶與產品的區隔（**表3-5**）[11]。

　　對AT&T來說，部分競爭者來自於不同的國家與不同的產業，也更能體現前述所提到的，在全球數位匯流趨勢下所呈現的多元競爭局面。以下，將AT&T的市場區隔分為三項：

1. 家庭市場：在固網語音VoIP（Voice over IP）市場上，AT&T
   面臨的競爭者有Skype、Vonage等；固網寬頻則有Comcast、
   Cox等有線電視業者的挑戰；而IPTV除了面對有線電視業者
   的競爭，也承受web TV業者（如Netflix）的搶攻。
2. 個人市場：對AT&T來說，國內競爭者如：Verizon、Sprint

表3-5　AT&T客戶與產品區隔

服務類別	服務內容	客戶區隔		
		個人	企業	家庭
Wireless	AT&T Mobility提供的行動語音及數據，以及漫遊服務	√	√	
Wireline	提供國內及國際的固網語音及數據服務，包含家庭的U-Verse TV，寬頻及語音整合服務，與企業服務		√	√
Advertising solutions	提供工商黃頁，查號及internet廣告行銷等	√	√	

資料來源：AT&T (2011).

---

[11] AT&T (2011)。《2011年財報》。

Nextel、T-Mobile等同業,並同時受到Apple、Google等在行動加值應用層面的市場競爭壓力。

3.企業市場:除了Verizon、Quest、Sprint Nextel等國內業者,AT&T也需面臨Orange、BT等跨國業者的競爭。

總觀AT&T近期的營運方向,包括:積極推動U-verse triple play、增加固網數據、推廣IPTV成長和佈建4G LTE的網路;建設HSPA+網路,滿足行動寬頻需求,提供寬頻用戶使用上萬個WiFi熱點,維繫顧客的滿意度;與Amazon合作,促銷Kindle 3G,藉此推廣其3G/WiFi網路等等,其全面性經營策略與積極轉型的態度,頗有值得參考之處。

第四節 台灣電信產業的環境與挑戰

一、台灣電信產業的現況

根據國家通訊傳播委員會網站的統計資料(**圖3-4**),2011年台灣的電信產業年產值約3,805億元,其中57.15%來自行動電話業務,而網際網路及加值服務則占有次高的13.64%,市內電話11.07%。

根據NCC統計之2011年各類電信服務用戶數(**圖3-5**)[12],其中,以行動電話用戶數(包含2G、3G、PHS及WiMAX)約2,886萬

---

[12] 關於本圖之數據:
(1)「上網人口數」引自資策會FIND「我國家庭寬頻應用現況與需求調查」。
(2)「固網寬頻帳號數」包括ADSL、FTTx、Cable Modem、Leased Line,以及PWLAN用戶數。
(3)「行動寬頻帳號數」包括開通數據傳輸服務之3G用戶數及WBA用戶數。
(4)「行動通信用戶數」自2010年加計WBA用戶數。

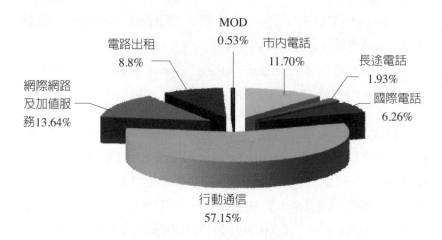

圖3-4　2011年電信各類服務占電信服務總營收之比例

資料來源：NCC (2012/4/27).

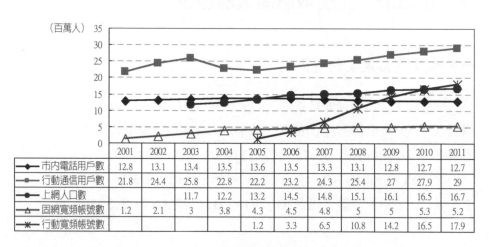

（百萬人）	2001	2002	2003	2004	2005	2006	2007	2008	2009	2010	2011
市內電話用戶數	12.8	13.1	13.4	13.5	13.6	13.5	13.3	13.1	12.8	12.7	12.7
行動通信用戶數	21.8	24.4	25.8	22.8	22.2	23.2	24.3	25.4	27	27.9	29
上網人口數			11.7	12.2	13.2	14.5	14.8	15.1	16.1	16.5	16.7
固網寬頻帳號數	1.2	2.1	3	3.8	4.3	4.5	4.8	5	5	5.3	5.2
行動寬頻帳號數					1.2	3.3	6.5	10.8	14.2	16.5	17.9

圖3-5　2011年台灣各類電信服務的用戶數

資料來源：NCC (2012/4/27).

人，普及率超過123%；而市內電話的用戶數在2005年達到高點後則逐年減少。全台上網人口共約1,670萬人，多數為行動上網用戶數，固網寬頻上網戶數約為520萬戶，主要是ADSL（Asymmetric Digital Subscriber Line）與FTTx（Fiber To The x）；另外，考量近年有線電視業者積極推展Cable Modem，亦有助於固網寬頻的成長。

二、台灣電信業者的經營類型

目前，國內主要的電信業者有：中華電信、台灣大哥大、遠傳電信、亞太電信及威寶電信五家，前三大電信業者（中華電信、台灣大哥大、遠傳電信）同時擁有2G、3G和固網執照，其行動用戶數合占了整體市場83%，行動營收則占整體市場的89%。台灣大哥大與遠傳，均屬行動營收占比相對較高，固網營收比重低；中華電信則是固網營收較高，行動營收占比約35%。這三大電信業者均藉由推出高級智慧型手機（包括iPhone）以吸引消費力較高的客群，每位客戶每月平均貢獻（Average Revenue Per User, ARPU）也較高，而中小型業者如：亞太、威寶，則以低月租加上網內互打免費為客群訴求，ARPU也相對較低（**表3-6**）。

除了以上所述主要五大電信業者外，還有一些較次要的行動電信業者，這些業者沒有架設實體交換設備或無線基地台，而是以向第一類電信業者承租網路設備，以自有品牌向客戶行銷、推廣、收費與服務，我們可通稱這類業者為「虛擬行動網路（MVNO）經營者」。目前，台灣共有四家主要的MVNO經營者，包括統一超商電信（7-Mobile）、家樂福電信、全虹通信及震旦通信。

表3-6　台灣主要電信業者營收與獲利

業者	行動用戶數（萬）	2011行動營收（億元）	2011集團營收（億元）	2011集團淨利（億元）	2011集團EPS（元）
中華電信	1,007	930	2,175	471	6.04
台灣大哥大	666	621	814	135	4.70
FAR EASTONE 遠傳	662	675	757	89	2.73
亞太電信 Asia Pacific Telecom	307	218	256	107	3.25
威寶	182	70	NA	NA	NA

資料來源：各公司2011年報及財報。

三、台灣電信產業的競爭態勢

　　引用Michael Porter五力分析的架構來分析台灣電信產業的競爭生態（**圖3-6**），值得注意的是：新進業者（包括中小型業者，及未來可能取得4G執照的業者）對於現有三大電信業者將成為潛在威脅；在替代性上，固網寬頻將受到Cable Modem威脅，行動寬頻則面臨WiMAX、WiFi的替代性競爭，而語音服務則必須與VoIP業者（如Skype）競爭。以往電信業者提供的「walled garden」（高牆裡的花園，指網路內容提供的範圍）類型加值服務，則可能被手機廠商（如Apple）和網路業者（如Google）所取代。

　　三大電信業者彼此之間的競爭也相當激烈，從通路、裝置、資費、促銷到加值服務等方面，在行動電信市場上彼此實力相當。在

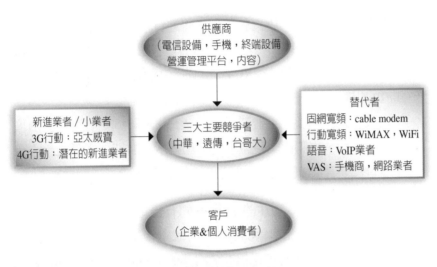

圖3-6　台灣電信產業競爭生態

家計客戶部分，台灣大擁有有線電視系統（CATV MSO），可以延伸CATV並搶入Cable Modem的寬頻上網市場；中華擁有ADSL/FTTx的優勢，透過MOD切入家庭收視的商機；在企業客戶部分，中華電信具有穩固的固網基礎，但在行動應用與新興雲端服務面向，則必須承受來自台灣大哥大和遠傳的敏捷與彈性。

四、數位匯流時代的發展與規劃

全球的電信業者都已積極從電信領域伸出觸角，跨界整合網際網路和多媒體平台，以邁向數位匯流時代。

台灣對數位匯流的規劃也頗為積極[13]，在總體方向上，大致可分為內容應用、傳輸平台與網路接取三種業務層面，其中，匯流方式又可分為網路、水平和服務面三個向度。

---

[13] 台灣數位匯流發展政策示意圖，參見第二章**圖2-9**。

　　為推動數位匯流，國內管制架構將進行兩階段的調整以因應市場變化。第一階段，為2012年6月前《廣電三法》與《電信法》的個別修法；第二階段，則是在2014年6月前完成新法的草案，建立起數位匯流的規範架構。

　　在數位匯流趨勢下，台灣電信業者一方面得到更寬廣的發展機會，另一方面，也將面臨更激烈的市場競爭。有關於電信業者未來將面臨的競爭對象，在此初步歸納為以下兩類：

1. 有線電視業者：2011年底台灣的有線電視總訂戶數為510.8萬戶，家戶普及率為64%，而有線電視業者家數共59家，其中35家分屬5大有線電視系統台業者（Multi-System Operator, MSO）[14]。所以，有線電視與電信業者的競爭落點，包括：寬頻Cable Modem與FTTx/ADSL的競爭，以及電視CATV/DTV與MOD的競爭。

2. 網際網路業者：網際網路挾以全球規模經濟及網路無國界優勢，欲使電信業者「管道化」，成為己方經營之工具。網路業者透過VoIP或App等最新應用科技，逐步搶攻電信業者的語音與簡訊收入，如：Skype、Apple Viber、Google Voice、Facebook等，均已研發並提供使用者VoIP服務，搭上行動寬頻速率提高與智慧型手機熱潮，積極擴展市場規模。

　　另一方面，網際網路業者更提供了社群網站、電子商務和行動廣告等加值服務，這也是電信業者未來必須努力打入的領域。

---

[14] 5大有線電視系統台業者分別為凱擘、中嘉、台灣寬頻、台固媒體和台灣數位科技。

五、台灣電信產業環境的變化與挑戰

簡而言之，台灣電信產業環境的挑戰，可分為政策法規、社會、科技與經濟四大層面（圖3-7）。

以下，我就未來台灣電信產業將面臨的環境變遷與整體挑戰，提出五項主要思考議題：

(一)政策法規對產業發展的影響

政策法規的改變，對電信產業的影響極深，因此，電信業者必須時刻留意政策與相關法令之更新，如前述所提及的數位匯流的相關法規、發展方案及與修法方向，均將攸關電信、電視與網路業者彼此間的競爭優勢。而NCC對電信產業的規定，則會直接衝擊業者的經營發展與策略調整，如：行動資費依照X值調降，以及預計於2017年6月終止2G執照等，都將帶來相關問題，像是：現有2G用戶

圖3-7　電信產業環境挑戰示意圖

是否移轉3G？如何服務外國2G漫遊業者？新的技術中立執照如何取得？是否可能引進新興業者？

(二)新裝置科技帶來的機會與競爭

科技進步使智慧型手機和平板電腦日益普及，電子、晶片、電池等設備技術不斷創新，增加行動使用上的方便度，也降低了設備成本；而智慧型手機和平板電腦的普及則使應用服務內容更加多元，創造出大量的行動支付、行動商務和行動影音商機，而雲端運算相關技術也將帶來資訊通訊整合的新興機會。

裝置科技的日新月異有如兩面刃，創造出無限商機與激烈競爭，像是：智慧型手機可提供WhatsApp等即時通訊軟體取代收費簡訊，以VoIP取代語音通話等等，顛覆了傳統的電信服務類型。以2011年聖誕節簡訊量為例，各家電信業者都出現衰退狀況，中華電信的發送量從一千六百萬則跌至一千三百萬則，為近十年來衰退之首例，減幅約19%，而台灣大哥大與遠傳也較去年同期約下跌一成左右。

(三)新行動通訊技術同步提升網路效能與競爭高度

新的行動通訊技術對網路效能有直接的正面提升作用，如：HSPA+、LTE可使得網路效能更高、成本更便宜，WiFi和毫細胞（femtocell）技術則紓解3G網路流量問題，讓電信業者產生空間去思考新的網路架構與建設模式。

未來新技術如果重新釋放特許執照，勢必將牽動新的競爭態勢，倘若電信業者選擇錯誤的技術，將會造成可觀的投資損失，如過去選擇PHS、WiMAX等技術的業者便能感受良深。

(四)消費者意識高張與媒體高度關注

　　消費者對業者的要求是更高的通訊品質與上網速度，但基地台尋點建設卻面臨諸多困難與抗拒；消費者期待降低資費，希望以更低價格取得新手機、享受更多加值服務，但也產生許多客訴問題。在消費者意識高張的時代，對電信業者而言乃為服務上的一大挑戰，加上台灣媒體無孔不入的巨大影響力，媒體報導常深深影響消費者對電信業者的觀感，影響選擇業者時的考量與信任，此皆為電信業者必須審慎處理之處。

(五)新消費型態產生新服務需求

　　在現有市場已呈飽和的情況下，電信業者必須不斷創新，開發新商機，如考量高齡客群，開發針對高齡使用者的新應用服務的「銀髮族商機」便是一例；此外，也包括了行動寬頻普及後的多媒體應用，例如：電子書、數位音樂、數位多媒體、行動廣告、近場通訊（Near Field Communication, NFC）等等。

(六)兩岸市場交流的機會與挑戰

　　中國大陸3G市場開放較慢，但其市場潛力無可限量，如何順利轉化台灣經驗，與大陸業者密切合作，是台灣電信業者的機會與挑戰。目前，台灣三大電信業者都已於大陸著手布局，如：中華電信透過政府主導的兩岸搭橋專案，切入大陸市場並成立子公司，並透過民間機構（如雲端產業聯盟）尋找機會；遠傳則與中國移動合作，在大陸上架加值服務S市集；而台灣大哥大則採取合資方式，透過子公司momo與大陸歌華合資，在大陸發展電視購物市場。

📶 第五節　三大電信業者的組織架構

　　台灣三大電信業者（中華電信、台灣大哥大、遠傳電信）皆各自擁有其行動與固網業務，然在組織結構上仍存有異同，以下初步分析三家電信業者的組織運作：

一、台灣大哥大

　　台灣大哥大在組織建置上主要採取行政總經理與營運總經理共同經營的「雙總經理制」。行政總經理負責人事、行政、資訊、採購、公關與財務群；營運總經理負責個人、企業與家計三個事業群以及技術群。在個人用戶事業群底下，則負責產品、行銷、營管、通路管理、各類業務通路、客戶服務等功能（**圖3-8**）。

　　台灣大哥大三大事業群，各有其品牌名稱，主要服務內容、營收占比、市場地位與用戶規模參見**表3-7**；以2011年來看，個人用戶占有71%的營收，占有76%的「EBITDA」（稅前息前折舊攤銷前的獲利），顯然，行動業務仍然是台灣大哥大最主要的營收與獲利來源。另外，台灣大哥大因為握有有線電視業務，在組織上與其他兩家業者呈現出自家特色。

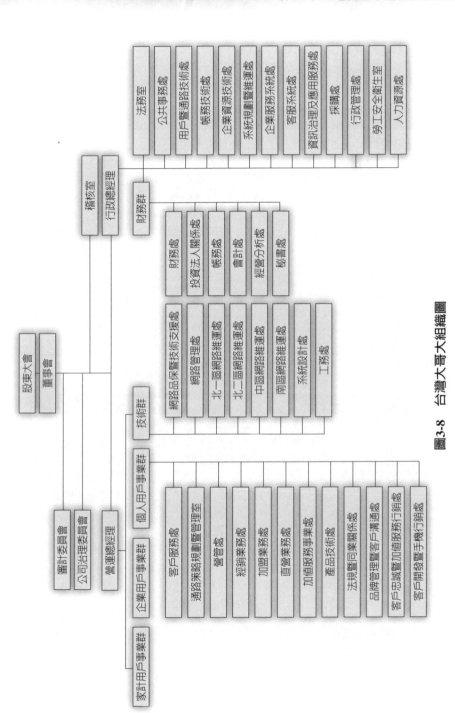

圖3-8　台灣大哥大組織圖

資料來源：台灣大哥大2011年報。

表3-7　台灣大哥大三大事業群

事業別	個人用戶事業	家計用戶事業	企業用戶事業
品牌名稱	台灣大哥大	台灣大寬頻	台灣大電訊
主要服務內容	個人用戶之行動電信服務為主，包含用租型、預付型、加值服務	家計用戶之視訊（CATV/DTV）及寬頻上網（Cable Modem/FTTx）服務	企業用戶之資通訊整合服務，含固網（語音／數據／網際網路）、企業行動、系統整合
100年營收（百萬元）＊	58,109	5,914	9,861
營收占比	71%	7%	12%
100年EBITDA（百萬元）＊	20,494	3,038	2,688
EBITDA占比	76%	11%	10%

業務別	行動業務	有線電視業務	固網業務
市場地位／占有率	行動電信營收及用戶市占約30%，穩居國內三強	國內第四大MSO，涵蓋台灣11%家戶市場	ADSL/FTTx市占率約3%；若加計台灣大寬頻逾15萬之上網用戶，則市占率約6%，為國內第二大網路服務供應商（ISP）
用戶規模	逾660萬行動用戶	逾57萬有線電視用戶、逾15萬寬頻上網用戶	約15萬ADSL/FTTx上網用戶

＊財務報告中部門別財務資訊。

資料來源：台灣大哥大2011年報。

二、中華電信

　　中華電信公司因規模大、傳統悠久,除了行動業務之外,更掌握了固網及傳統電信業務,員工數也相對較多;因此,在組織架構上採用地區別、產品別與功能性的「混合型組織」。在業務面上,包括了北區與南區分公司、行動、數據、國際和企業客戶,分別由六位副總負責;而人事、財會、行銷、技術、資訊等單位則分由四位副總負責;另設立有研究與訓練兩個研究所(**圖3-9**)。

三、遠傳

　　遠傳的事業群(BG)採用的是「類似功能性組織分工」,最高層總經理直屬的一級單位,包含:人力資源、法務法規、公關、勞安室、產品技術暨服務事業群、業務暨通路管理事業群、行銷事業群、企業暨國際事業群、網路暨技術事業群、資訊科技事業群、財務暨整合服務事業群與策略長,策略長亦負責大陸業務開發處、新業務發展處、智慧城市專案處等相關業務單位,技術長負責網路暨技術事業群,以及資訊科技事業群(**圖3-10**)。

四、電信業者獨具的組織功能

　　如前文所述,電信業者需要強大的客戶關係管理能力與資料倉儲系統,來強化客戶關係,以提供更精準的行銷、提升客戶黏著度。此外,電信業者也必須設立法規相關的部門,第一手掌握法規變化與政策趨勢,採取合縱連橫的聯盟方式,確保自家企業的市場競爭力。

　　分析台灣三大電信業者的組織架構,除了人力資源、採購、行政、公關、財務、法務等這些與一般企業相近的組織外,電信業者

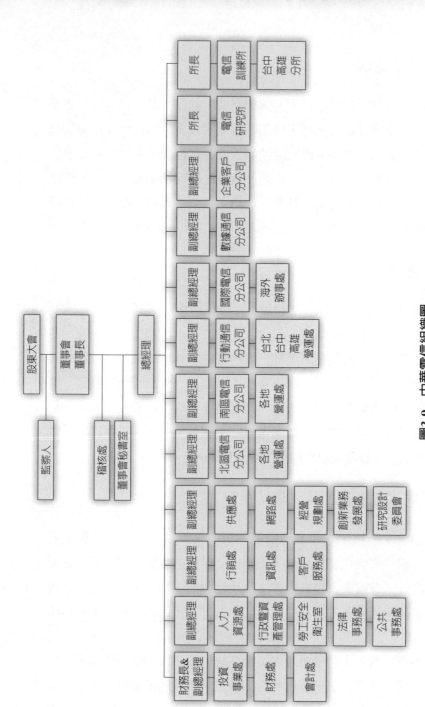

圖3-9 中華電信組織圖

資料來源：中華電信2011年報。

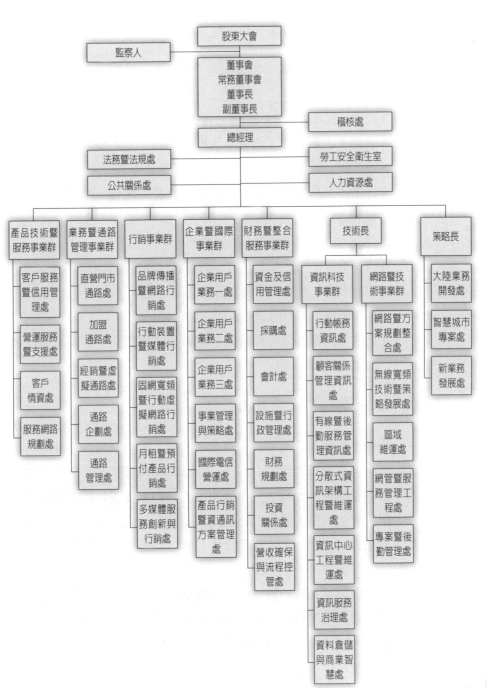

圖3-10　遠傳組織圖

資料來源：遠傳2011年報。

更具有其產業獨具的組織功能，概述如下：

1. 資訊：帳務系統、客服系統、客戶關係管理及資料倉儲系統等。
2. 網路（技術）：網路設計、網路管理、網路維運等。
3. 通路：企劃管理、直營、加盟、經銷、電子商務、電話行銷等。
4. 行銷：品牌、手機／行動裝置、資費、情資、續約、預付卡等。
5. 客戶：企業解決方案、直銷業務等。
6. 國際業務：國外漫遊、海外網路與話務界接等。
7. 加值服務：新產品開發、行銷及加值技術等。
8. 客戶服務：客戶忠誠度及建立信任關係等。
9. 法規與同業關係：即時對應政策與法規變化，與同業結盟因應環境轉變。

五、三大電信業者的員工結構

根據2011年年報，三大電信業者的員工數分別為：中華電信共計2.46萬人；台灣大共計4.2千人，遠傳共計4.4千人；在員工的平均年齡和年資上，台灣大與遠傳的員工平均年齡相對較中華電信年輕，但年資也較短；若與網際網路公司相比，Facebook、Google的員工約是26~27歲，電信業者的員工平均年齡約高出10歲以上（圖3-11）。

如前所述，在數位匯流時代，電信業者面臨的競爭對手包括了新興竄起的網際網路業者與智慧型手機業者，而面對的客戶主要是年輕族群，因此人力年齡的結構問題，乃是業者於經營上不可忽略的重要問題。

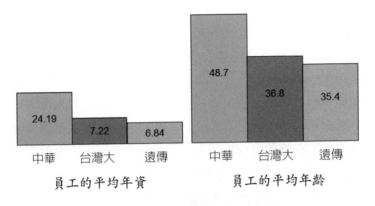

圖3-11　三大電信業者員工概況

資料來源：三大電信業者2011年報。

第六節　經營管理實務案例──台灣大哥大的經營管理策略

　　在台灣電信市場中，台灣大哥大是一個重要的創新者與挑戰者；從行動業務來看，台灣大哥大的用戶數曾超越過老字號的中華電信；而在固網業務上，則始終維持著僅次於中華電信的亞軍位置；就獲利能力上來看，更多次超越中華電信。

　　近年，隨著數位匯流潮流席捲全球，台灣大哥大的創新努力更屢獲佳績，在經營效率、通路策略、客戶服務等方面，無不力圖研發提供新的服務，創造廣闊商機。2012年6月6日，《數位時代》雜誌針對220家上市櫃電子類股年營收高於50億元公司評比，公布了「2012台灣科技100強」，而台灣大哥大則坐穩該名單之榜首！以下就台灣大哥大於業務、發展定位、經營管理及整體規劃策略等層面，提出我個人的觀察與分析：

一、主要業務

提出以「創造最佳客戶使用經驗」為企業理念，採取全方位的業務拓展策略，提供全方位通訊與媒體服務，使台灣大哥大在各項業務上所面對的競爭環境越加多元（**表3-8**）。在主要業務層面，台灣大哥大的客戶屬性可分為個人、企業、家計三大事業群與2011年新增的momo購物事業（即富邦媒體科技），而momo購物包含了電視、網路、型錄、百貨等銷售通路。

就經營各項業務所擁有的總用戶數量來看，台灣大哥大在2011年底的行動用戶數共有666萬戶，有線電視用戶共有58萬戶，Cable Modem用戶則共有16萬戶。

表3-8　台灣大面對的競爭環境與定位

業務屬性	產業特性	競爭環境	台灣大定位
個人客戶 （行動）	特許寡占	三大二小	大→大
企業客戶 （含行動／固網）	特許寡占，類似獨占	一大二小一微型	小→小
家計客戶 （有線電視）	寡占	二大三中若干小	中→大
電視購物	寡占	三大一小	大→大
網路購物	自由競爭	目前暫有二大但市場潛力大	中→大

二、發展定位

　　1998年，台灣大哥大取得2G行動通訊執照後，陸續合併東信電訊與泛亞電信等中南區2G業者，於2005年開始經營3G業務，獲得可觀的營收成長（**圖3-12**）。

　　2007年，台灣大哥大併購台灣固網，取得台固媒體的有線電視業務，透過固網與行動的雙重整合，建立數位匯流平台，並推出「四螢一雲」（即手機、平板、電腦和電視）的創新服務。2010年，台灣大哥大併購ezPeer，2011年則加入momo購物，其業務範圍從最基本的電信網路服務（包括語音及網路等），逐漸往上提升，切合消費者的需求轉變，力圖提供食衣住行育樂全方位的智慧生活服務應用。

單位：百萬元

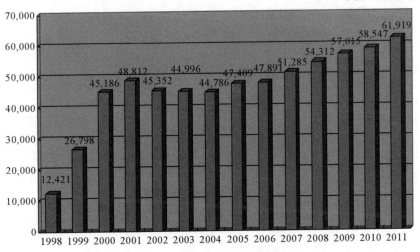

圖3-12　台灣大母公司營收變化

資料來源：台灣大哥大歷年年報。

　　另一方面，隨著行動寬頻與智慧型手機普及，台灣大哥大的通路從傳統的實體通路，轉變至數位網際網路通路，如myfone網路門市便是一例；台灣大哥大正努力透過多元即時的服務管道，來因應客戶及市場的需要。

三、經營管理

　　若以Kaplan與Norton（1996）的架構來分析台灣大哥大的經營管理結構（**圖3-13**）[15]，我們從顧客、內部、創新及財務四大構面，來形塑台灣大哥大的經營管理面貌。

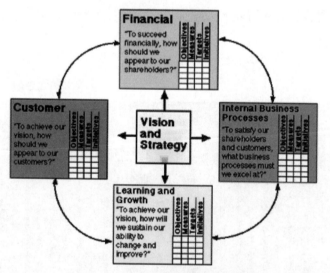

圖3-13　經營管理實務的思考構面

資料來源：Robert S. Kaplan and David P. Norton (1996).

---

[15] Robert S. Kaplan & David P. Norton (1996). "Using the Balanced Scorecard as a Strategic Management System." *Harvard Business Review*. Retrieved: 2012/06/12, from: http://hbr.org/2007/07/using-the-balanced-scorecard-as-a-strategic-management-system/ar/1

　　因台灣大哥大集團包含多類型的事業，此處乃聚焦於個人事業客群，以最能貼近消費者的行動通訊業務爲例，來分析台灣大哥大在經營管理實務層面的關鍵策略，與所面臨的不同挑戰：

(一)顧客構面

　　經營顧客構面的重點在於爭取新客戶與維繫既有客戶，所以，透過產品與服務品質，建立客戶的忠誠度與信任感，不但能鞏固既有客群，而客戶也可能基於滿意的使用經驗，推薦周遭親友選擇同樣業者。若要妥善顧客構面，需兼顧數項關鍵要素。舉台灣大哥大爲例說明之：

◆研發服務內容

　　台灣大哥大的電信服務收入結構，包含了語音服務的月租費、通話費、數據服務月租費，加值服務與其他項目；隨著主管機關要求調降語音收費，加上網內互打免費的產業趨勢，使語音服務收入日漸減少，另一方面，隨著智慧型手機的普及與行動網路服務的創新，數據服務收入比重則日趨提高。

　　考量到目前的數據服務通常採用「吃到飽」資費，當市場飽和，成長速率將停滯不前，因此，如何掌握消費者需求，來研發更切合其喜好的加值服務，增加自身經營優勢，乃是首要任務。

◆提升產品價值

　　唯有能爲顧客創造價值的產品，才能使顧客甘心買單。以台灣大哥大的電信產品來看，包括：電信資費、加值服務與行動裝置；其中，電信資費需要配合不同客群的需要提供不同選擇；加值服務包括了音樂、電子書、行動電視、遊戲等等，屬於附加服務，因其個人化與娛樂性吸引客戶持續使用；而行動裝置，如：行動電話、3.5G上網卡、筆記型電腦、平板電腦、週邊配件等等，則通常透過

與搭配電信資費進行促銷，強化消費者新申辦或續約之意願，並且將台灣大的特色服務，客製化內建到行動裝置內，增加使用上的便利性。

◆營造品牌正面形象

品牌經營的基礎，建立於充分掌握消費者需求，並與此對應做出相對的認知與區隔，目的在於吸引新用戶、鞏固舊顧客，所以必須進行廣告與溝通，提升相對競業的差異點和好感度，藉此穩固顧客的忠誠度。

根據產品別與客群區隔，台灣大哥大採用了不同的溝通與促銷策略。在溝通策略上，是透過媒體、活動、公關來營造品牌口碑。

在媒體溝通方面，可分為主動溝通媒體與被動溝通媒體，前者如電視、平面、網路等媒體，配合簡訊與帳單；後者如自家網站、門市、客服與社群討論平台等。

除了運用媒體來推廣品牌，另外，台灣大哥大也透過公益活動與社區參與，如舉辦藝文活動、參與社區服務與災難救助、推廣偏鄉部落建設與教育等等，透過具體回饋社會的舉措，營造品牌的正面形象。

◆拓展多元通路

通路是業者接觸客戶的第一線管道，包括：門號申裝、異動繳費、客戶服務、到期續約、跨售其他配件服務、專業諮詢與使用教育等等，牽涉層面甚廣。

一般而言，通路的角色可分為三類：

1.傳統電信通路角色：提供辦門號、賣手機、繳費等基本服務。
2.數位生活的服務中心角色：實體門市還可供消費者體驗新服務，並提供相關配件與加值服務。

3.虛擬網路門市角色：在PC、平板電腦或智慧型手機等任何網路行動設備即可操作，提供豐富隨選的商品及服務資訊與建議，以及加值服務下載與體驗，也提供電子和行動商務等服務。

台灣大哥大的通路類型包括：直營、加盟、經銷、電銷、網路門市、直銷或企業團購，目前共計約有六百多家的myfone門市（即直銷與加盟門市），而網路門市則主要提供電子商務與客戶服務；此外，台灣大哥大也在智慧型手機上內建有行動商務和行動客服App。

近年來，台灣大哥大的獲利持續成長，股價也屢創新高，主因乃為台灣大哥大投入大量心力於經營、執行顧客構面，建立了顧客的忠誠度與信任感。然而，科技的進步和經營環境的改變，卻也帶來許多的管理挑戰，亦為台灣大哥大團隊必須思考與突破的重點（**圖3-14**）。

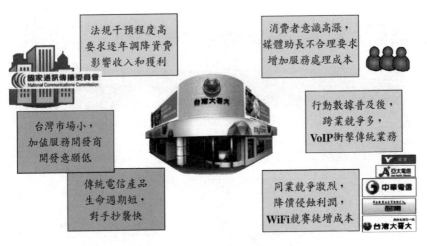

圖3-14　顧客構面的管理挑戰

(二)內部構面

內部構面的經營關鍵，在於發揮企業核心競爭能力與善用既有資源，改善營運流程、提升運作效率，透過管理機制、提升生產能力。以下以台灣大哥大為例，分析內部構面的經營成功要素：

◆改善成本結構

一般來說，電信產業經營的主要成本包括：營業成本（含網路互連、折舊攤銷、網路維運、銷貨成本）及營業費用（含佣金、人事與勞務費）兩大類。以台灣大哥大母公司2011年成本費用來看，其中，網路互連與銷貨成本合計超過200億元，折舊約64億元，線路與基地台租金合計約68億元，付給國家的特許費及頻率使用費約18.8億元，而佣金、薪資費用與勞務費三者合計約90億元（**表3-9**）；這些成本動輒以億起算，必須經過嚴密的成本管理，才能在成本結構上取得平衡。

表3-9 台灣大哥大母公司2011年成本費用的主要項目

營業成本		營業費用	
主要項目	金額（百萬元）	主要項目	金額（百萬元）
銷貨成本	12,944	佣金	5,702
網路互連	8,054	薪資	1,832
折舊	6,396	勞務費	1,581
線路月租	3,519	手續費	663
租金／基站水電／維護	3,344	折舊	599
特許費／頻率使用費	1,878	廣告	403
合計	37,794	合計	12,956

資料來源：台灣大哥大2011年財務報告。

首先，降低成本對台灣大哥大及其他電信業者來說，是經營上的首要考量，做法如：汰換老舊設備、節省基地台電費、自建傳輸網路以降低租金成本等等；其次，電信業者必須不斷創新與投資，故提升資本投資的效益亦屬關鍵，如：採用新進技術設備、增加基地台頻率效能。最後，乃是優化營業費用，如：透過精確的客戶區隔分析，將佣金補貼花在最有價值的用戶和通路上，方能層層推進、步步到位。

◆提升組織效能

為提升企業整體運作效能，台灣大哥大對各項產品的成本效益均進行定期精密檢討，分析營收、成本與費用，計算產品損益，藉此預測產品未來發展趨勢與市場變化，進而調整產品研發之資源配置，發揮最大產品效能值。

要進行這樣的工作，企業內各組織單位的責任分工必須明確可行，台灣大哥大要求各單位均具有當責（accountability）意識，建立賞罰制度來提拔人才、汰換人力；而組織的創新與再生，也能改善面對客戶的作業流程、提升服務效能，例如：門市的無紙化作業可減少紙張成本，也可減少紙本核對及傳送的種種誤差。

近年，市場環境與消費行為急遽轉變之下，考量成本管理與組織調整的必要性，當客戶與收入無法有效成長，為維持服務品質與股東投資報酬率，台灣大哥大積極於調整內部管理構面。

電信業者主要的經營成本包括：電信網路投資、維繫客戶投資、與後勤支援體系。因此，如何從網路結構與組織資源入手，改革員工心態與組織結構，進而達到內部成本的優化，與經營成果的成敗是緊緊相繫的，此要點從台灣大哥大的管理策略亦可見一般（圖3-15）。

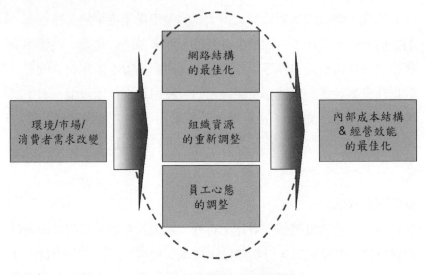

圖3-15　內部構面的管理挑戰

(三)創新構面

　　不論顧客構面或內部構面，都需要企業內部全體員工的參與和執行，當市場環境與消費行為都持續改變時，企業員工已無法置身象牙塔，必須持續創新、學習以獲得成長，尤其台灣大哥大的企業文化向來強調以顧客為中心，在創新構面上投入了許多資源來提升整體結構效能。簡要列出我個人的幾項心得與觀察：

◆ECE專案訓練

　　ECE（Excel Customer Experience）專案的目的，是透過改革企業全體員工的態度與思維，將顧客的使用經驗提升至「品牌化」層面，來打造高度的客戶忠誠。ECE專案在台灣大哥大至今已實行五年，主要訴求先要做好內部顧客服務，進而獲取外部顧客的信任；換言之，ECE專案訓練讓台灣大哥大員工瞭解到企業經營理念，並持續訓練專業技能與工具使用，聯繫部門間的互動合作，以求在日

常工作中澈底落實服務精神。

◆員工學習訓練

常言道：員工乃為企業最大的資產，但凡屬資產，必定面臨折舊或淘汰的可能性，唯有持續不斷的創新、學習與成長，才能夠長期維持資產價值。

當產業轉型時代來臨，電信產業的員工面對數位匯流的時代趨勢，除了內省不足，更需成長進步。對此，台灣大哥大提供員工多元的學習管道，包括實體和虛擬的訓練課程，並聘請產業專家、學界名師或資深同仁擔任講師，開設員工學習訓練課程，包括：產業趨勢新知、溝通管理技能，以及專案管理技術等實用課程。

除了基層員工，台灣大哥大也非常重視主管訓練，面對新的挑戰，主管不僅必須自我調整及成長，更要懂得識才用人，並站在員工立場，同步檢討與改進，如此才能培養企業核心人才，避免人才匱乏的情形發生。

◆創新組織思維

面對未來，企業組織必須不斷創新以因應變革，而經營方法也必須經過一連串的嘗試與調整，才能達致最佳效果。以台灣大哥大而言，關於創新組織與流程也經歷了許多嘗試，如：建立「Internet Innovation Forum」，開放招募年齡較輕並有網路高度使用經驗的員工參加，讓年輕員工跳脫組織限制，練習自行提案，並與外部專家討論，提出創新想法，成為企業經營策略的創新種子。

員工的創新、學習與成長奠基於個人態度的改變，理想上，不斷自我提升的員工，是能與企業步伐同步並行甚至超越於前的！然而，即使如台灣大哥大於創新構面投入大量心力，挑戰與困難亦將接踵而來，如員工心態調整便有「三不」諸多執行原則，如：不守成，不斷探索新機會；不墨守，不斷思考幫客戶創造價值；不怠

忽，隨時掌握市場環境與客戶需求。

　　企業若要求穩定成長，創新拓展版圖乃不可或缺的關鍵，台灣大哥大透過購併、內部整合、組織變革與自我轉型等方式，積極尋求企業成長之道，來面對新競爭、擬定新策略，而無論哪種經營策略，員工的配合與成長都是必須同步進行的（**圖3-16**）。

(四)財務構面

　　所謂的財務構面，是根據既定的一段期間，依據財務報表呈現客戶數量、客戶平均貢獻（ARPU）及產品成本與獲利指數的一項指標；但考量到時間落差，企業的經營管理無法等到財務數字出來才來想該怎麼因應調整，即使是短期的促銷方案，從構想、規劃、正式上線，直到看到財務數字，往往需要幾個月甚至幾季的時間。因此，經營分析與方案成效的模擬，便是企業在經營財務構面的重要能力。

　　台灣大哥大向來重視企業管理成效，所有投資人都可以在台灣大哥大的網頁上看到每年的年報；每半年，經由會計師簽證和監察

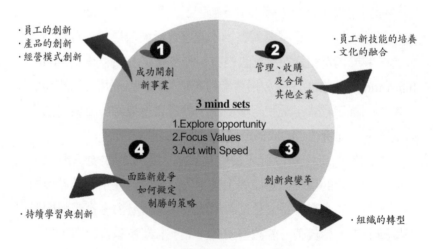

圖3-16　創新與學習構面的管理挑戰

人審閱過的財務報表，公開呈現出損益表、資產負債表、現金流量表與股東權益變動表等數據，每季並會舉行說明會，對投資法人說明財務狀況與每月營運概況。

透過網路，台灣大哥大在網頁也提供每個月於個人、企業與家庭事業部門的營運數字，以及行動固網產品用戶數量和ARPU等資訊。此外，台灣大哥大企業內部各業專責的單位，均會針對管理報表中營運財務的數字變化，主動提出因應的方案，並推估所需的成本和成效，另一方面，深入分析過往趨勢，掌握不同客群的消費變動，進而推測未來變化與策略推動，提供管理階層決策參考，貫徹了由下至上的企業經營正面循環。

四、整體規劃策略

企業為了永續經營，則必須放寬格局，宏瞻未來，擬定長期經營策略，以維繫客戶，穩定成長。

策略規劃的意義，可從以下的「3W」中呈現：

Q1：Where are we now?（我們現在處於哪個位置？）

Q2：Where do we want to be? （我們想要到達哪個位置？）

Q3：How are we going to get there?（我們該如何到達那個位置？）

策略規劃的目的，在於形塑企業內部對現況定位、未來願景、長遠目標與具體行動方向的共識，進而擬定出最適切的行動方案，並調整資源配置。當企業在評估現況與未來發展時，通常會從科技、法規、政經社會、消費者需求等角度切入，檢討客觀數據，並建立起種種假設，以預估未來營運情況和營收獲利潛力。

從管理階層的立場來看，進行策略規劃時，管理者不妨設定一

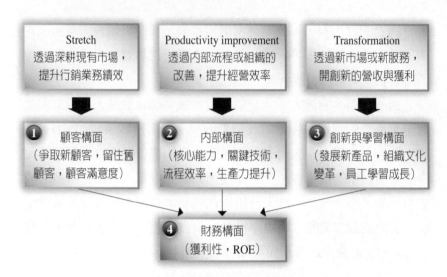

圖3-17 呈現策略規劃與四個管理構面的連結

些具體的挑戰性目標，刺激企業內部腦力激盪，無論是天馬行空或務實取向，都可將其化作未來營運的潛在可能。

　　策略規劃是一個持續性的動態流程，必須不斷根據環境市場及消費行為的變化以自我修正、調整，且必須建立在數據化的財務模型，以具體分析、改進；最終，策略規劃必須與經營實務結合，如台灣大哥大的三大重要策略——Stretch、Productivity Improvement、Transformation，分別對應到就是前述的顧客構面、內部構面和創新與學習構面，而策略推動與實際執行的成果，則反映在財務構面上，形成彼此動態循環的運作連結（圖3-17）。

📶 結　語

　　電信產業因具有自然獨占與網路外部性，受到法令的高度牽制，以及社會大眾的高度關注，所以專業管理人CEO，必得花費大

量的心力時間來處理公共事務,並與主管機關商討相關政策議題。

在另一方面,電信產業因需持續投入高額的資本支出,建設相關設備網路,提供優質服務,所以,現金流量的管理亦成爲CEO的重要課題。

本文中,我從個人在電信產業浸淫多年的實務經驗出發,對全球趨勢及產業環境的發展現況提出了自己的觀察,對於電信產業的未來機會與挑戰投以高度關注;文章中,我以台灣大哥大爲實例,從企業定位談起,分析了電信業者在經營管理上所需考量的種種因素,並引用Kaplan與Norton(1996)的「四構面」架構,探討每個管理構面的關鍵成功要素,兼顧宏觀與細節並連結具體的策略規劃,希望藉由本文,與眾位分享企業管理所需要的思維與謀略。

面對未來,沒有人能夠掌握未知,我們所能做的,就是轉變自身的態度。蘋果的模式讓我們重新思考創新以及具體的實踐方式,蘋果(Apple)經典廣告中的著名口號「Think Different」,在我的理解中,這句話所欲傳達的,正是創新的重要性,而如何從消費者角度思考,擺脫傳統經營思維,透過自我創新成功經營,正是台灣產業於當今必須要思考的關鍵課題。

本文最後,爲了使眾位對台灣大哥大的價值主張與經營模式更加瞭解,我分享自己常用以勉勵員工面對未來的六個關鍵態度(圖**3-18**):

1.謙卑(stay humble)。

2.新人才(new talent)。

3.勇於承擔風險(risk taking)。

4.價值導向與對應的評核系統(value driven & align evaluation system)。

5.客戶導向(customer driven)。

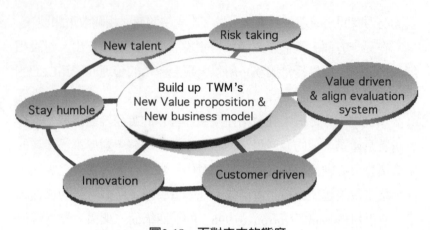

圖3-18　面對未來的態度

6.創新（innovation）。

最終，容我援引一句話，與所有關心電信產業的各位共勉之：

Control your own destiny or someone else will.

——Jack Welch

附　錄

一、行動電話業務的成長趨勢（包含2G、3G及PHS用戶資料）

年度	用戶數 （千人）	行動發話分鐘數 （百萬分鐘）
1998	4,727	3,493
1999	11,541	9,553
2000	17,874	14,743
2001	21,786	17,301
2002	24,391	20,406
2003	25,800	24,006
2004	22,760	26,898
2005	22,171	28,873
2006	23,249	29,960
2007	24,287	31,231
2008	25,413	33,539
2009	26,959	36,664
2010	27,840	39,967
2011	28,862	42,407

資料來源：NCC (2012/1).

二、固網電話業務的成長趨勢[16]

年度	市話戶數 （萬戶）	寬頻戶數 （萬戶）	國際去話分鐘數 （萬分鐘）
1998	1,150	-	86,088
1999	1,204	-	95,826
2000	1,264	10	105,838
2001	1,286	117	151,442
2002	1,310	211	215,391
2003	1,336	305	307,674
2004	1,353	376	313,167
2005	1,362	435	346,829
2006	1,347	451	384,102
2007	1,330	479	387,945
2008	1,308	502	399,388
2009	1,282	500	419,273
2010	1,270	531	465,085
2011	1,268	552	466,671

資料來源：NCC (2012/1).

---

[16] A本表數據：
　(1)寬頻網際網路帳號數包含xDSL、Cable Modem、Leased Line及PWLAN帳號數。
　(2)2001年6月以前為中華電信公司資料。

三、台灣大哥大各主要部門職掌業務

部門別	工作職掌
稽核室	1.執行本公司及各子公司之內部稽核業務 2.監督及查核本公司及各子公司確實有效執行內部控制制度 3.公司資訊安全管理系統設計、管理及審查
法務室	法律諮詢、訴訟及審閱法律相關文件等事項
公共事務處	1.企業形象管理 2.媒體溝通、新聞議題設定與發布、危機管理 3.企業社會責任之策略規劃與執行 4.企業、基金會及公司內部網站之溝通、規劃及維護
用戶暨通路技術處	1.用戶管理與銷售系統之設計與開發 2.通路服務、佣金與業績系統開發 3.訂單管理系統之設計與開發 4.企業管理資訊之設計與開發 5.固網訂單與供裝系統之設計與開發
帳務技術處	帳務系統之維運開發業務
企業資源技術處	1.資訊倉儲、CRM系統設計、開發與維運 2.企業資訊系統整合 3.網管系統設計、開發與維運
系統規劃暨維運處	機房／電腦系統／網路架構之建設及維運管理
企業服務系統處	1.台灣大哥大客服相關資訊系統建制、規劃及維運等業務 2.企業資源規劃暨人力資訊系統建制、規劃及維運等業務
客服系統處	1.客服架構系統及維運管理系統開發、設計與維護 2.固網IT伺服器維運管理
資訊治理及應用服務處	1.企業官網及電子商務系統 2.企業資訊系統整合 3.固網工務相關IT系統 4.資訊治理、企業架構、軟體開發流程、軟體基礎技術架構 5.軟體工具開發與管理
採購處	1.採購政策與制度訂定 2.辦理公司所有對外採購之相關業務 3.供應商管理及評鑑 4.商品或勞務合約條款議定及簽訂

部門別		工作職掌
行政管理處		1.設備暨資產管理
		2.一般行政暨庶務管理
		3.基地台行政管理事務及請款
人力資源處		1.人力資源規劃運用及整合
		2.員工福利事項之規劃及執行
		3.教育訓練與員工發展
		4.勞資關係之協調
勞工安全衛生室		1.勞工安全衛生管理
		2.機房安全管理
		3.環境保險管理
		4.職場健康促進
財務群	財務處	1.長期資本結構規劃、資金調度與短期投資管理、外匯利率風險管理、銀行關係往來
		2.轉投資專案管理評估、子公司監理作業
		3.收付款作業審核與執行、福委會及基金會財務管理、公司擔保品管理
	投資法人關係處	公司和投資人雙向溝通之媒介,適時向投資人揭露公司營運、財務現況、公司經營理念及業務未來發展
	帳務處	資費設定、出帳、銷帳及催帳、客戶信用查核及風險管理作業
	會計處	會計暨稅務作業之規劃與執行
	經營分析處	1.營運效益分析包含營運活動效益評估
		2.技術效益分析包含網路維運成本分析與資本支出效益評估
		3.績效預算管理包含財務預測與年度預算作業管理
	秘書處	1.股務作業
		2.印信管理
		3.文書收發作業
		4.工商登記作業
技術群	網路品保暨技術支援處	1.行動網技術支援
		2.固定網技術支援
		3.IP網路技術支援
		4.網路品質管控
	網路管理處	1.行動及固定各系統網路營運之24小時監控管理
		2.提供網路營運各項技術支援及客訴支援
		3.網路通訊品質及重大障礙之監控管理

部門別		工作職掌
技術群	北一區網路維運處	1.北區（台北市、宜花、馬祖）有線與無線網路之工程建設、交換、傳輸網路之維運工作 2.2G、3G網路之優化作業 3.網路建設工作程管理及後勤支援 4.全區工程與維運統籌、協調與支援
	北二區網路維運處	1.北區（新北市、桃竹）有線與無線網路之工程建設、交換、傳輸網路之維運工作 2.2G、3G網路之優化作業 3.網路建設工作程管理及後勤支援
	中區網路維運處	1.中區（苗栗、台中市、彰雲投）有線與無線網路之工程建設、交換、傳輸網路之維運工作 2.2G、3G網路之優化作業 3.網路建設工作程管理及後勤支援
	南區網路維運處	1.南區（嘉南、高屏、台東、澎湖、金門）有線與無線網路之工程建設、交換、傳輸網路之維運工作 2.2G、3G網路之優化作業 3.網路建設工作程管理及後勤支援
	系統設計處	行動網暨固定網之核心、無線電、IP網路及傳輸網路等規劃設計、新技術開發及相關網路設備之驗證測試
	工務處	1.行動通信與固定網路業務之工務預算編列及控管 2.行動通信及固定網路業務各項工程／配合物料發包請購、建置及進度管制 3.行動通信及固定網路基地台共構事務、技術審驗申報及各縣市管道纜線相關事務協調及管理工作 4.固定網路業務之供裝管理，專案評估與工作協調
個人用戶事業群	客戶服務處	1.客戶服務相關作業及客服中心維運 2.電話業務銷售推展及維繫防退專案執行
	通路策略規劃暨管理室	1.規劃通路定位、整合優化並設計合理獎勵機制以達到產品銷售與服務極大化的目的 2.門市銷售規劃及店務管理 3.通路產品專業與服務技能訓練規劃與執行、通路人力發展規劃／執行 4.客戶服務品質之衡量與監控／召集服務品質改善委員會
	營管處	1.前檯銷售服務作業規劃與推行 2.後檯（含資源管理、佣金核算管理）作業執行 3.通路後勤服務作業的規劃與執行

部門別		工作職掌
個人用戶事業群	經銷業務處	1.經銷通路開發及管理、專案推展及銷售
		2.預付卡／電話卡通路開發、銷售及管理
	加盟業務處	加盟通路的相關產品銷售及客戶服務的管理
	直營業務處	產品銷售及客戶服務、策略性任務執行
	加值服務事業處	1.加值服務經營管理及服務品質確保
		2.加值服務之策略訂定及產品規劃、開發與管理
		3.加值服務之服務平台整合及客製化手機規劃
	產品技術處	1.提供加值服務產品及用戶端設備技術之技術諮詢與解決方案分析
		2.設計開發完成各事業群所需求之各項加值服務產品及行銷活動
	法規暨同業關係處	電信法規、主管機關及同業關係維繫
	品牌管理暨客戶溝通處	1.品牌管理：企業識別之系統化制定、稽核與運用，及品牌之策略規劃、定位發展與整合管理
		2.行銷傳播管理：產品包裝、店面宣傳、廣告活動、顧客維繫溝通等傳播計畫之擬訂、製作與效益評估
		3.整合行銷傳播資源管理：宣傳製作物、媒體規劃及採購、消費者活動等資源效益的整合與成本管控
		4.網路行銷：網站整合與維運及網路廣告宣傳等企劃執行、網站客服&行動客服之推廣及網路門市之銷售
	客戶忠誠暨加值服務行銷處	1.月租型用戶維繫防退策略&專案規劃執行
		2.客戶忠誠專案策略&專案規劃執行
		3.預付卡與加值服務之行銷推廣專案規劃及執行
		4.客戶行為分析及市場調查規劃及執行
	客戶開發暨手機行銷處	1.新增用戶之行銷策略、銷售目標擬定暨通路促銷專案規劃
		2.手機、筆電、網卡的綁約規劃及空機、配件的銷售
		3.語音及網卡的資費規劃與行銷
		4.網路購物的商品規劃及銷售
家計用戶事業群		1.提供家計用戶包括：視訊（CATV/DTV）、光纖寬頻上網（Cable Modem/FTTx）及聯網電視（Connect TV）整合性之數位匯流服務
		2.推出具整合性技術解決方案，開拓新產品加值服務，提高視訊及寬頻上網普及率，增加用戶數、用戶貢獻及整體營收
		3.持續於各地有線電視系統台之經營區內布建雙向化光纖網路，提升網路涵蓋率、網路品質及訊號穩定性

部門別	工作職掌
企業用戶事業群	1.企業用戶經營策略之擬定及經營分析 2.企業用戶業務（含通路）之開發、銷售與關係維繫管理 3.企業資訊及通訊整合方案之產品、行銷、客戶維運規劃及執行 4.企業用戶之客戶服務／帳務等相關作業 5.同業及國際業務（含國際漫遊）之規劃及執行

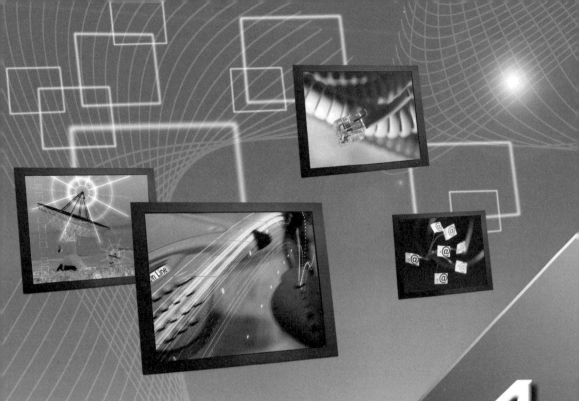

電信產業的轉型經營策略

4

遠傳電信總經理　李彬

經營哲學

進入資訊瞬息萬變的時代，就連結與流通的意義而言，世界已有如為一平面，而唯一不變的乃是不斷地「變」。此時，我們所必須做的，是為自己培養、建立起不可替代的價值。

為了創造此一價值，在競爭日益激烈之環境中，企業內部必須同心協力，以謙虛的心態面對萬千變化，掌握住「以客戶為中心」的核心思維，保持快速反應、靈活調整的態度，來保持優勢、修正缺失，達到「創造機會－反省檢討－去蕪存菁－截長補短－更求進步」的正向循環。

透過縝密的計畫、嚴謹的態度、充分的團隊合作與溝通、迅速確實的執行能力，堅持「積極創新、服務第一、持續成長」的精神，才能戰勝困難，面向大眾，提供使客戶最滿意的全方位整合性服務！

作者簡歷

李彬總經理（Yvonne Li）於2000年11月加入遠傳電信，歷任財務長暨整合服務事業部執行副總經理、商務長等職，在2004年獲亞太區投資人關係評比為「亞太區電信業最佳財務長」，其於2010年9月10日起正式接任遠傳電信總經理一職，2012年被國際知名專業財經雜誌*Finance Asia*評選為「最佳CEO」。

加入遠傳之前，李總經理擁有十三年豐富的銀行財務及營運管理的實務經驗，她最先任職於台灣渣打銀行財務長，共歷時四年。後來加入花旗任職信用卡部門，接著又負責財務規劃與分析及消費性銀行業務與策略發展。之後榮升北亞洲會計政策部門的副總經理，負責台灣、菲律賓、香港、韓國、關島的業務。最後又調回消費性產品領域，擔任策略發展部副總經理，督導資料庫行銷、消費者行為研究與投資組合管理等，總計待在花旗的時間為九年。

李彬總經理擁有伊立諾州立大學香檳校區的會計碩士及國立台灣大學的會計學士學位，同時具有美國會計師執照及國內講師資格，曾在東吳大學擔任兼任講師。

🛜 前　言

　　有言道：「Shift happens」。然而，時代變化快速，世界轉變腳步亦日日加速，身處於巨大變動中的我們，究竟該如何理解「變遷」？我們又應如何感受，並且面對、因應「變遷」帶來的影響？

　　現在的環境現況與發展，在以往是無法被想像的；可推論，未來我們將面臨的變化，也是在當今社會環境或經驗中並未存在的，而未來科技，更是現在並未被發明實現，甚至未曾被想像、模擬過的。

　　無論是社會、企業或是個人，都不能再故步自封，而應從整體環境進行考量，調整觀點，來面對眼前這個快速變動的世界，對未來各種假想環境預先準備，培養調整與適應的能力。以智慧型手機為例，不到十年前，各界都沒能預期到智慧型手機在短短幾年中，能創造如此迅速且巨大的演進與變化，改變了市場、消費行為，以及使用者的思維方式。值此，該如何維持自身的競爭能力，讓企業達到永續經營的目標？乃當今所有人必須審慎思考的課題。

　　本文擬透過實例探討，思考時代變動中企業的持續經營之道，並分析實際因應策略；另外，部分企業因無法適應社會環境變動，導致在時代的洪流中無法承受衝擊，進而日漸式微，也頗值得我們借鏡。

🛜 第一節　電信產業演進趨勢概說

　　觀察過往迄今通訊產業的歷史沿革，每一項服務從創始推廣，到突破上千萬用戶，所需時間各不相同：如家用固網電話便共花費七十五年，才達到5,000萬名用戶；而收音機則花了三十五年時間，

電視則為十三年，行動電話則努力了十二年，方達到5,000萬名用戶的目標。

反瞻網際網路的發展，其速度與效率則大不相同，短短四年之間，5,000萬名用戶已然入袋（**圖4-1**）[1]，其後隨之興起的網路社群平台Facebook，只花了短短二年，便輕輕鬆鬆坐擁5,000萬名用戶。

如此可知，當今整體通訊傳播產業變化的速度，已遠遠超乎傳統通訊產業所能想像的範疇；相對來說，此快速變動之趨勢也造就出更多新興的機會、挑戰與競爭，形成了歷史裡從未發生過的全新業務型態。

綜觀近年電信產業的發展趨勢，已逐漸朝向「一雲四螢」的方向邁進——所謂「一雲」即指「雲端」（Cloud），未來所有的內容（content）都將會匯聚於雲端平台上，利用雲端服務將內容透過網

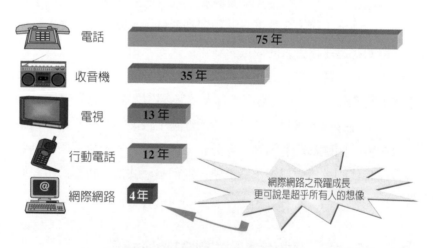

圖4-1　服務自創始至突破5,000萬名用戶所花費時間

資料來源：財團法人電信技術中心（2008）。

---

[1] 財團法人電信技術中心（2008年）。《數位匯流與發展》。

際網路，傳輸至各式終端設備中；而「四螢」，即泛指各種接收來自雲端之終端設備，如電視、電腦、手機、平板電腦等設備均屬之（圖4-2）。

　　當所有內容均將透過雲端之儲存與提供，讓使用者得以在任何地點、任何時間接收所需之內容，而接收之終端設備也非常彈性而多元，同一設備可作為一個或多個終端設備，同步進行內容接取。可想而知，未來的電信服務其內容將不再以語音為主。

　　在終端設備部分，其發展演進速度也快如飛鳥；為因應軟體作業系統（Operation System, OS）的發展，並切合消費者使用需求與科技更新速率，終端設備的使用將以「簡單化、生活化、網網相連」作為走勢。

　　以手機為例，未來，智慧型手機勢必將越來越個人化、數位化與行動化，設計與發明也將因之更加輕巧化、智慧化、人性化、生活化邁進，最終達到「網網相連」之目的——一機在手，便能在日常生活中，輕鬆掌握大量資訊。

　　回顧1985年手機發明之初，原本的目標只是「在遠距情況下

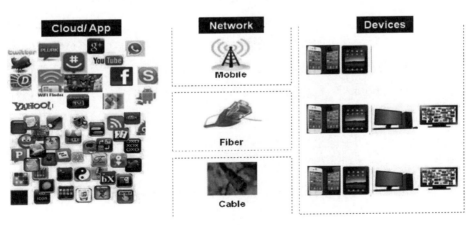

圖4-2　一雲四螢示意圖

可以傳播溝通」，若以如今大眾對「手機」的觀點，來回頭檢視早期手機，明顯看出早期的手機體積龐大，重量沉重，功能單純；在「滿足消費者需求」的目的驅使下，手機的創新開發能力快速提升，其對使用者日常生活的重要性也大幅高漲，而所具功能也變得變化多端；尤以2007年蘋果公司推出的iPhone產品為標的，為手機所扮演的角色創造了嶄新的里程碑，身為首隻觸控式智慧型手機，iPhone提供了全新的使用者操作系統與介面，全面顛覆了大眾的手機使用習慣，以及對「手機」此種商品的觀點。

一路走來，「手機」已不能單純僅被視為「傳播溝通工具」；而未來，手機形態又將如何演變？在設計、功能與品牌價值上，又將具有何種面貌？手機科技的進步，將導致電信產業產生何種新型態商業模式？是否該採取更適合的方式，來計算終端設備的效益與成本？電信產業應該如何準備，才足以因應未來手機之變革？因「手機」發展所帶來的種種影響，對電信產業來說，都是值得深切思考的課題。

基於數位匯流趨勢，網際網路服務提供者與電信業者，在未來勢必將共同朝向相互結合的發展方向，而周邊產業，如：廣電業者、IT業者、終端業者等等，必亦將陸續涉入彼此領域中，產生相互結合、交流與競爭的局面。現在已可見到的是：有些OTT（Over The Top, OTT）業者或電信上下游相關產業，已經紛紛跨入電信產業的範圍內，有的甚至已開始與有線電視業者相互合作，產生以往未見的商業模式、合作與競爭模式。

又如手機業者與網路購物業者的結盟合作，便充分利用了手機的行動便利性，一方面，大幅擴增了手機的實用功能，另一方面，也開拓了網路購物業者的行動平台，在這種合作模式之下，雙方都能因此受惠。

簡而言之，經由數位匯流趨勢的帶動，眾多產業諸如電信、廣

電、資訊、終端及平台,彼此間陸續產生連結,進而出現「漣漪效應」,進一步帶動金融、保全、營建等產業之間的相互牽動與關聯性(圖4-3)[2]。

　　以國內大型電信業者——遠傳電信為例,先前,遠傳電信透過行動應用程式(即App)的製作發行,讓電信平台與百貨公司、雜誌社互相配合,與母公司遠東集團之相互合作,並與ELLE雜誌之合作,使廣告與產品清楚地置入於智慧型手機及平板電腦中;例如:將百貨公司周年慶的組合商品、廣告與產品,陳列在量身訂作的應用程式商城上,讓使用者可於該平台即時收到相關資訊,並不時更新產品資訊與項目。可說是電信產業、百貨業、雜誌業在數位匯流趨勢下進行跨領域結盟,產生相互連動效應的實例。

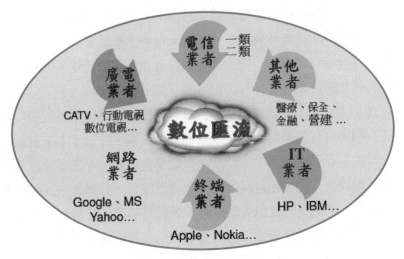

圖4-3　數位匯流示意圖

資料來源:財團法人電信技術中心/MIC/中華電信(2009)。

---

[2] 財團法人電信技術中心/MIC/中華電信整理(2009)。《數位匯流與服務創新發展》。

　　從另一個角度思考，行動應用程式（App等）不僅可以作為資訊提供（information）服務之平台，也能同時採用電子商務模式，提供消費者電子商務之商業行為（commerce）服務，讓消費者可直接透過行動應用服務來進行購買行為；再加上行動應用程式具有相當的彈性，能隨著不同節日來提供不同的行銷手法與產品組合，活化了行銷與消費方式。在平台的整合與演變下，未來廣告主將有更多商業模式可供選擇、運行，以前述遠傳電信的商業模式為例，其一是由雜誌社去尋找各種服裝、彩妝公司的合作，加入遠傳電信的應用服務平台，提升其數位廣告的能見度；其二是藉由電子商務的交易服務，從交易處理中獲得利潤。

　　數位匯流的跨領域趨勢已可清楚預見：電信業者勢必將跨足網際網路產業，相對的，網際網路業者亦會積極規劃跨足到電信產業，傳統的產業界限勢必將會越來越模糊，現在社會大眾所習以為常的「企業」或「商業模式」，在未來也未必繼續適用；惟對企業而言，該變革有可能是一個危機，但也有相當的可能性，形成另一種創新經營的大好轉機！

　　2010年在台北舉辦國際花卉博覽會的期間，遠傳電信曾製作過一段有關未來科技趨勢的影片，在影片中模擬、陳述了未來數位匯流完成的世界形貌；其中述及了「娛樂整合系統」，亦即僅需透過單一終端設備，便可在該設備平台上收看電影、音樂及各式各樣的娛樂資訊，透過先進資訊智慧技術，各類終端設備亦將相互連結。由上述的未來趨勢來想像，當前產業中正在起步建立的虛擬購物程式、電子書城、數位學習系統以及視訊溝通平台等，如此種種，都是在我們可預見的未來內，即將發生的各項創新舉措。

　　過往，無人能預知如今智慧型手機的發展形貌，而傳統電信業者專注於語音服務，未能發現技術演進帶來的業務變革；有別於以往僅注重語音傳輸與客戶數增加的經營目標，現今的電信業者所必

須重視的焦點，是企業品牌中所代表的「服務提供承諾」，以及品牌所帶來的資產（asset）服務概念，這些都將成為企業日後是否能因應環境進展，穩定經營的關鍵因素，也是我在這篇文章中想與眾位一起探討的重要課題。

第二節 台灣電信產業的現況、趨勢及挑戰

綜觀台灣的通訊產業[3]，目前國內五大電信業者依據《電信法》，均屬於「第一類電信事業」，所能提供的服務內容也受限於特許業務範疇（**表4-1**）。

所謂「第一類電信事業」，業務內容包括：提供「固定網路通訊服務」之業者，如：市內電話、長途電話和國際電話等；提供「行動網路通訊服務」之業者，如：行動電話、個人行動視訊與中繼式無線電話等；提供「衛星通訊服務」之業者，如：行動衛星通訊服務與固定衛星通訊服務。

在市場競爭與數位匯流趨勢的環境變迭下，第一類電信業者將必跨足經營第二類通信業務，包括：網際網路接取服務（xDSL、Cable Modem）、網路應用與加值服務（IDC Service、Video Conferencing）與網路內容服務（VoD/MoD）等。來贏取市場空間，增加經營機會。

現在被歸類為「通訊業務」的電信業者，在產業趨勢變遷之推動下，服務內容已無法單純地固守電信領域。如遠傳電信不只提供基本的電信服務，也提供購物、電子書等數位加值服務；這類加值

---

[3] 「通訊」一詞在國際電信聯合會（ITU）I.112文件中，定義為「以同意之形式進行之資訊傳遞」；而台灣《電信法》第二條則定義「電信」為「指利用有線、無線，以光、電磁系統或其他科技產品發送、傳輸或接收符號、信號、文字、影像、聲音或其他性質之訊息」。

表4-1　我國通訊產業範圍與架構[4]

產業	次產業	產品
通訊產業	通訊設備 用戶終端設備	手機、衛星定位系統用戶終端（GPS）、藍芽（Bluetooth）、PDA…… 數據機、電話機、傳真機、私用自動交換機（PABX/KTX）
	寬頻接取設備	寬頻數據機（Cable Modem、DSL Modem）、IP DSLAM、WiMAX、VAST、……
	區域網路設備	乙太區域網路（Ethernet）設備、路由器（Router）、無線區域網路（WLAN）設備……
	傳輸與交換設備	E1/T1設備、SDH/SONET TM/ADM、Media Converter、PON、微波傳輸設備……
	寬頻網路應用設備	VoIP應用設備（IP PBX、VoIP Gateway……）、VOD機上盒……
	通訊零組件 主動元件	基頻模組（Baseband）、射頻模組（RF）、Transceiver、LED、Laser……
	被動元件	耦合器（Coupler）、濾波器（Filter）、電阻、電榮、電感
	機構元件	印刷電路板（PCB）、軟板、連接器
	功能元件	電池
	通訊軟體	通訊協定（TCP/IP、SIP……）、網路安全、網路管理、網路維運、通訊應用
	檢測驗證	射頻測試、電信/數據測試、廣播測試、互通性測試
通訊服務業	第一類電信服務	固定網路通訊服務（市內電話、長途電話、國際電話） 行動網路通訊服務（行動電話、中繼式無線電話、個人行動通訊） 衛星通訊服務（固定衛星通訊服務、行動衛星通訊服務）
	第二類電信服務	接取服務（DSL、Cable Modem……） 網路應用與加值服務（IDC Services、Video Conferencing……） 網路內容服務（VoD/MoD……）

資料來源：工研院IEK（2010）。

---

[4] 工研院IEK（2010）。《下半年通訊產業前瞻暨趨勢分析》。

服務本非遠傳電信既有「通訊業務」中的營運項目，但爲因應時代轉變、消費者需求與產業發展，此類型的加值服務領域，如今已成爲各家電信業者積極投入、努力參與的領域。

觀察台灣通訊業相關市場的產值（**圖4-4**），「網路購物業務」每年可有4,300億元之產值，「有線電視」有380億元之產值、「資訊安全服務」產值爲140億元、「固網通信業務」有720億元產值、「行動通訊」有840億元產值、「電視購物」則有510億元產值。顯見地，電信業者勢必無法單純專注於單一領域，而必得積極向外延伸營運觸角，將整合服務市場納入經營策略的布局思維。

然而，上陳之諸多領域並非電信業者熟悉的經營範疇，該如何兼顧原本領域，並進行跨領域的成功經營，是電信業者的一大挑戰。我認爲，原本電信業者僅需顧及既有服務品質，若要進行多角

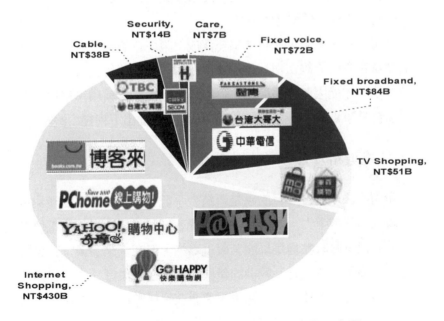

圖4-4　台灣通訊產業延伸至相關市場產值示意圖

資料來源：MIC（2010）、國家傳播通訊委員會（2011）；遠傳電信整理。

化經營布局，則必須扭轉先前的經營思維，加上跨入不同領域的挑戰，是電信業者必須學習與思考的課題；以現今網際網路（Internet）所提供的產品與服務來說，若服務發生效能問題，僅需將該內容下架調整後重新上架即可，但這樣的做法在電信網路的領域中卻無法進行同樣的操作，因將涉及到系統調整以及客戶溝通層面；所以，對於想要參加經營網際網路內容相關領域的電信業者而言，必須儘速改善既有內部處理作業流程，調整傳統的經營策略，重新思考：身處激烈變動之時代，企業應該如何因應變化？如何改善營運來跟上時代的腳步？

我認為，這些問題的關鍵乃在於「員工的適應力」，也就是「人才」層面；而另一項關鍵則是「即時因應客戶需求的改變」，亦即「消費者」層面。這兩項因素將是未來電信服務企業必然面臨之最大挑戰，重點在於找到最適合的人才與員工，敏銳掌握消費者行為轉變，即刻進行調整與因應。

換句話說，未來，通訊產業在作成決策與企劃時，必須採用迥異於傳統經營的思維法與運作模式，跳脫以往的思維框架，勇於探索與改變，才能因應整體環境的巨大變化。審酌當前環境條件，針對目前台灣通訊業者所面臨的挑戰與困境，我提出下列幾項觀點：

一、法規適用度落後於全球變化

所謂的法規制度，目的應是營造公平競爭環境，來協助產業發展、增加國際競爭力，並同時兼顧消費者權利。目前，國內電信業者彼此的競爭著眼點仍是以同業競爭為主，但在未來，競爭對象將會逐漸轉移至受法規管制較低的新興業者或OTT業者（通常為國外大型網路業者）；此外，有線電視業者在完成數位化雙向網路之建

置後，也將進一步與電信業者展開大規模的服務競爭（**圖4-5**）[5]，若是法規調整無法因應產業的快速變化，提供類似服務型態的業者，極可能受到不同法規管制與不同管制強度，使產業公平性失衡。

　　現今受法規管制較低的業者包括「網際網路應用業者」與「設備製造者」，而與受到較高度管制的業者則是「有線電視業者」與「第一類及第二類電信業者」；後兩者各自分屬於兩種不同管制強度，但面對技術不斷更新及產業匯流趨勢，網際網路應用業者必將進一步涉足第一類或第二類電信業務領域，電信業者也會跨足到設備製造業，在跨領域經營的情況下，國內法規應該進行適度彈性調整，建立合理、公平、可行的產業環境，乃當前必須思索的課題之一。

圖4-5　電信產業競爭現狀

資料來源：財團法人電信技術中心（2009）。

---

[5] 財團法人電信技術中心（2009），《數位匯流與發展簡報》。

二、固網與行動的整合趨勢（Fixed-Mobile Convergence）

固網與行動的整合能夠提供消費者寬頻、辦公室及家用市場等多樣性整合產品及服務商機，但終端設備（device）的多樣化必然會提高管理複雜度，並牽涉到網路頻寬速度與基礎網路建設等問題。

現在，國內消費者普遍期望電信業者提供更快速便宜的頻寬服務，但就電信業者立場來說，當固網與行動相互整合，該如何管理日益複雜的終端設備，以及持續的投資網路，已是一項重大挑戰；以目前國內網路資源使用情形來看，2%的少數使用者，卻使用了50%的網路資源，此種失衡造成網路壅塞，也突顯了網路資源嚴重分配不均的問題；未來，電信業者希望達到「使用者付費」之目標，進一步使網路資源之分配趨向公平原則，此等「網路中立性」議題，也正是國際關注的焦點議題之一。

隨著終端設備複雜度大幅提高，加上行動與固網整合，將促使各式終端設備間的緊密聯結，例如：各種儀器或設備，在使用上極可能都將內建SIM卡作為聯網使用，面對新型態的使用行為，電信業者必須重新於系統面、產品面、服務面等層次進行思考，找出有效管理的良策。

三、服務與內容的競爭現象

基於技術演進（evolution），使電信、傳播、資訊與媒體間的「商業模式」競爭，從既有的「費率競爭」轉變為「服務與內容之競爭」。若以同樣提供「網內互打服務」的電信業者來看，現在已無法再單純以通信費率作為客戶選擇強度的指標，而必須將眼光轉向「內容與服務之良窳」。有鑑於此，電信業者該如何整合出一套

能讓使用者確實感受到使用上高度方便的服務內容，是業者吸引消費者的首要條件！就以都已經開始提供「網內互打免費」服務的台灣大哥大與遠傳電信來說，為何有些用戶會選擇其中一者？其選擇考量為何？

　　未來，電信通訊產業的服務內容將不只限於「費率」規劃，況且，各家業者所提供的語音服務內容並未呈現顯著的差異性，因此我認為：「以客戶為導向的服務」將成為攸關經營成敗的最關鍵要素，更是創造品牌差異、吸引客戶選擇的核心元素！業者必須建立起一套能使客戶感覺使用上介面最方便、內容最符合其需求的服務系統，並且形塑起自身的品牌特色與市場定位，才能成功掌握客戶的心。

四、「雲端」商業模式仍未確立

　　數位匯流推動了「多螢一雲」的產品服務趨勢，引領「雲端」發展、「內容」為主，使「應用平台服務」成為未來競爭的核心。但目前國內所討論的「雲端」，仍著重於基礎建設面向，而最關鍵的商業運作模式卻尚未被仔細討論；我認為，「雲端產業」的競爭重點應該放在不同平台彼此間連結與服務應用，但因國內雲端平台的商業模式尚未成形，多數業者著眼於商機與賣點，卻不去思考、研發長遠可行的營運模式。

　　完整的商業模式有賴於「消費者採用意願之高低」，因目前國內相關雲端技術仍在起步與探索階段，無法具體掌握消費者使用行為與使用意願。以遠傳電信為例，為探尋消費者在雲端服務上的使用意願，透過與醫院合作，利用雲端平台開發醫療應用程式「血壓計」，讓家中的血壓機與醫院進行傳輸連結，使用者在自己家裡就能夠自行操作醫療追蹤檢查，產出檢驗報告，是雲端商業模式的一

項新嘗試。

五、網路建設為必要之策

行動終端的快速變遷，Mobile Computing及聯網時代（M2M）的來臨，使電信業者必須持續投資高額資本，來增加連網速度及頻寬品質。檢視目前國內網路建設情形，各電信業者分別已投入了不同程度之頻寬建設（**圖4-6**）[6]；但究竟未來頻寬成長的速度將會多快？頻寬需求將會多大？仍舊屬於無法掌握的未知數。

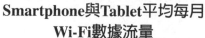

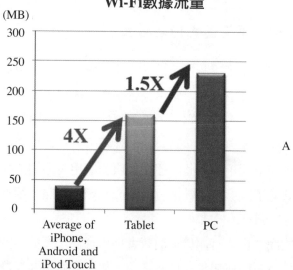

圖4-6　智慧型手機與平板電腦平均每月Wi-Fi數據流量

資料來源：Meraki、MIC（2011）.

---

[6] Meraki、MIC（2011），《行動通訊的展望》報告。

　　當連網速度及高速頻寬的需求不斷提高，電信業者在網路佈建層面，更需要預先保留一定的彈性與餘裕，來因應未來產業環境改變，提供消費者滿意的服務品質。可觀察到的是：未來，所有數位設備均將擁有各自獨立的IP——亦即目前所稱的「數位家電」（IA）；若此情況成立，則必須有一定容量的頻寬來源，方能使各個IP正常傳輸、運作。基於高頻寬容量的需求，網路設備的完善建置就成為重要的環節。

📶 第三節　他山之石的借鏡

　　面對快速變動的環境下，哪些企業可以持續生存，甚或趁勢而起？而哪些企業卻因之殞落，再無翻身之日？以下僅與眾位分享一些著名國際性企業的案例，讓我們一同探討與反思。

　　具有一百五十年歷史的諾基亞（Nokia），在2007年時，全球手機市占率高達近40%，稱得上是手機霸主；但2009年後，諾基亞卻必須依賴與微軟的合縱連橫，以與蘋果及HTC等後起之秀進行抗衡；依據目前國際市場數據，諾基亞的市占率仍不斷處於下滑當中（圖4-7）[7]，迄今仍無止跌緩升之象。

　　為何曾經叱吒一時的手機霸主竟陷入如此困境？我初步歸納可能原因為：諾基亞的手機市占率主要分布在開發中國家，以大量販售非智慧型手機取得優勢，導致諾基亞自滿於營收，未能敏察到未來消費市場的發展趨勢。另外，內容上的貧乏也是造成諾基亞競爭失利的因素之一，當諾基亞終於發現智慧型手機成為市場主流，對於智慧型手機的研發，卻不採用使用者較熟悉的Android系統，而堅持採用自家的操作系統「Operation System, OS」，與使用者習慣彼

---

[7] Nokia、MIC（2011年5月）。《諾基亞電話出貨量》報告。

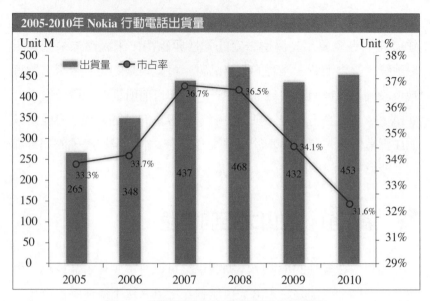

圖4-7　諾基亞電話出貨量與市占率圖表

資料來源：MIC (2011/5)，手機出貨報告。

此間造成落差，造成顧客使用意願降低，使用經驗上也難以產生品牌信任感，因管理階層的自滿，不願學習與採納新的技術，反成諾基亞落後於時代腳步的困境[8]。

　而蘋果（Apple）從1975年上市開始，至今市值已超越微軟，成為全球最大的高科技股票市值比公司（**圖4-8**）[9]。在外界一片看好的浪潮下，我們可加以思考：蘋果為何成功？

---

[8] 目前諾基亞手機主要使用系統仍以Symbian為大宗，其他尚有使用Window Mobile系統之手機

[9] Wolfram Alpha (2011). Posted on May 5th, 2011 by Pingdom, Apple now worth 5x more than in 2006 and nearly 2x as much as Google. Retrieved on Jan 03, 2013, from: http://royal.pingdom.com/2011/05/05/apple-now-worth-5x-more-than-in-2006-and-nearly-2x-as-much-as-google/

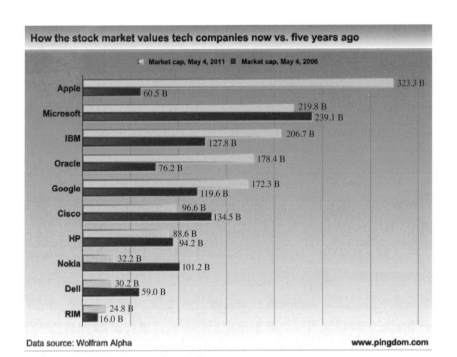

圖4-8　各高科技產業股票市值比

資料來源：Wolfram Alpha (2011).

　　蘋果所生產的手機或平板電腦，因產品品質優良，口碑相傳之下，贏得了消費者對其品牌的信任感；除了產品力優勢，蘋果行銷手法也相當出色，除了基本的廣告商品行銷，包括實體店面的裝潢配置、手機的展示架設計等細節，均由蘋果先行精心設計後統一執行，從產品設計與發售、經營目標規劃，到發行細節與空間裝潢，蘋果前執行長賈伯斯貫徹自己的美感堅持，要求自上到下徹底落實，一絲不苟的執行作風，成功打造了蘋果獨特的品牌風格。

　　此處，蘋果前執行長賈伯斯對於「追求完美」的要求與徹底執行的堅持頗值得探討，與其說賈伯斯是一位革命者，不如說他是一位優秀的整合者，將蘋果既有的資源完美整合，保留切合消費者需

求的部分，其他則一律汰除。而蘋果本身亦具備一套嚴謹的發行制度，所有產品在發行之前，均須通過嚴格的審查程序，務必使每一步驟精準無誤；從法規面切入，也能看出蘋果對自我要求之嚴謹，當新商品發售，蘋果立即針對該產品進行專利申請，善用法規來保護自家專利權益與智慧財產成果，有如向競爭同業設立了一道高牆。

最後，我們來看看台灣出品的宏達電企業（HTC），其成功是否純屬偶然？而HTC又是如何與穩座智慧型手機寶座的蘋果互相抗衡？

其實，HTC在早期時就已著手研發智慧型手機，也是最早與微軟合作Window Mobile平台的企業，縝密布局使HTC獲得良好的發展先機，得以比同業占有更多領先優勢。近期，HTC開始轉向內容研發領域，該發展策略與蘋果確實相似，故有學者認為：HTC的目標是成為一位有效的追隨者，實情也確實如此，HTC所採取的政策就是所謂的「Me 2」政策：只要是「仿效對象」進行的動作，HTC就跟著做，並從中產生自身的「差異化」特色，塑造自己的品牌風格，找出自己的獨特處，故其可在競爭激烈的環境中走出屬於自己的路。

簡而言之，我認為宏達電的成功祕訣可以歸納為以下三點：

1.挖掘發展潛力市場，大膽投資研發領域。
2.放棄代工事業，追求品牌創新。
3.運用遠見管理，結合企業發展與「行銷生存」戰略，配合優良行動力，改變市場局勢。

第四節　環境變遷與組織文化的發展與調整

　　未來的電信產業，該朝向原先設定的方向前進，或是應該依據外在環境變化，重新設定發展方向？而過去的成功經驗，是否能繼續引領企業面臨挑戰，創造價值？面對快速變遷的全球環境，電信業者又將如何因應？

一、三項關鍵能力

　　首先，我認為我們應該先思考三個語彙概念——Rethink、Rebuild、Reinvent。「Rethink」是指企業應謹慎地思考當前所處環境，辨識今昔之間的不同之處，並重新思考因應策略，檢視既有經營模式是否需因應未來變動進行調整，然後針對環境變動進行「Rebuild」及「Reinvent」，亦即發明適合企業本身組織的創新規則與創新作為，落實於實際營運策略。簡而言之，Rethink、Rebuild、Reinvent，正是當前現今企業所必須積極培養的三項關鍵能力！

　　在企業的日常營運中，往往存在著一些主觀的既定觀念，從而形成主觀的期待，但是這樣的期望未必切合外在客觀環境之變化，若是逆勢而為，往往事倍功半，但若能趁勢而為，勢必事半功倍！我認為重點在於：企業是否有辦法發現該「勢」的存在，而要能發現關鍵的「勢」，就必須要具備一定的「關照能力」，而這也是企業亟需培養的能力。

　　當外在環境迅速轉變，企業能即時觀察並掌握環境的改變，以及轉變現象彼此間的關聯，攸關企業的「關照能力」。舉例而言，當大多數用戶都在使用智慧型手機時，企業便應思考：為何用戶普遍開始使用智慧型手機？消費者透過智慧型手機能做什麼？從變動

中，觀察並得出該變化現象發生的原因與影響，這就是所謂的「關照能力」。

除了善於關照，企業也必須建構起自身的「差異化」特質，以「網內互打免費服務」為例，提供相同服務的台灣大哥大與遠傳電信，為何有用戶會選擇其中一家而非另外一家呢？原因就在於各家企業間所具有的「差異性」，導致用戶產了不同的選擇；而企業又該如何去尋求、創造自己的差異性？我認為，應該著眼於「主觀」及「客觀」兩種環境來推演，這部分也將在下文中與各位分享我的觀察。

企業的發展力與適應力，也決定了企業創新能力的強弱，但我在本文中所論述之「創新」並非「破壞式的創新」，也不是從「無」到「有」的「原創」或「發明」，而是立足於原有基礎上，再進一步加以改進創新，其成功的可能性將相對提高。因此，我認為企業應有的「創新能力」，乃指將既有事物加以內化後，尋求其他改善策略的能力，也可以說，是運用過往累積的實務經營經驗，針對既定目標或特定事物加以思考改變之策，來產生新的價值與功能；例如，目前需耗費十分鐘方能完成的某項服務，經過仔細思考、計算與流程改良後，使該項服務只需八分鐘即可完成，這兩分鐘的進步，就是一種創新！

二、七項關鍵要點

綜合上述觀察，我認為，當企業面對環境的快速變遷而進行組織文化的調整時，有七項必須謹慎考量的關鍵要點：

(一)心態

心態決定了企業組織是否願意改變，以及是否能夠承擔改變之後所產生的影響或問題，例如行政庶務、人事變動、職位調

換等等。面對諸多變動，企業必須時時注意自身組織的心理狀態
（mentality），若要充分掌握心態變化，首先，企業內部組織必須
在溝通層面達到「透明化」境界，唯有透明公開的溝通，才能協助
內部員工的心態獲致平衡。

　　另外，企業必須維持「虛心學習」的態度，只有企業願意放下
身段，學習新知，才能拓展內部員工態度的彈性空間與應變能力，
若是企業本身過於自滿，忽略了虛心學習的重要，則有可能如諾基
亞般錯失良機，所面臨的不只是單純的原地踏步，更可能遭受市場
淘汰。

(二)人才

　　企業若想長遠經營，人才乃為運作關鍵！企業該如何找尋適合
的人才？如何及早掌握未來市場趨勢，不吝投資培養人才並予以善
用？是極重要的課題。

　　當外在環境快速變遷，未來所需的人才性質與過去所需的人才
特性，可說是迥然不同，組織內的既有人才不再適用，因此如何培
養、尋找甚或創造適合企業當前需求的人才，達到「知人善任」的
目標，對企業的發展影響甚鉅。如遠傳電信目前已與許多學校建立
合作管道，以提前發掘並培養業界需要的人才，就是一可供參考的
實例。

(三)速度

　　面對外在環境的快速變動，企業更需思考如何加速組織回應
變化的速度，尤其以直接面對客戶的第一線同仁，速度更是第一要
素，無論是提供多元服務內容，或是回應客戶問題需求，速度乃是
決定客戶對服務品質滿意與否的先決條件！

　　以遠傳電信來說，為使服務更加完善，推出服務前必須經過多
次測試流程，但過程中相對地也會耗費了許多的時間與成本，甚至

錯過了產品上市之先機。當企業想要提升整體的服務與回應速度，必須研擬相對應的配套方法，並透過各種方式提升服務效能，如面對需要繳費的客戶，盡量透過自動化扣繳方式，來節省客戶時間，就是許多電信業者目前採用之實例。

(四)整合

現今，各家電信業者無不提供各式各樣的服務內容，讓消費者有寬廣多元的選擇空間，但各項服務之間多屬單獨提供缺乏了「整合服務」的概念，例如，業者在提供使用者音樂、影音服務時，卻未能提出一套能整合各項服務的綜合介面，讓用戶一進入該整合平台後，即可同步取得各種所需資訊；而也未能出現一套藉由使用記錄以預測消費者使用習慣與需求的整合策略。

企業若能善用整合服務，將提升創造商機的可能空間。假設某位用戶特別喜愛歌手周杰倫的音樂，在每次上網使用音樂服務的過程中，時常下載、聽取周杰倫的音樂，此時，如果業者能提供一個綜合介面，保存該用戶的完整使用記錄，便能掌握該用戶的使用習慣與偏好，藉此提供個人化服務來創造商機。

(五)客戶

將客戶置於核心的企業，才能創造長久經營的遠景。因此，如何回應客戶的問題、加速回應客戶的速度，並使第一線服務人員具備問題解決能力等等，都是企業必須要慎重思考的課題。

在思維角度上，企業亦需轉換立場，從「客戶想要什麼」切入思考，以客戶需求作為經營策略的核心，若是忽視客戶對產業變化的推動力量，則將於市場競爭中挫敗失利，前述的諾基亞情況正是值得借鑑的案例。

(六)創新

　　創新能力，亦為企業能否永續發展的一環，企業應該時時思考創新策略，降低成本，改良營收；未來，勢必將有更多競爭者進入市場，企業必須敏銳覺察未來環境的變動現象，縝密思考應對策略，透過創新以因應市場變化。相對來說，缺乏創新能力的企業，將因停滯不前，快速落後於整體時代，甚至因錯失轉變先機而慘遭淘汰。

(七)溝通

　　我認為，溝通並非只存在於建立企業內部的訊息管道，更必須含括「語言」溝通能力，以及與同儕、上司或客戶間的溝通情況。就企業內部組織來看，任何訊息與指示若無法在內部順利傳達，其發展勢將遭受阻礙，如前述的蘋果企業，對外界總是呈現出一種類似「一言堂」的運作模式，實際上，蘋果內部的溝通管道與訊息傳遞是暢行無阻的，上至總裁，下至基層員工，都能夠相互坦誠溝通，在上下一心、齊力前進的狀況下，造就了蘋果的傳奇故事。

三、創造「差異化」的三大策略

　　除了上述幾項要素，企業組織在環境變遷下，該如何進行組織文化的發展與調整，重點乃在於前述所提及之「差異化」！唯有創造「差異化」，才能在眾多同業中脫穎而出。以下，我從個人觀點與眾位分享──企業創造「差異化」的三大策略：

(一)獨家服務內容

　　企業應該時常自問：「我們應該如何做到差異化？」、「為什麼客戶願意接受我們的服務，而非別家公司的服務？」當企業用心探討此類問題，掌握箇中原因並仔細進行分析，將會走向「如何創

造出讓客戶接受我們的理由？」的思考方向；我認為，關鍵乃在於
——「我們可以給客戶什麼樣的獨家服務？」這個問題的答案，便
取決於「差異化」的有無（圖4-9）。

但究竟什麼是「差異化」？針對此項概念，我從下述四大面向
切入討論：

首先，企業所提供的產品及服務，必須與其他同業有所區隔，
此乃有形的（tangible）差異化。例如：蘋果生產的手機與平板電
腦，與其他品牌產品間在功能、外型與設計質感上皆具有顯著的
不同，可說是具備充分差異性的有形商品；另外，如IBM提供的
「整合服務」（Integration Service）與「顧問服務」（Consulting
Service）時，也採取了有形差異化的策略，突顯出自身的服務特
色。

其次，我們也可從感性（emotional）及直覺（perception）層面
來塑造「差異化」，目的是讓消費者對某項產品或服務產生某種特

Differentiation Categories	REAL (tangible, physical, functional)	PERCEPTION (subjective, emotional)	PIONEER/ DOMINANCE (sheer size)	IRRELEVANCE
TYPES	Inventors	Mindsets	Previous or Current Monopolies	
	Apple, IBM, Google, Microsoft Windows	ABSOLUT VODKA, MONT BLANC, Heineken, STARBUCKS COFFEE	中華電信, vodafone, i'm lovin' it, Coca-Cola, 中国移动通信 CHINA MOBILE 移动通信专家	Milka, Virgin

圖4-9　各類差異化策略以及品牌案例

定情感，創造消費者心理、購買行為與特定商品彼此間的情感連結。以星巴克（Starbucks Coffee）為例，為何有些人指名星巴克咖啡，而有些人只需要7-11的City Café就足矣？原因在於星巴克與City Café帶給消費者的情感屬於兩種迥異的直覺情感——在星巴克消費的行為，產生出某種獨特的氛圍情境，消費者便跟隨這種直覺式情感來選擇商品。

再來，「優勢地位」也是形成差異化的其中一環，假設A企業是業界中營運規模最大的業者，則A企業即具有品牌優勢（dominance）地位，可作為差異化運作策略的資本，造成強勢的品牌力，例如可口可樂（Coca-Cola）與麥當勞（McDonald）。但這並不代表其他營運規模較小的企業就因此而無法生存，因為無論營運規模大小，企業可依據各自的特色來研發差異化策略，創造出專屬的藍海策略。

最後，行銷策略也能影響差異化的形成，以Virgin企業為例，Virgin的行銷作為並無特定訴求，但是透過行銷策略的運用，也成功創造了一種與眾不同的差異化風格。

(二)形塑企業品牌

除了有形的商品與服務內容外，「品牌形象」也是企業塑造差異化的一項關鍵，可初步分為下列兩類訴求策略：

◆以傳統、概要（schematic）觀念為訴求

這類訴求策略乃指以傳統方式，透過一般的有形（tangible）的差異化與理性（rational）方式，來塑造品牌差異化；換言之，亦即單純透過設備（device）、價格（pricing）、行銷（marketing promotion）、產品與服務（product and service）等有形可見之物，作為主要的品牌訴求策略。而因為此種策略是透過傳統方式來經營企業品牌，其效果未必能如預期，也可能會因為各家業者的產品內

容類似，反易使消費者感到混淆。

◆以未來、主題式（thematic）觀念為訴求

這類訴求策略乃是運用情感（emotional）與非具體化（intangible）的方式，來塑造品牌形象的差異化，例如：店面風格設計、顧客服務方式、顧客使用經驗及網路品質等等，都是未來訴求品牌差異化的策略重點元素。

當企業已經成功塑造出自身的品牌形象與價值差異後，就必須更注重「傳達使命及承諾」（commitment）問題，如遠傳電信喊出：「只有遠傳，沒有距離」的標語（slogan），但用戶卻發現到手機在許多地方都無法撥通，仍會相信「只有遠傳，沒有距離」的品牌價值嗎？

未來的訴求策略將朝向「主題式」觀念來創造品牌形象，但所有品牌價值的建立，都需要以傳統、概要的基本訴求作為支撐點，因此，設備、價格、行銷、產品與服務，都必須切合企業建立的品牌形象，品牌才有可能站穩腳步；同時，企業思維也必須向上提升，做到表裡如一，才能成功營造「品牌差異化」。

(三)消費者使用經驗

除了品牌差異化，另一項重要概念就是「消費者使用經驗」。以席捲全球的蘋果風潮來說，產品具有高度使用直覺性，具備良好操作介面，加上蘋果努力創新、虛心學習、追求完美設計、嚴謹控管品質，種種策略均從消費者經驗面向切入，提供消費者感覺良好的使用經驗，讓消費者願意主動付出信任（trust）、創造正向口碑（good will），進而營造品牌忠誠度（loyalty）。

該如何讓消費者有更好的使用體驗？舉遠傳電信的直營門市為例，改變以往櫥窗內陳列商品的方式，將商品均設置於互動區與體驗區中，使消費者可以直接在門市中親身體驗，增加商品使用經驗

與選擇空間，提高消費者對企業品牌的親近感。

　　企業若能將消費者經驗放在首要位置，重視消費者的情感與主觀感受，並及時予以回應及互動，才能產生正向的消費者經驗，以增進品牌的說服力。

第五節　企業的經營責任──遠傳電信的經營願景與營運策略

　　本文中，我一再強調，在競爭激化、變遷快速的環境下，企業的經營策略將不能只注重謀利，更必須同時考量各個面向，例如：客戶關係、商業夥伴關係、社會責任、環境經營、經營理念與品牌價值等。企業若只求謀利，對社會及環境都將造成負面影響，我認為，企業所承擔的「社會責任」不應只是「利己」，而是更寬廣的「利他」，除了透過經營運作中達到自身目標，也應該與商業夥伴雨露均霑，共享公利，形成良好的市場競爭環境，對產業、企業或消費者來說，共享大利才是最好的發展。

　　思量至落實與執行層面，企業該如何提供產品使用安全、建立良好主顧關係、關懷員工並提升員工專業、注重員工的安全健康、參與環境保護與社會活動，都是企業履行社會責任時必須兼顧的項目。以遠傳電信為例，為落實企業社會責任，遠傳電信明訂出一套自家企業的實施原則：

1.以「生活有遠傳，溝通無距離」為經營願景。
2.根據自身營運業務與社會環境變動，勾勒出經營管理的核心價值：「誠信、創新、主動、當責、團隊合作」。
3.以「立足台灣，放眼全球華人市場，提供最優質的資通訊及數位內容應用整合服務」為使命。

4.提出「以創新熱情超越客戶期望、成為員工首選企業、創造
　股東最高價值、致力承擔企業社會責任與環境永續發展」四
　大承諾。

　　在以「客戶服務」為核心的前提下，遠傳電信除了研發、創新
優質產品，也同時致力於跨出台灣市場，放眼國際，以時尚環保與
創意責任作為主體策略，落實為社會服務，並深化為企業內部組織
的日常業務原則。

　　我曾於前文中述及：「人才」是企業及組織最大的資產，也
是推動企業轉型、向前邁進的重要力量，因此，完善的人才培育資
源、透明化的內部溝通機制與優厚的員工福利制度，是吸引優秀人
才加入企業的重要誘因。透過企業上下同仁的同心協力，遠傳電信
秉持謙虛學習的心態，因應所有的變化並靈活調整，謀求能克服所
有難題。

　　我相信，透過對服務品質的堅持，自我創新的要求、積極的
人才培育以及持續成長的動力，企業必將贏得客戶信賴，成為市場
首選，這也是遠傳電信在落實企業責任層面上的明確自覺與具體作
為。

📶 結　語

　　當科技進步推陳出新，消費者需求快速變遷，電信產業也面臨
前所未見的挑戰與機會。這些挑戰及壓力，不只來自於企業內部對
成長的期許，更來自於電信產業、IT產業、網際網路與媒體產業的
百家爭鳴。為了提升營運效率與客戶滿意度，如何緊密連結智慧終
端與軟體應用生態鏈，並面對種種法規政策限制，在在都使電信產
業不得不從組織文化開始，強化內部管理、持續學習發展、形塑企

業文化，此亦為企業經營成功與否的主要關鍵，也是企業加快市場回應速度並確保持續盈利的重要策略。

隨著全球行動上網（Mobile Internet）的蓬勃發展，資訊（Information Technology）、網際網路（Internet）、媒體（Media）等相關產業之間的界限日益模糊，產業轉型勢所難免，創新商品也應運而生，而消費者更是一股推動產業轉型（transformation）的巨大力量；身為電信服務業者，必須建立新的思維（rethink）、求新求變（reinvent），進而再造組織（rebuild）來重新站穩腳步，檢視並面對現今電信產業所面臨的市場環境、商業模式、競爭情形、技術演進及相關法令，並全方位地思索企業整體經營及管理策略。電信服務業者不應只是持續扮演提供基礎網路的「笨管子」（dump pipe）角色，而須深入思考各種匯流技術與軟體應用（application）、雲端服務的規劃應用，創造更貼近在地需求的服務及專屬品牌價值。

我始終認定：「機會」是留給有準備的人，因此，勇於接受挑戰、敢於承擔及改變的企業，才擁有能夠持續壯大生存的本錢。若能在有限資源下創造差異、藉由各項科技應用的整合、提供優質的使用者經驗、並不斷地提升服務品質，必能創造更好的客戶滿意度及忠誠度。為了在變化快速的環境中能不斷地創造機會、面對挑戰，組織文化必須從內到外整體不斷地進行檢視及改變，其中，尤以「人才培養」更是關鍵。

「人才」是企業的基石，也是企業進行整合及創新力量的來源。除了發掘、培養人才，遠傳電信更順應環境轉變，握持「生活有遠傳，溝通無距離，人生更豐富」的經營願景，提出「誠信、主動、創新、當責、團隊合作」的新企業價值。為了延續公司理念，積極戮力於人才培訓，除積極從管理及學習上發揮創意管理外，自2012年7月起，遠傳電信推動「行動學習（M-Learning）從主管做

起」計畫，並舉辦「高階主管共識營」，共同形塑未來發展的核心
理念、企業文化、品牌價值與競爭優勢。因此，不斷地透過選任、
育留的人力發展計畫，讓企業在每一次挑戰的過程中，都能有適切
的人才來帶領每一個階段的改變，也是企業能夠基業常青的關鍵因
素。

當然在追求經營成長的同時，企業也需正面承擔起社會責任，
透過以身作則，發揮號召力與影響力，引導更多人共同參與，讓社
會能夠共好。以遠傳電信來說，身為綠色企業及永續環保的一份
子，遠傳要結合行動裝置來喚起環保意識，因為「實現環保一點
都不難，投身環保也不該是一件沉重的事！我們希望藉由這個科技
發達的時代，可以透過時尚環保先驅的做法，刺激創意，鼓勵全民
隨時、隨地、隨手、隨身推廣，與地球沒有距離的實踐綠色環保，
以呼應「只有遠傳，沒有距離」的精神。未來在執行企業社會責任
時，將以「時尚環保、責任創意」為永續理念，並積極倡導綠色環
保新概念與實踐行動。

我認為：將創意融入科技，提供大眾更豐富的生活與溝通是電
信服務產業的使命。本文最後，容我引述蘋果公司前執行長Steve
Jobs的格言與各位分享——「Stay Hungry, Stay Foolish」[10]。唯有擁
抱改變、積極創新、培養人才、不斷改進，企業才能開拓前瞻視
野，創造品牌價值，在快速變化的環境中持續成長、永續經營。

---

[10] 前蘋果執行長賈伯斯（Steve Jobs）在2005年於美國史丹佛大學畢業典禮上的
演說稿。

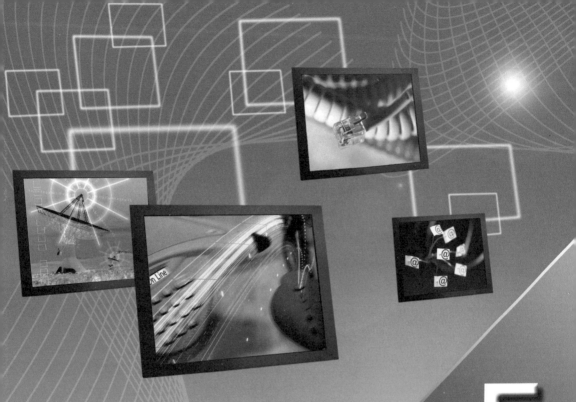

5

電信加值服務的靈活經營策略

全球一動董事長　何薇玲

經營哲學

　　在追求企業成長的同時，要保持組織的靈活性，才能在瞬息萬變的產業環境中適應與成長。生命可以創造出無限的奇蹟，對於企業未來的發展策略，不要害怕出錯，而要害怕不敢嘗試。懷抱著信念，一步步實現自己的夢想，即使錯了，也是生命中難能可貴的經驗；而這樣的經驗也會是未來成功的基石，因為有了充足的知識與經驗，必定可以領導未來。

作者簡歷

　　何薇玲，全球一動股份有限公司董事長暨執行長、首席電子商務股份有限公司董事長、台灣茂矽電子股份有限公司董事、吳健雄學術基金會董事；曾任台灣惠普董事長（包含康柏、迪吉多公司）暨美國惠普總公司副總裁、SunSoft大中國區總經理、Mips台灣分公司創辦人。

 **前　言**

　　行動加值服務是指手機除了通話用途之外的一切功能，小到發簡訊、下載鈴聲，大至視訊監控，智慧型手機更可以上網、錄音錄影等，這些都是加值服務。不止是智慧型手機，所有網路連結的產品，如筆記型電腦、平板電腦、甚至電視投影機未來都可成為加值業務的載具。人們現在對世界的認識都是以原本自有的認知，也就是說人們受已知的知識所限制。現在產出的資訊，都是經過別人處理，而我們看到的都是別人想要我們看到的，所以在傳統電信運營上，要突破以語音建立起的營利模式，將是一大挑戰。

第一節　電信加值服務的現況與發展

一、全球電信加值服務市場

　　雖然Kevin Maney在1996年便在《大媒體潮》（*Megamedia Shakeout*）一書中提到所謂的科技匯流，但實際上，一直到近年來，電信網路、廣電（有線電視）網路、電腦網際網路三網融合，才實際發生。而三網融合並不僅是科技及技術標準的融合，還包含了整個產業結構以及人才的轉移與融合，以及融合後所產生的新型商業模式。

　　目前行動通訊業者的營收，在語音服務的收入是逐漸減少，不過減少的部分並未造成整體營收下降，因為消費者還是有溝通的需求，只是轉個形式，將原本的語音通訊轉移至簡訊或是其他的加值服務上；近期則又因為行動裝置App的發展，以及免費的應用服務

出現，使得消費者的需求轉移至寬頻網路，實際上ICT的總產值實際上仍在增加，並未導致業者的投資金額減少，反而轉爲投資其他設備，帶動周邊產業的提升。

據研究機構Gartner預測，至2014年，全球語音與數據傳輸營收可望超過1兆美元，而情境、廣告、應用和服務銷售等附加服務的年產值將高達數百億，成爲行動通訊重要營收來源。

二、台灣電信加值服務市場

根據台灣有線寬頻產業協會（CBIT）在2011年兩岸廣電產業合作交流會中發表的報告顯示，台灣2012年的廣電產值將達到1,200億[1]；另一方面，據2012年雲端暨聯網電視論壇（Cloud & Connect TV Forum, CCTF）的估計，到2015年電信數位內容匯流產值預估更將達到3,000億新台幣[2]。

政府設定2012年爲台灣數位高畫質（HD）電視元年，希望2015年80%家戶可以接取100Mbps有線寬頻網路，光纖用戶數達到600萬到720萬用戶，無線寬頻用戶數達200萬到210萬戶，新興視訊服務用戶普及率達50%。

台灣有線寬頻產業協會估計可帶動的電信數位內容匯流產值與商機，加上雲端服務及技術應用保守估計至2014年市場規模將達410億元，而用戶終端設備，如機上盒、網路電視、OTT終端等產值效益未來更高達3,000億元。

加上政府已於2012年6月底陸續將無線電視類比訊號關閉，改爲

---

[1] 林沂鋒（2011）。〈數位匯流商機大 產值逾千億〉。《中央社》。上網日期：2012年9月10日，取自：http://www.cna.com.tw/Views/Page/Search/hyDetailws.aspx?qid=201109300057&q=%E7%B6%B2%E8%B7%AF
[2] 鉅亨網 （2011/10/3） http://tw.money.yahoo.com/news_article/adbf/d_a_111003_3_2t82j

全數位化播送，緊接在美、日之後關閉類比訊號，完成數位轉換工程。因數位化帶動的機上盒、液晶電視等換機潮，加上高畫質節目製作等，電視相關廣電產業總產值將可以提升至1,200億元。如果可以接著開展軟體和節目的優質化，甚至能發展到1.2兆元都不為過。這些技術升級及轉換通通包含在未來4G商業模式中。

三、電信加值服務

現在的行動通訊應用因受3G上網傳輸速度限制，已經遇到了瓶頸，若能加速導入4G行動上網，相信可以有進一步進入全新的生活型態，也會讓現有的加值服務型態產生變化或面臨轉型。在科技日新月異的發展下，傳統產業如不能突破環境轉變帶來的挑戰，會和現今報業、雜誌等平面媒體面臨相同的網路競合問題，無法因應科技進步調整的傳統產業將逐漸被替代，難逃物競天擇的命運。目前常見的電信加值服務包含：

(一)語音／簡訊（SMS）

最早的行動通訊使用的是類比的行動通訊，僅有語音通訊的功能，到了第二代行動通訊（2G）時，由於數位化的原故，使行動通訊除了語音外，還多了文字簡訊功能（SMS），接著，到第三代行動通訊（3G）的時代，除了上述的功能外，又多了連接網際網路的能力；而iPhone等智慧型手機及App的發達，語音及簡訊服務目前已逐漸被IP通訊App取代。韓國企業LINE即是最近竄起的新秀，包辦了語音以及簡訊功能，加上可愛的圖示，讓很多網路族愛不釋手。2011年6月才進入通訊應用軟體的LINE，受歡迎程度早已超越先發的網路語音通訊App Viber，加上同類型的WhatsApp仍需0.99美元的下載費用，也使得LINE的使用人數直線上升，WhatsApp應該嘗試思考再進化。

(二)多媒體／影音／3D影音

原本3G時代，由於頻寬加上設備的限制，許多網路上的多媒體及影音服務都無法在行動裝置上應用，或是只能提供解析度較低、次一級的內容服務。目前有越來越多的平面媒體跨足智慧型手機平台，例如：蘋果日報、聯合新聞網，他們分別為蘋果的iOS以及Google的Android客製化平台，並且免費讓使用者閱讀內容，還將文字轉為動態影片，為的就是期望能帶來廣告這塊盈收大餅。

(三)遊戲

遊戲一直是行動裝置上熱門的加值服務，從最早手機內建的貪食蛇、井字遊戲，到後來發展出來的JAVA手機，能夠自行下載或安裝新遊戲。就近期而言，App遊戲Angry Birds可以說是2010年最成功的手機遊戲之一，截至2012年5月，已經被下載10億次，開發的公司Rovio 2011年盈收成長10倍，達1億美元[3]。

Angry Birds的地位根本已經與任天堂的馬利兄弟齊名，在將來相信沒有多少個能取代它。Angry Birds為什麼可以下載次數達10億次？Angry Birds有什麼特別的祕密？個人認為「簡單是王道」，沒有複雜的3D界面，簡單好操控是Angry Birds的特色，也讓網路低頭族愛不釋手。

(四)監控／保全／醫療

先進國家漸漸步入高齡化社會，加上國際運輸的發達，世界地球村的概念也慢慢成形，使得遠端的溝通與視訊監控變得越來越重要。透過遠端的視訊或是監控功能，可以做到溝通情感、監控保全甚至遠端醫療的功能。全球一動身為4G行動通訊第一選擇，當然

---

[3] 鉅亨網（2012/5/11）http://news.cnyes.com/Content/20120511/KFKBTIBMNU9TQ.shtml?c=pre

也會推出符合一般消費大眾日常生活所需的App。全球一動「看個GO！」網路攝影機，搭配4G無線寬頻傳輸，免牽線，可監看任何地方，凡是智慧型手機或平板電腦安裝「看個GO！」App應用程式，即可支援語音對講，隨時遠端監看，符合遠端通訊的加值服務未來趨勢。

(五)電子商務

　　經濟部工業局估算，2010年，全球App軟體下載次數高達80億次，粗估全球營收達100億美元。在台灣許多軟體也因而相繼上市，有提供訂購速食、飲料的「行動得來速」，還有導覽台北華陰街的App，百花齊放，應有盡有。雖然他們目前都是以免費的方式開放下載，盈收不多，但如果能找出獲利模式，前景可期[4]。

(六)雲端運用

　　因為雲端的發展迅速，由於雲端的特色就是「隨時隨地存取」，因而也帶動市場對於行動寬頻的需求日益加深。目前一般的3G業者多半只能做到4Mbps下載384Kbps上傳，即使是最高速度目前也只到42Mbps下載（理論值，其實是基站內擺放兩對3G機櫃的21Mbps），不過4G目前已達到75Mbps下載，25Mbps上傳，未來還會2~4倍成長，甚至到330Mbps下載。數位匯流下較高難度的應用，如：影像電話、監護系統等需要高上傳頻寬的應用，更是只有4G做得到流暢度和普遍性，是真正的行動寬頻（**圖5-1**）。

(七)物聯網

　　大陸目前正在推廣物聯網（The Internet of Things），過去的互聯網是人與人之間連結，物聯網透過近場通訊（Near Field

---

[4] 蘋果日報（2012/1/2）http://www.Appledaily.com.tw/Appledaily/article/finance/20120102/33929778

圖5-1　4G世代全新的生活型態

Communication, NFC）以及網路技術，轉變成人與物（機器）之間、物與物之間的連接。物聯網用途廣泛，遍及交通、環境保護、政府工作、公共安全、家居安全、消防、工業監測、老人護理、個人健康等多個領域，如：鐵路、橋樑、隧道、公路、建築、供水系統、大壩、油氣管道等，也可以應用在日常生活中[5]。

(八)自動販賣機

　　日本是自動販賣機最發達的國家，許多最新、最先進的自動販賣機也都是由日本開始發展。目前日本部分自動販賣機已內建WiMAX連線能力，透過無線寬頻的功能，在面板上即時顯示販賣商

---

[5] 物聯網。上網日期：2012年7月11日。取自：http://www.moneydj.com/kmdj/wiki/wikiviewer.aspx?keyid=c414884c-d9b2-4fa1-bb73-6b7e8c23154e

品的多媒體資訊、播放最新廣告等；甚至讓自動販賣機搖身一變，成爲一個無線熱點，讓消費者機器周圍停駐上網，同時增加消費機會。

四、台灣電信加值服務發展

台灣電信加值服務，相較於其他蓬勃發展的國家，仍處於落後的局面。目前較爲熱門的電信加值服務，包括音樂（如KKBOX）、電子書，但就整體大環境而言並沒有創新性的突破，多爲業者引進國外的成功模式。而遊戲方面則是自製率偏低，仍仰賴韓國甚至大陸的遊戲開發商；博奕方面則因法規管制，少有相關服務。

另一方面，現今3G行動上網多以「吃到飽」的收費方式，也降低了營運商發展加值服務的意願。因爲即使業者擁有非常優質的資訊內容，但由於吃到飽的費率結構，使用者下載了再多的內容，對營運商的營收並無正向幫助，反而還會增加營運商頻寬的負擔；營運商並無法藉由提供更好更多的內容，獲得額外的營收，自然就沒有提供服務的意願，也讓電信加值服務無法朝正向發展，台灣由於多年來的消費者錯誤使用習慣，導致好的加值服務難以出現。

從法規面來看，台灣目前仍無法與世界接軌，主要原因就在於監管作業切割較爲零碎，我國無線頻譜的分配是由交通部負責統籌管理及配發，而監理作業則由國家通訊傳播委員會（National Communications Commission, NCC）負責，缺乏一個具備高度整合的大架構，亦即爲ICT（Information & Communications Technology）的政策方向主導，政府對於新時代的政策規劃已經與現實脫節。另外，在產業方面同樣分割得太細，法規政策的制定缺乏宏觀的視野，電信及固網業者如果要跨界經營，就會受到許多不同法規管制，例如中華電信的MOD業務。而市場太小則導致業者只能緊守自

己的領域，不讓他人參與的結果也使得自己走不出去。各業者之間無法跨業競爭、合作的結果，將會使得產業難以成長。

近期世界各國均投入大量的資源進入此一領域，政府應該加速開放管制（deregulation），提供合適的發展環境，讓業者能緊追國際腳步正向發展，掌握產業市場的時機點，至於其餘交由業者自行克服，企業會自行找出合適的出路及商業模式。通訊產業開放管制已是全球的趨勢，若主管機關投鼠忌器，過度規範，反而會使得企業綁手綁腳，無法與他國業者競爭；加上網路的全球性，國外業者不需受國內法令限制，卻可透過無遠弗屆的網路，對我國的消費者提供服務，反而讓一些創新的服務或是商業機會都讓國外企業占據，實為非常可惜。

以網路通訊App——LINE為例，由於其為外商且未在台設立分公司，因此不需受我國法令管制，因此可自由推出各式服務及經營模式，使得我國電信及加值服務業者受到相當大的威脅。由於市場經營乃是與時間賽跑，政府的管制會形成一道門檻，大幅增加業者投入的經營成本。

📶 第二節 行動通信系統的演進與應用發展

一、行動通信系統的演進

過去二十年來的行動通訊發展得十分迅速，許多通訊行動的系統與標準陸續出現，最初的通訊系統是為了滿足人們語音的需求，但隨著科技的進步，單純的語音服務已無法滿足人們，當有更多的應用加值服務出現，通訊系統也不斷演進中（**圖5-2**）。

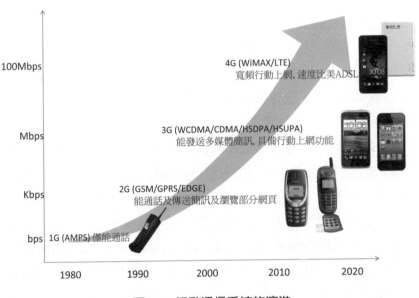

100Mbps

4G (WiMAX/LTE)
寬頻行動上網, 速度比美ADSL

Mbps

3G (WCDMA/CDMA/HSDPA/HSUPA)
能發送多媒體簡訊, 具備行動上網功能

Kbps

2G (GSM/GPRS/EDGE)
能通話及傳送簡訊及瀏覽部分網頁

bps　1G (AMPS) 僅能通話

1980　　1990　　2000　　2010　　2020

圖5-2　行動通信系統的演進

(一)第一代行動通訊系統

　　第一代行動通訊系統，為類比式（analog）的行動電話系統，其中最為人熟知的為美國於1980年所發展的AMPS系統，因此又稱為北美行動電話系統，其涵蓋範圍遍及美國全境，且有80%的美國行動電話用戶採用這套系統，而AMPS也是台灣第一個引進的行動電話系統。這是一種蜂巢式系統，其傳輸訊號以調頻（Frequency Modulation, FM）訊號的形式調變（與FM廣播形式相同，只是頻率的範圍不同）。使用的頻率為800MHz，其優點為傳輸距離長，音質好，穿透性佳，沒有回音的困擾，不過其缺點為容易受外來的電波干擾，造成通話的品質不佳、容易遭到他人竊聽通話內容及盜拷，且擴充功能差，因此已被各國淘汰。

(二)第二代行動通訊系統-2G

有鑑於第一代行動通訊系統的缺失，在1990年代，廠商便開始發展新一代的數位式行動電話系統GSM（Global System for Mobile Communications，全球行動通訊系統），也就是所謂的2G行動電話，除原本的語音外，數位化之後還能提供簡單數據傳輸（如：簡訊SMS）、傳真，以及一些加值型的服務，與類比式行動電話系統最大的差異，在於所傳送的資料已經過數位化及加密，在傳輸容量、安全性等多方面都較第一代的類比式系統改善許多。

在2G行動通訊後期，行動上網的需求逐漸浮現，電信業者也推出俗稱2.5G的GPRS（General Packet Radio Service，通用封包無線服務技術）以及2.75G的EDGE（Enhanced Data rates for GSM Evolution，GSM增強數據率演進）。它通過利用GSM網路中未使用的TDMA（Time Division Multiple Access，分時多重進接）通道，提供中速的數據傳遞，並藉由WAP（Wireless Application Protocol，無線應用通訊協定）讓手機能夠瀏覽網頁，不過由於連線速度過慢，加上業者需要另外建置符合WAP標準的網頁，所以並未造成流行。

(三)第三代行動通訊系統-3G

3G規格是由國際電信聯盟（International Telecommunication Union, ITU）所制定的IMT-2000規格的最終發展結果。原先制定的3G遠景，是能夠以此規格達到全球通訊系統的標準化，並將通訊網路與網際網路結合，不需再透過WAP就可以直接瀏覽網頁，並加快上網的速度。所有的技術提案中以CDMA為主流技術的三種標準規範最受到矚目，分別是由日本和歐洲共同推廣，最早商業運轉的W-CDMA、美國提出且深受南韓支持的CDMA2000，以及大陸自行研議的TD-SCDMA等三種系統。台灣現行的3G行動通訊是以W-CDMA（包含：中華電信、台灣大哥大、遠傳電信、威寶電信）

以及CDMA2000（亞太電信）兩種標準為主。

　　雖然1.5Mbps的速度在推出時屬相當快速的上網速度，不過由於有線上網的速度突飛猛進，加上ADSL、光纖上網的普及，消費者已經習慣8M、10M的上網速度，雖然陸續推出3.5G HSDPA（High Speed Downlink Packet Access，高速下行封包接入）以及3.75G HSUPA（High Speed Uplink Packet Access，高速上行分組接入）來改善下載及上傳的速度，但因為網路上的內容越來越龐大，使用人數也越來越多，3G行動上網的頻寬早已不敷使用。

(四)第四代通訊系統-4G

　　從2G單純語音與簡訊時代，到3G開啟視訊電話與多媒體簡訊傳輸，消費者對行動寬頻的需求越來越高，因此出現了4G（第四代行動通訊）。4G改革了3G的行動上網方式，改以全IP網路（All-IP Network）架構，構成以IP（Internet Protocol）為基礎的無線通訊系統，也象徵著電信網路與網際網路的全面融合，正式進入Internet通信時代。4G現有兩大陣營，WiMAX（Worldwide Interoperability for Microwave Access，全球互通微波存取）與LTE（Long Term Evolution，長期演進計畫），二者都被視為新一代行動通信標準，擁有高頻寬與低延遲的特性。目前台灣的4G都是遵循WiMAX標準，共有全球一動、威達電信、威邁斯電信、大同電信、大眾電信、遠傳電信等六家4G電信營運商。

二、第四代行動通訊的改革

　　4G時代語音與資料傳輸的結合與頻寬的放大將更為明顯。目前4G有兩大陣營在相互競爭，WiMAX與LTE皆被視為新一代行動通信標準；從技術標準的角度看，按照國際電信聯盟（ITU）的定義，凡靜態傳輸速率達到1Gbps，用戶在高速移動狀態下可以達

到100Mbps，就可以作為4G的技術之一。從營運商的角度看，兩種標準除了與現有網路的相容性外，4G有更高的數據吞吐量、快速、低建設及運行維護成本、高安全能力、支持多種QoS（Quality of Service）等級。同樣是未來行動寬頻技術，兩者各有擅長，但WiMAX發展較早且與TD-LTE都採用了正交分頻多工（Orthogonal Frequency Division Multiplexing, OFDM）的訊號傳輸，是以不對稱方式利用頻譜，將稀有資源優化的技術。

從融合的角度看，4G意味著更多的參與方，更多技術、行業、應用的融合，不再局限於電信行業，還可以應用於金融、醫療、教育、交通等行業；通訊終端能做更多的事情，例如：除語音通訊之外的多媒體通訊、遠端控制等。未來，區域網路、網際網路、電信網、廣播網、衛星網路等都能夠融為一體，組成一個通播網，無論使用什麼終端設備，都可以享受高品質的資訊服務，向寬頻無線化和無線寬頻化演進，使4G滲透到生活的各個方面，達到所謂的電信、電視、Internet三網融合的目標。

不管採用什麼技術，4G最終意味著能用單一手機實現基於IP的語音通話和串流媒體的通訊，它不僅能與現在所有能夠連上網際網路的設備溝通，還能利用短距離和長距離蜂巢式通訊技術來傳輸資訊。這種設備預計將使家庭和工作中的各種無線應用透過Internet連線，改變我們的日常生活方式。

行動通訊之所以從類比到數位，再演進到4G，最根本的推動力是用戶需求由無線語音服務向無線多媒體服務轉變，而政府開拓新的頻段供傳輸使用，也促使了用戶數量持續增長，同時讓頻譜能更有效的利用，並減低營運成本，是全世界都在進行變革轉型。

行動寬頻是目前電信業者與使用者的共同期待與需求，全球一動以4G WiMAX為技術，在2011年率先幫台北市政府提供市民免費無線上網熱點的服務，民眾只要上網登記，就可以使用免費的無線

網路。由於是以WiMAX技術作爲傳輸骨幹，無線熱點不需再拉線，只要解決供電的問題即可完成熱點架設，因此在非常短的時間內就完成了數百個無線熱點的佈建，讓系統準時上線，並在不到一年的時間內，創造了超過800萬的體驗人次，還打造了近800台的熱點公車，讓台北市民可以一邊搭公車一邊上網。

2011年日本311大地震，3G通訊服務癱瘓，民眾只能使用固網，在公共電話大排長龍，當時有許多民眾利用流動的上網熱點，更有效的讓民眾與親友聯繫。

4G也可以減少資源的浪費，2G和3G需要龐大的電纜線，且價格昂貴，又占空間。而4G電纜使用精省，降低汙染。提高「效率」，就是更有效的利用頻率。

4G基地站跟2G或3G的基地站比起來更節能減碳，所占據的空間更是小了許多。每個4G基地站一年耗電量爲8,760瓦（24瓦／天），而每座2G/3G基地站一年耗電量爲89,615瓦（245.5瓦／天）。而這些耗電帶來相當大的汙染，每小時消耗1瓦的電力，就會排放0.62公斤的二氧化碳，也就是說，用4G取代3G之後，每年每個基地站可減少50,130.1KG的二氧化碳。台灣目前估計有50,000台2G/3G基地站，若改採用4G基地站，「每年」將可減少2,516,505噸二氧化碳排放量。而且由於頻寬夠，一個4G設備就可以提供家裡所有的裝置共享，如：電腦、手機、機上盒等。未來等智慧電視開始普及，還可提供電視使用，達成4G行動世代的四大理念：環保、經濟、寬頻和行動。

表5-1爲下載100MB檔案4G WiMAX及3.5G系統所需的時間比較，3.5G下載100MB檔案所需時間約爲4G WiMAX的10倍，換算起來，使用4G傳輸可省下近75%電力及時間。4G的傳輸速度和光纖速度相當，可見是行動寬頻的最佳解決方案。

表5-1　4G和2G／3G傳輸時間的比較

	4G WiMAX 802.16e	3.5G HSPA
下行峰值傳輸速率	75Mbps	7.2Mbps
預估所需下載時間	15sec	111sec

🛜 第三節　台灣無線寬頻服務的利基

一、台灣無線寬頻服務

提到4G，不免就有WiMAX與LTE的論戰，有人甚至擔心台灣在WiMAX的投資。LTE其實又分為TD-LTE與FDD-LTE兩種，皆是3GPP同一標準下的兩個分支。TD-LTE是由TD-SCDMA演進而來，採用TDD（Time-Division Duplex，時分雙工）技術，WiMAX也採類似的技術，用同一個頻段提供上傳和下載服務；此外WiMAX與TD-LTE都是使用正交分頻多工（OFDM）的射頻接收技術，兩者間的底層技術有高達八成的相似度，而FDD-LTE則用FDD（Frequency-Division Duplexing，分頻雙工）技術，與GSM系統運作方式一樣，是有兩個頻段各自負責上傳和下載。

TD-LTE具有的優勢，包含的上傳及下載資源配比較靈活、應用先進的信號處理技術、靈活的頻譜解決方案等。對於電信商來說，採用何種技術，端看的是技術本身與終端設備的成熟度。WiMAX技術發展較早，成熟性及穩定性都較高，且終端設備種類多元，另一方面，WiMAX也促進了LTE的發展，兩種好的技術互相砥礪，最終

受益的就是千百萬的使用者。未來我們看好兩種OFDM技術結合一起推動頻率更有效的使用，即TDD技術。

從**表5-2**來看，針對WiMAX與LTE的基站，在硬體部分許多是百分百相容，如雙邊需要接軌，只需要將軟體改版即可，這對電信營運商而言是一大福音，也是消費者的福音。

WiMAX預期和同樣以OFDMA（Orthogonal Frequency Division Multiple Access，正交分頻多工存取）基礎而延伸的TD-LTE在未來商轉後，都將可達到頻寬超過100Mbps以上的傳輸率。

任何電信商對於未來的技術與消費者的需求絕對是順勢發展的，全球一動在規劃基地台規格時，便採用具有「原機加板」、「原機換板」等兩端展延性的設計，此一優勢將保持企業不論在任何演進中皆保有優勢。

至於又有各種技術分頭進展的LTE，FDD-LTE分頻雙工技術在

表5-2　WiMAX與TD-LTE基站相容度

WiMAX元件	TD-LTE相容度	備註[6]
GPS接收器	100%	
天線	100%	
RF跳線	100%	
RF模組	100%	需更新軟體
光纖	100%	
電源供應器與轉接頭	100%	
IP轉接器	100%	
ASN-GW	100%	需更新軟體

[6] 內容由設備商三星、華為提供。

國外雖較邁向成熟，但還是得等台灣2G頻段全面收回後，才有發展與使用的空間。中國移動與Qualcomm力推的TD-LTE，在晶片設計上還是稍嫌落後，普遍尚欠缺向下相容3G技術。

二、機器對機器溝通（Machine to Machine, M2M）

近幾年，隨著網路應用服務的多元化，大家經常聽到網際網路通訊協定第4版（Internet Protocol version 4, IPv4）位址即將枯竭，IPv4的位址格式是採用32位元長度，位址能提供2的32次方個，換算後約42億個。雖然IPv4有這麼多IP位址，但依舊即將消耗殆盡，由此可知道人類是多麼需要網路應用服務。也因為IP位址即將用盡，網際網路通訊協定第6版（IPv6）應運而生，IPv6的位址格式則採用128位元長度，其位址能提供2的128次方個。它所能提供的IP位址，遠遠超過IPv4的數量，預估能讓地球上每個人都分到100萬個IP位址，或是地球上每平方公尺面積皆提供一千多個IP位址。也因為未來的IP位置多到不可能用盡，網路應用服務不再有任何限制，未來寬頻連結不再只限於人對終端設備，而可以加上機對機，我們會看到應用面普及到機器與機器互動的世界。

從圖5-3可看出4G無線寬頻的成熟而呈現爆炸性成長。現在人機之間是單一的溝通方式，例如：我們設定冰箱、微波爐、監視器，但未來會是由你的手持行動裝置視你的需求自動設定冰箱、微波爐、冷氣，屆時將會是M2M的世界。因為M2M的中間不需有人，所以系統、網路的穩定性要求很高，從搭捷運的悠遊卡到高速公路的ETC，或是NFC都在M2M的範疇內。

M2M市場需求自從2009年開始萌芽之後，其發展時程大約可以

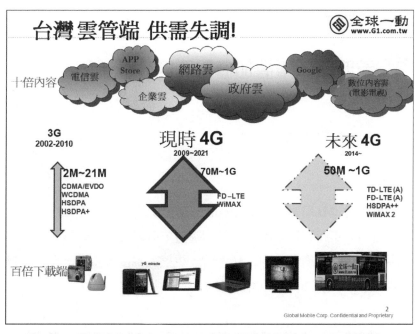

圖5-3　IP位置的增加，讓4G無線寬頻可提供更多「雲」的服務

分為三個階段[7]：

1. 導入期（2010~2015年）：著重於關鍵技術與系統解決方案研發，制定M2M標準及介面、導入新穎技術、進行各項場域測試。

2. 成長期（2015~2020年）：著重於各項大規模商用網路佈建及其效益分析。

3. 成熟期（2020年之後）：進入全面推廣及應用，資金將大量投入，呈現蓬勃發展趨勢。雖然目前只是在導入期的階段，但是已經引起全球產官學研各界的高度關注，其具有兆元級

---

[7] 高淑華、許亨仰（2012）。〈M2M最新系統解決方案應用與發展趨勢〉。《網路通訊國家型科技計畫簡訊》，35，頁12-17。

的通信業務果然不容小覷。

📶 第四節　電信加值服務的經營策略

一、加值服務市場

(一)日本

　　根據日本軟體銀行（SoftBank）所提供的數字，日本行動語音通訊從2007年起開始呈現負成長的趨勢，但同時間，數據通訊則是呈現穩定成長的趨勢，到2010年時，更達到2兆2,900億日元，超越了語音的營收2兆200億日元（**圖5-4**）。

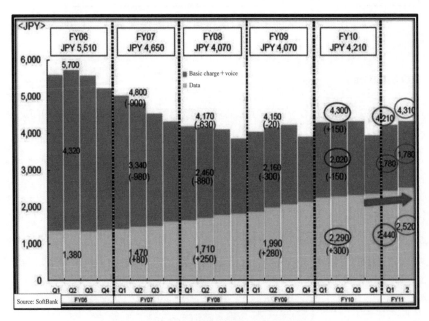

圖5-4　日本軟體銀行數據與語音營收

(二)台灣加值服務市場

　　據經濟部的統計，台灣數位內容產業在2011年的產值約6,003億新台幣，其中行動應用的部分占40.04%，約731億新台幣。據NCC 2011年第二季資料顯示，台灣行動上網帳號數為2,059萬；而資策會FIND針對2011年寬頻數位影音服務調查則發現，透過電腦、遊戲機、手機、電視等進行線上觀賞、互動或離線觀賞下載節目或影片服務者已超過580萬人，其中使用智慧型手機約有9.1%。

　　消費者對於網路的需求，已逐漸轉向行動網路，智慧型手機、平板電腦等設備的普及，以及越來越快的產品性能，增加了消費者使用行動上網的意願，更帶動加值服務的蓬勃發展。

　　以台灣的加值服務而言，十年前各大電信公司原是不投入發展，但目前開始注意到日本軟體銀行在2010年時，語音的營收已經落後數據。台灣電信公司的解決之道是，學蘋果電腦作類似App Store，推出各自的軟體市集；例如：中華電信的Hami市集、台哥大的麻吉市集、遠傳電信的S市集等。但爭相做軟體市集是否能解決問題？因為電信公司的軟體市集是以載具為基礎（carrier base）的軟體市集，會受到許多限制，同時關鍵的平台技術也掌握在其他公司手上。

　　因此未來電信公司一定要結合IT產業一起發展，同時也不要限制在單一平台使用的App，而是要推出開放平台，這樣才有機會吸納最多、最優秀的應用到平台上來，同時結合硬體廠商，形成新的產業鏈與價值鏈，讓產業朝正向發展。

　　IT成功的相關案例，如Google的平台就是一個可被大家學習的方式（圖5-5）：

1.在各種產品之間遨遊（圖5-5左）：不論是搜尋、社交軟體、聊天軟體，每一個客戶喜歡與習慣用的產品是不一樣的。如

統一的政策及 Google 整合式服務

我們已於 2012 年 3 月 1 日針對《Google 隱私權政策》和《服務條款》進行全面更新。我們淘汰了 Google 全部產品中超過 60 項不同的隱私權政策，統一改用更精簡、易讀的版本。新版政策和條款涵蓋多項產品和功能，呼應 Google 訴求簡約、符合直覺的產品設計理念。

事關您的權益，請務必撥冗詳閱新版的《Google 隱私權政策》和《服務條款》，並前往常見問題進一步瞭解異動內容。

在各項產品之間輕鬆遨遊

我們的全新政策反映出 Google 訴求簡約、符合直覺的產品設計理念，可隨時滿足您的需求。您正在閱讀提醒您安排家庭聚會的電子郵件？還是正在尋找最喜愛的影片進行分享？只要登入 Google，您就能在 Gmail、Google 日曆、Google 搜尋、YouTube 或任何日常生活所需產品及服務之間輕鬆遊走。

為您量身打造

只要您登入 Google，我們就能根據您在使用 Google+、Gmail 和 YouTube 時所透露的喜好，為您提供各種服務，例如提供搜尋查詢字詞的建議，或顯示最符合您需求的搜尋結果。透過各種線索，我們將更瞭解您最想搜尋的是關於哪款名車的資訊，從而提高相關搜尋結果的排名。

輕鬆分享與協同合作

當您在線上發佈或建立文件時，多半會想讓其他使用者查看或是參與編輯。我們會記住這些分享對象的聯絡資訊，藉以簡化所有 Google 產品或服務的分享流程，協助您輕鬆分享，並降低出錯的風險。

圖5-5　Google的平台

果真的為每一個人的需求去打造「雲」，客製化私人雲是永遠不夠用的。

2.量身打造（**圖5-5中**）：雲端的資源有限，最佳的解決方案就是為將最大宗使用的產品集合在一起，符合90%的人的使用需求。

3.從Google目的（**圖5-5右**）：如要做到輕鬆分享與協同合作，還是要走符合大眾需求的，大量化的解決方案。

　　加值服務的發展方向應是各大電信公司的雲端內容可以互通，我們應鼓勵各大電信業打開閉鎖效應，共同推動開放標準。例如：謀智基金會（Mozilla）計畫推出的HTML 5開放標準市集，以及B2G（Boot to Gecko）開放原始碼手機作業系統等。透過開放平台擺脫關鍵技術被國外企業把持，業者必須不停地支付權利金或是上架抽成費用的現狀，建立起屬於台灣自己的電信生態系（eco-system），

並加以擴大、移植或是延伸到國外去（圖5-6）。

　　另一方面，電信業應該著重在自身擁有的幾項優勢下推廣服務，一起把市場做大，電信業擁有的優勢有三：

1.用戶資訊：台灣電信業加起來幾乎擁有了所有的人口的資訊，在不違反個資法的狀況下適當的使用資訊，有機會透過客戶關係管理（Customer Relationship Management, CRM）提供截然不同的服務，類似個人的VIP服務或是政府服務的代辦、小額付費等。

2.最後一哩：電信業的頻譜是有限的資源，而且是其他Internet服務無法競爭的區域，最後一哩的服務將是電信業最後的優勢，但目前上網吃到飽與不斷下降的語音通話費，讓這部分優勢被矮化了。利用最後一哩提供獨特的服務將會是電信業取回加值服務戰場的一項重要要素。

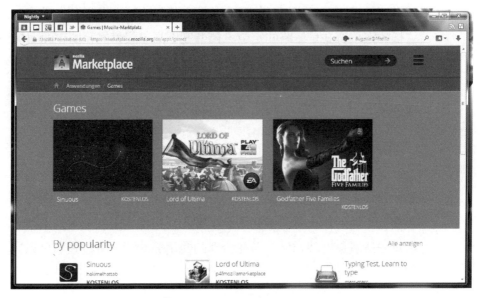

圖5-6　Mozilla Marketplace

3.定位服務（Location-Based Service）：電信業者特有的資源是透過基地站的定位，善用這樣的資源可以提供用戶使用非智慧型手機也可以參與現有Internet上的定位服務，畢竟目前非智慧型手機的數量還是遠超過智慧型手機，在這過渡期間，還可以用這樣的替代方案來增加加值服務，而且Internet上的定位服務應該會樂見於這樣的合作方式。

　　電信業的加值服務應該掌握自我優勢，瞭解不足之處，與IT業合作，讓雲端內的內容更豐富、讓更多使用者能使用。

二、未來電信業的加值服務

(一)定位服務

　　定位服務是目前電信業擁有的獨家資源之一，而且這是僅有電信業者本身才可以使用的資源。透過不同基地台的接受訊號的時間差進行計算，而算出用戶的所在位置。但這方法有其不利的地方，這樣的定位方式是概略的定位，精準度不高，誤差的範圍在50~100公尺左右，這樣的定位是無法作為導航的用途，但適合作為周邊訊息的介紹，所以許多電信商利用這樣的方式來進行LBS廣告簡訊的傳遞。

(二)用戶資訊

　　在談到使用用戶資訊這件事時，不得不考慮它有相當多的限制。電信業是受到個資法管制的一個行業，有妥善保管個人隱私的義務，不能將個人資訊洩漏給第三方。在這樣的限制下電信業不太願意去碰觸這一塊領域，但在合理的使用範圍下，有這幾項可以操作：

◆帳單廣告

在電信帳單中夾帶廣告，這服務已經行之多年，總是會看到帳單中包含著電信公司自己的廣告、加值服務的推廣、異業結合的宣傳，這模式已經相當成熟，但用戶感覺到這就是廣告，效果如何實在是很難界定，尤其現在在拿到DM的機會很多。是不是抽起帳單後，其餘的都進了廢紙簍就不得而知了。電子帳單崛起後，郵件中的廣告效果不確定性更高，導致這方面的廣告收益會相對的減少許多。

◆代收費用

透過手機代收費用的模式已經執行許多年了，小額付費是線上遊戲的付款項目之一，電信公司的小額付費優點是付款方便、可以馬上確認，但缺點是電信公司要承擔風險。但從服務的角度來看，把這一個服務升級利用其收費方式簡便，與信用卡公司合作，共同承擔風險來提高部分用戶的手機付費額度，應該可以把消費金額向上提升，讓手機變成信用卡，提高消費的便利性。

◆社群經營

電信公司掌握了精準的用戶資料，在申辦的過程中每個電話都是實名申請的。網路上實名制的服務越來越多，其實可以透過電信公司來進行身分的認證，Internet服務可以透過驗證用戶的電話，來確認帳號的擁有者。如WhatsApp就是透過實體電話號碼搭配簡訊回傳的方式來驗證帳號。

當然電信公司得小心的使用用戶資訊，妥善使用這些資訊可以讓電信公司鞏固自身業務，但不謹慎使用反而會造成用戶的反感甚至觸法。用戶的資訊是一把兩面刃，電信公司應該好好利用這些資訊來增加自身的價值。

◆小額付費

　　蘋果在Apple Store在2011年4月開始銷售袖珍型信用卡刷卡機
（Square Credit Card Reader），這表示行動刷卡的時代到了，Square
是個創新的刷卡服務的好例子，今天能夠讓Apple採用，也就是說在
行動刷卡在這市場上獲得正面肯定，相信之後支付的競爭會更加的
激烈。

　　過去電信公司提供的小額付款有諸多限制，商家需要先向電信
公司申請，僅有該電信的用戶才可以使用小額付款，在金額方面又
有消費的上限。相較於行動支付使用信用卡的靈活度就高了許多，
利用這刷卡裝置透過手機的網路傳輸，就可以進行信用卡消費，不
管是在路邊攤還是大飯店都可以用刷卡來進行消費了。

　　Square這家公司推出行動刷卡引起的這波浪潮，席捲的絕對不
僅僅是電信產業的小額付費，這樣的收費方式顛覆了過去信用卡的
使用習慣，只要申請Square的服務，就可以透過手機向人收費，雖
然收取較高的手續費，但便利性是過去無法取代的，攤販、勞務性
工作、零售產品都可以利用此機制來付費。

　　目前台灣大量被使用的小額支付就是悠遊卡及7-11的iCash，各
有其通路的優勢，但信用卡的支付範圍擴大勢必會影響他們原來支
付的市場占有比例，壓縮到未來發展的空間。尤其行動服務的開發
是近幾年的發展趨勢，目前已經有許多創業團隊都對於行動支付有
興趣，也在積極的開發中，悠遊卡與iCash如可進一步整合，面對這
多變的市場上網路可是最靈活的操作方式。

第五節　App熱潮

　　根據IDC統計，2010年智慧型手機全球出貨量累積達3.026億支。放眼未來，智慧型手機的成長只會增加不會減少，App的熱度也只會增不會減，App的商業模式可分為以下幾類。以下有關商業模式圖解的表現方式，引用此類商業模式的重點不僅鼓勵發展App軟體，讀者更要思考產品和商業做結合，或做搭配出售。增值服務本來架構於硬體上，因為Internet而可擴展到虛擬商品上。

　　蘋果iTune App在2011年時預測到2015年全球下載量達480億次（圖5-7）[8]。但根據報導，2012年2月已達250億次，金額為80億美元。電信公司可以靠App增加營業額，也可以在使用方便和頻寬上增加客戶滿意度。

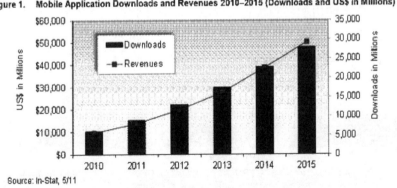

Figure 1.　Mobile Application Downloads and Revenues 2010–2015 (Downloads and US$ in Millions)

Source: In-Stat, 5/11

圖5-7　行動應用軟體下載數量與產值預測

---

[8] 丁于珊（2011）。〈觸控面板刺激App下載量2015將達480億次〉。上網日期：2012年4月12日。取自http://www.ctimes.com.tw/News/ShowNews.asp?O=HJV7J9RORFISAV0MNY

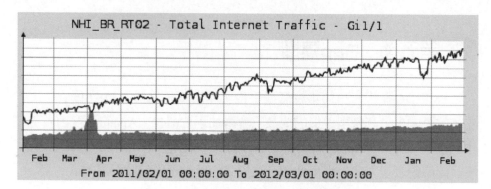

圖5-8　全球一動用戶使用總流量曲線圖

　　針對使用者使用網路狀況的一些調查結果，由數據可見微知著，人不分男女，對網路、對無線寬頻的需求程度越來越高。根據**圖5-8**明確顯示全球一動的顧客每一人使用量在二十四個月之內已成長到3倍。

　　表5-3為2012年2月統計當月使用同一個網路帳號，在多個不同的設備上使用網路的時間和天數，可以看到花最多時間上網的使用者，全年的累計天數加起來占了將近一年的三分之一，由此可見，網路如同水、電一樣已成為民生必需品。

表5-3　全球一動2012年2月當月使用天數前五名全年上網時數

No.	OnLINE hours	OnLINE days
1	2,480.64	103.36[9]
2	1,440.96	60.04
3	1,432.8	59.7
4	1,411.92	58.83
5	1,408.8	58.7

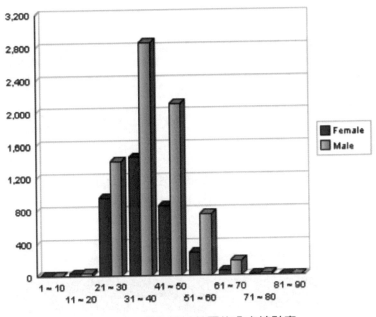

<table>
<tr><td></td></tr>
</table>

圖5-9　全球一動上網年齡層的分布統計表

　　從2001年上網年齡層和男女比例的統計圖表（**圖5-9**）中可以看出，上網的年齡層以21~50歲的人數最高，占全部上網人數的八成，而上網的男女比例也從2010年的9比1，到近期2012年2月已漸漸成為4比1，女性上網的人數有越來越高的趨勢。

　　再參照**圖5-10**通訊服務和WiFi服務、手機使用狀況統計可發現，我國實際上網性別、年齡與使用量和美國的統計比例趨近一致，證實台灣的行動上網需求日漸增加，符合國際趨勢。

　　由**圖5-10**以及**圖5-11**可得知，不同的行動裝置針對不同的上網方式比例是有差異的。以平板電腦來說，大部分的人使用WiFi來進行連線，但如果是手機，那麼倚賴WiFi的比例則大幅下降。

---

[9] 重度使用者申請多重Session用戶ID，分別為家用、隨身攜帶型和USB網卡。

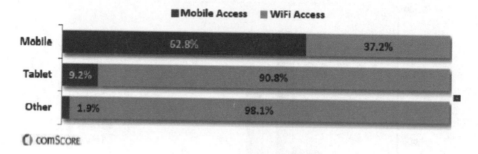

圖5-10　裝置的連線方式(一)

資料來源：comScore Device Essentials, U.S., August 2011.

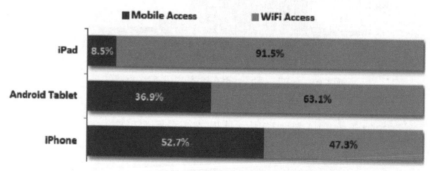

圖5-11　裝置的連線方式(二)

資料來源：comScore Device Essentials, U.S., August 2011.

　　如使用的行動裝置爲手機，只有二成五（24.9%）的人會純粹把它拿來打電話，或多或少都會再拿來發送簡訊（25.5%），近五成的人會以智慧型手機來使用各種多媒體服務。同時除了語音通訊、文字簡訊或語音簡訊（voice mail）外，將近一半的手機使用者，將手機當作上網的工具（圖5-12）。

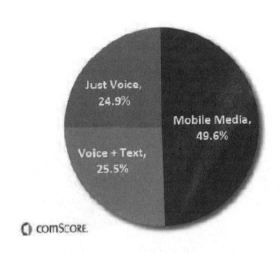

圖5-12　美國手機使用狀況分布圖

資料來源：comScore MobiLens, U.S., 3 mon. avg. ending August 2011.

　　從以上圖表中可以發現，人們現在透過行動裝置筆記型電腦、智慧型手機、平板電腦等上網的需求確實增加，如行動電話已不再只是通訊工具，因連上網路，已有更多、更強大的功能。**圖5-13**為使用年齡層和性別的分布圖，由圖中可以看見，目前智慧型手機使用者雖然仍以男性使用者較多，但差距已縮小，由於科技產品的特性，男性多為早期使用者，女性多為中期使用者，顯見智慧型手機已進入流行期；同時在使用的年齡分布上，以25~45歲消費能力最強的青壯年為主，可見這個市場未來有十分驚人的潛力。

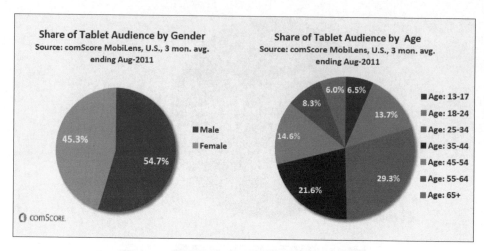

圖5-13　美國手機使用者性別與年齡分布圖

資料來源：comScore MobiLens, U.S., 3 mon. avg. ending August 2011.

第六節　管理理論及風格

　　全球一動在電信產業市場上，相較於其他公司而言，是比較年輕的公司。同樣的狀況也反應在員工年紀上，員工平均年齡大概只有32歲、33歲，因此反應出來的形象就是反應快速、年輕敢衝，讓全球一動在電信產業內能以快速的反應速度，迅速成長。在產業界出現了新的產品或是技術，也會要求公司同仁儘量在最快的時間之內評估產品及技術的發展性，並快速地給予回應；在決策角色上，則會時常檢視組織內部及外部的潛藏商機，透過跨領域的結合及衝擊，帶動公司運作的創新變革。

　　目前市面上可見的4G裝置設備，我們大多是領先同業推出，包括IPTV、VoIP服務等。前一陣子，當所有WiMAX業者都還將主力設備著重在電腦所使用的網卡、行動熱點時，全球一動就已經放眼

到智慧型手機上，與設備廠合作，領先業界在國內推出3G+WiMAX雙模手機——7G Miracle。這項創舉不僅帶動市場成長，同時也協助原本只會製作網卡、隨身路由器的台灣設備廠商有了設計及生產手機的經驗，未來有機會切入手機市場，推出更新的產品，促進對方的技術升級，也強化台灣在資通訊產業的競爭力。

雖然比起三大電信業者，敝公司規模不算大，但知名的品牌顧問Martin Lindstrom曾說：「千萬不要低估小公司。正因為小，因此具備三大優勢——快速靈活、勇於嘗試、親近顧客。」這也與個人的經營理念不謀而合。

我希望這個公司可以帶給社會最多的回饋，現今其他的業者不管是寡占或是獨占，基本上都還是以公司為主，而我們則持相反的想法，一切以消費者的需求為重，來加以配合。

在領導溝通上，一直以來都很重視與下屬的持續溝通，近期更因應產業的變化，在溝通之外，更要求效率與靈活。在公司裡每個員工都需要將自己放在經營者的角度思考，才能凡事快速反應，主動出擊。

我現在最強調的就是「快」，因為要跟時間賽跑。這種快是給予指示的快，不要再花太多的時間在來來回回的確認，只要目標對了那就趕快去做，不怕犯錯，只要我們再做持續的溝通，沒有什麼錯是沒有辦法彌補的，只要有共識就可以了。但要做到快速與勇於嘗試，很重要的一點，就是包括自己在內的主管要學習做得更少，而非做得更多。主管在設定完方向、目標之後，應該退居幕後，讓下屬在舞台上盡情發揮，頂多在方向偏離時，略為指引即可。

不過要做到這樣，另一方面，則是要讓員工清楚的知道，公司需要他展現什麼樣的能力、達成什麼樣的目標，也就是所謂的「目標管理」；目標清楚了，員工才知道怎麼主動積極地前進，也才明白經營者的態度是什麼，才能夠朝目標邁進，不至於偏離航道；同

時，瞭解公司的既定方向後，員工就會知道該在顧客面前呈現怎麼樣的形象，每一個員工都可以成為公司的形象大使，能愈親近顧客，傾聽顧客的聲音，進而回饋給公司，成為正向的循環。

在用人的策略上，由於同仁年紀大多比較輕，因此員工在工作上的態度是最重要的，在這個領域當中，變化日新月異，持續的進修及努力是作為提升自我最為關鍵的一點，缺乏不斷的努力進步，就可能被淘汰。

最後，績效管理對於一家新公司是一個很大的挑戰，一方面要對外推廣宣傳，另一方面又要收支打平，因此，公司的獎勵制度如何設計就成為一個非常重要的議題。目前我們正規劃如何讓獎金占有員工薪資一定比例，讓員工看見公司目標與個人績效之間的關係，或是讓每個要推行的計畫，本身成為獎勵基金或是紅利的來源，將公司和員工個人利益結合在一起，讓公司的事與員工息息相關，員工自然會努力增進績效。

📶 結　語

現在是個日新月異、多變萬化的時代，網路英雄推陳出新。舉個例子，Facebook在六年前成立，現在已經成為全世界最大的社群網站，擁有無限商機。還有更多成功的例子如YouTube也持續輝煌了五年、Yahoo已經發光了十五年、Google也有12歲了，另外，發展了三年的4G，也朝向成功之路不斷邁進。

從2000年的網路1.0到2.0，網路更加蓬勃的發展勢必會衝擊到更多目前現有的產業，音樂、電視、電影、書籍等均從2000年後受影響，甚至蕭條，但有些知道求新求變的產業，例如音樂，卻因為不畏懼潮流，抓緊線上下載熱潮，iTunes從2003年上市以來，售出150億首歌曲，稱霸西洋流行音樂市場；至於東方流行音樂市場，中國

移動2010年音樂加值服務收益高達新台幣206億元，日本KDDI線上音樂服務LISMO營收也有3.6億美元（約新台幣105億）。

　　危機就是轉機，當大趨勢來臨，唯有改變自己，順應潮流，才可以創造出自己無限商機的未來。把你的手機換成智慧手機，重新塑造一個新的未來。

參考書目

經濟部工業局、經濟部數位內容產業推動辦公室（2011）。2011台灣數位內容產業年鑑。

6

無線電視的應變經營策略

中國電視公司總經理　李泰臨

經營哲學

　　腳踏實地，敏察變化。

　　媒體生態詭譎多變，不時會面對許多風險與挑戰；身為專業經理人應抱持腳踏實地、知易行難的態度，務實地做好一切準備。而電視是通向觀眾的一扇窗，對決策主管而言，需具備敏銳的判斷力與犀利的眼光，再加上親力親為的精神，才能讓窗外的景緻變得更加美好。

作者簡歷

　　李泰臨，日本亞細亞大學法學碩士，電視產業資深經理人，從業經驗橫跨無線電視、有線電視、衛星電視等媒體平台。曾任中華電視公司企劃部、節目部、新聞部經理及總經理室協理；東森媒體集團副祕書長、東森電視資深副總經理等職，現任中國電視公司總經理。

 **前　言**

一、電視時代的來臨與轉折

　　1962年，台灣首家無線電視台——台視正式開播，電視步入千萬民眾的生活，迄今已屆滿五十年。

　　二十世紀後期，國內政治走向民主開放，結合快速成長的經濟實力，帶動整體社會多元發展。自90年代起，媒體政策及法令趨向日益鬆綁，電視頻道亦如雨後春筍般快速增加，經由不同的上架平台及傳輸方式，成為傳媒市場的主流。

　　在早期，台視、中視、華視三家無線台，因經營高層均非傳媒專業，官方色彩濃厚，加上長期處於獨占性市場的保護傘下，使無線電視台滿足現況，對於未來趨勢轉變錯失察覺先機；初期，當有線電視、衛星電視出現時，無線電視台仍基於亞洲鄰近國家地區之無線電視依然掌握經營優勢，故未能即時思考對策；爾後，對於有線電視及衛星電視新設頻道的營運模式，未能充分瞭解時便止步不前，1997年，台視設立的有線電視頻道「台視衛星冠軍頻道」（CTTV），開播兩週後停播，就是無線電視台無法及時應變的例子。

　　隨著社會型態日益開放，民眾對資訊與娛樂的需求愈來愈變化多端，大大超過傳統媒體的想像；待發覺江山變色時，無線電視台開始逐年削減節目製播和人事管銷成本，但此法仍難以彌補廣告市場占有率直落而產生的巨額損失；在營運模式上，無線電視台於外礙於法令限制，於內則缺乏轉化革新的認知，對長年自身積累的資源，未能明確地運用規劃，導致坐吃山空的窘境。

　　另一方面，民營電視業者在台灣電視產業生態結構上，扮演起主動革新的領導角色。就民營業者背景來看，有從非法「第四台」就地合法，順勢轉型為有線系統業者，部分甚至成為頻道經營者；當民營業者握有傳播通路與平台後，從節目類型、內容方向、製作成本、播出方式到人事組織，在經營管理的每一層面，均向無線台的傳統思維正面提出了挑戰，此外，民營電視更使出積極挖角的策略，使無線電視台流失了大量製作主管、專業經理及基層工作人員。

二、時代巨輪下的轉型策略

　　台灣各家媒體收視率的調查結果，因其產生機制及每日發布的現象，長期影響著廣告主、媒體採購商、經營決策者的決定，也左右著電視節目內容的製作與播放，對媒體生態的變化握有極大影響力。當有線電視系統的經營版圖逐日擴大，掌握了頻道能否上架及位置（頻位）的決定權，就有如節目頻道的劊子手。主要因為節目頻道的收視涵蓋率、觸及率、定頻狀況，都是影響收視率甚鉅的元素，簡言之，沒有收視率便等同無利可謀。

　　回頭來看，無線電視台身處有線電視系統中的「一台」，營運上自然必須遵循既有的市場規則；而政府近年推動全面數位化政策，無線電視台被期許擔任數位媒體時代的「領頭羊」，且不論長期虧損的經營情形，無線台對自身定位尚處於摸索階段，更難以擔當此「領頭羊」任務。

　　台灣目前共計五家無線電視台，包括：台視、中視、民視、公視與華視。前三家電視台均為民營公司，公視、華視隸屬公廣集團，然華視營運上必須盈虧自負。面臨百家爭鳴的時代環境，無線電視台必得考量自家經營條件，思索突圍策略。從此角度切入，我

認為身為無線電視元老成員的中視，無論是在經營策略、執行態度乃至內容製作等面向上，都足以作為傳統媒體經營者在時代巨輪下力圖轉型的代表案例。藉由這篇文章，我期望能與各位一起思考：無線電視產業於現今所面臨的共同議題，以及必備的經營管理思維。

📶 第一節　無線電視的生態環境

早年，台灣的無線電視市場受到政府的嚴格管控，屬於特許事業的一種，由於受到相關法規與政策的保護，在競爭上即享有先天保障，也使無線電視握有收視市場的寡占優勢，產生高額利潤。1993年8月，《有線電視法》通過後，同年11月《有線電視節目播送系統暫行管理辦法》隨之公布，台灣的電視媒體產業便進入「多頻道電視」時代。

因有線電視台合法化，媒體生態產生重大改變，對於無線電視台業者，更是競爭生存的重大威脅。根據AGB尼爾森收視率調查公司於2011年7月所做的收視率調查（**圖6-1**），整體收視市場近年略有提升，主要是因為有線電視台的收視持續成長而提升了整體收視率，同時，由於有線台頻道及節目的增加，無線台在整體收視市場的占有率不斷地受到侵蝕，使無線台的收視表現愈趨下滑，兩者收視率占比已從先前的80（無線電視台）：20（有線電視台）大幅逆轉為20（無線電視台）：80（有線電視台）的驚人結果。

以收視時間而論，有線電視台除了收視人數穩定成長，收視時間亦有大幅提升（**圖6-2**），從每個月的56小時大幅成長為67小時；無線電視台則從2003年的每月收視時間25小時，降為17小時，因而造成兩者收視落差甚鉅。

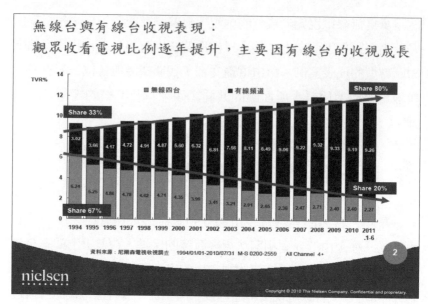

圖6-1　無線電視與有線電視收視表現

資料來源：AGB尼爾森。

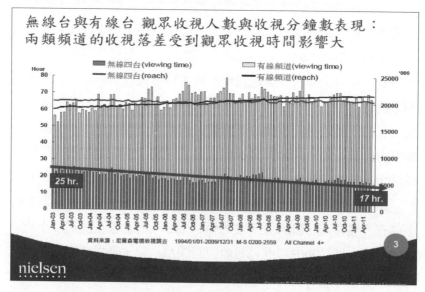

圖6-2　無線電視與有線電視觀眾收視人數與收視分鐘數

資料來源：AGB尼爾森。

　　以廣告業績而論，無線電視台的廣告總額，在2006年約為40~50億之譜，其間，排除2008年受到奧運轉播及總統大選等促使廣告收入提升至50~53億左右的特殊情形，自2006~2011年，無線電視台的廣告業績均呈現逐步下滑的情況（**表6-1**）。

　　論及製作成本，就中視而言，因廣告業績自2006年的13億左右逐步下滑至2011年的11億左右，由於營收減少，也就不得不比照各台採取降低成本的經營策略來因應。事實顯示，中視於節目內容的製作費用上，從2006年的7億元左右，一路調降至2011年的不足5億元（**表6-2**）。

表6-1　2006~2011年無線四台廣告收入

單位：新台幣千元

項目	2006年	2007年	2008年	2009年	2010年	2011年
廣告收入	4,848,000	4,667,000	5,311,000	4,848,000	5,223,973	4,929,000

資料來源：中視業務部。

表6-2　中視2006~2011年廣告收入及節目製作費

單位：新台幣千元

項目	2006年	2007年	2008年	2009年	2010年	2011年自結數
廣告收入	1,345,607	1,401,528	1,498,346	1,101,881	1,117,010	1,064,480
節目製作費	708,869	699,957	740,785	429,140	510,544	412,976

資料來源：中視財務部。

　　對無線電視台而言，當然明白一再降低製作成本，意味著節目競爭力的下跌；面對營收日趨下滑的事實，又無力提升製作成本來優化品質，定將陷入惡性循環的泥沼。至於為何無線電視台在營運上竟窘迫至此？實與政府長期的媒體政策與經營環境異變有關：首先，台灣電視產業的發展，並非如英、日等國傾力扶持公共電視以扮演社會公器，反而是仿效美國，讓電視台以商業型態運作；待美國日後全力發展公共電視時，由於台灣仍舊採用商業營運模式，隨著政策解套，媒體氾濫，以台灣千億左右的廣告市場規模，實無餘力支撐百餘個電視頻道及諸多新媒體的生存重擔，在激烈分食下，電視廣告僅餘200億元；惟台灣電視產業走向全面數位化之後，政府有意再增加釋出兩個數位無線頻道，因此，在有限的市場規模下，節目製作成本一再壓縮勢所難免，而頻道數量的無止境開放，也造成可用資源的無限稀釋，形成節目內容素質普遍空洞化，此模式亦驗證於近年無線與有線電視的相互競爭上。

　　綜觀而論，我將有線電視台對無線電視台所帶來的經營挑戰概述整理為以下六大項：

一、頻道位置邊緣化

　　有線電視興起後，觀眾必須透過有線系統台才能收看無線台。而台灣目前有線電視的收視戶數已超過510萬戶，雖然無線電視台屬於系統必載頻道，但在整體頻譜上乃處於兩極的位置，而一般觀眾較常選擇收視的頻位落於30~60之間的中段位置，造成無線電視台失去了爭取有利頻位的先機。

二、上架費用虛有化

　　無線電視頻譜屬於國內全民共有資源，具備「公共財」特性，

在重大災難與緊急事件發生時，應當發揮國家安全與緊急連絡之功能；因此，政府在政策上要求無線電視台在有線電視系統被列為必載頻道，但無線電視台卻無法如有線電視台能從收視戶的訂費中收取上架費。在無線台、有線台處於同一平台彼此競爭的狀況下，就營運成本原本較高的無線電視台來說，少了上架費收入，在競爭上更顯吃力。

三、媒體資源集團化

有線電視台的經營模式，如今已儼然形成家族頻道的現象與態勢，例如：TVBS、中天、東森、三立、緯來、八大等電視業者，都是同時坐擁諸多不同性質的頻道，類型更囊括了新聞、戲劇、綜合性節目，更有跨媒體以集團形式經營者，除降低人力、設備成本，也同步產生經營綜效（synergy effect），相較之下，更凸顯出無線電視台高成本、低營效的經營困境。以中視來說，目前雖與中天電視同樣隸屬於旺旺中時媒體集團，但因中視是股票上市公司，無法與中天電視進行資源共享；反觀台視結合非凡頻道，民視則自有另一新聞頻道，華視則隸屬公廣集團，彼此資源可相互流通共享，於競爭層面也是一大利基。

四、分眾環境激烈化

目前電視頻道共有上百個可供觀眾選擇，頻道類別更從新聞、體育、戲劇、綜藝、兒童、卡通、財經、電影、旅遊、宗教等無一不包。換言之，台灣媒體產業的「大眾傳播」概念，已被分割為眾多分眾（小眾）的總和。在分眾激烈的情況下，有線電視台因定位清楚、易於聚焦，反而有助收視競爭、降低營運成本；而以「綜合台」型態經營的無線電視台，為了區隔市場、進行差異化競爭，在

節目製作經費與維運成本都高於有線電視台，亦造成經營面極大的壓力。

五、市場區隔模糊化

從競爭策略面向著眼，無線電視台本應凸顯區隔市場，形塑明確定位，以寬宏格局與優質節目作爲競爭利器；但多年來，無線電視台的營運狀況每況愈下，而有線電視台則獲利豐厚，轉而積極投資硬體設備，發展爲後來居上的態勢，迫使無線電視台不得不將自製節目販售予有線電視台播出，並和有線電視台合製節目內容來降低成本、爭取利潤。但需注意的是：即使是外購節目，由於版權分開出售，造成同一節目在無線與有線台同時播出的現象，使市場區隔反而日趨模糊，降低無線電視台的競爭力。

回顧過往，向來被視爲黃金時段重要商品的「八點檔」僅有無線電視台獨家製作，而今，有線電視台也積極製播，或購買戲劇節目來提升該時段的收視，使原本專屬於無線電視台的優勢板塊遭分食割裂，更有如雪上加霜。

六、相關法規僵固化

無線電視台在目前的媒體環境中，雖與有線台位列同一平台播映，但在法規上卻受到比有線電視台更爲嚴格的限制，主因是政府仍認爲無線電視台屬於「公共財」，應背負較大的社會責任。所以，除了換照等各式規費高於有線電視台，對各類型節目的播映規範與比例也要求得相當嚴格，例如：兒少節目需達到頻道總播出時數之一定比例；電影廣告需先審後播；節目時段及長度若有變更，需於二十四小時前向主管機關報備。反觀《有線廣播電視法》及《衛星廣播電視法》絲毫未見類此規定，兩套待遇使無線電視台明

顯處於競爭劣勢，也拖累了無線電視台對市場的應變發揮能力。

📶 第二節　收視率調查的盲點及影響

以台灣目前有限的市場規模而言，頻道數量日趨膨脹，節目選項隨之增多，在眾家瓜分的結果下，收視率愈來愈低乃勢所必然。回顧早期僅有無線電視台的時代，節目收視率動輒達到25%、30%的數字，於現今已不復見；當頻道節目量的擴增速度遠超過廣告市場的成長速率，考量到製作成本難以回收，節目製作預算必得下修調降；倘若出現某一類型的節目受到觀眾歡迎，各頻道立即群起仿效，類似節目亦不斷重複出現，形成某種惡質競爭循環，即頻道雖多，相似度卻極高，使觀眾的選擇反而愈來愈少。在這樣的媒體生態下，目前的收視率調查機制便對台灣的媒體產業發展影響甚鉅，其完善度與準確度更有待商榷，以下提出我個人對目前收視調查機制（CPRP）的觀察與論述：

一、CPRP為何能左右廣告價值？

目前各家電視台的營收仍以廣告收入為主，尤其對無法收取上架費的無線電視台而言，高度依賴廣告收益更是無法避免；這可從近年無線電視台的廣告收入因市場競爭而逐年衰退，卻仍占據其整體營收的八成可為佐證。

廣告收入的依據乃按照收視率的高低來決定，目前在市場上業者主要依循的收視調查機制為所謂的「CPRP」（Cost Per Rating Point），以計算每一收視點的成本來產生結果。換言之，便是根據每10秒為單位來計算節目收視率，以此推算出廣告價值的換算機制。

比方說：若每10秒CPRP售價以5,000元計算，假設A節目收視率為0.5，則每10秒的產值則為2,500元，基於每小時節目可播600秒廣告的規定，A節目一小時的廣告收入總計為15萬元，若A節目的製作成本超過15萬元便為虧損。而CPRP的售價高低，則視電視台、廣告代理商與收視率間的互動而定，然在當今廣告市場過度競爭的情況下，使無線電視台收視率呈現日趨貶值的窘況。

二、產業走向，誰來決定？

CPRP的廣告計價方式看似有所憑據，但對無線電視台來說，卻是相當不利的機制，甚至對整個媒體產業，也造成極大的影響。在此表述以下論點：

(一)受限製作成本，面臨兩難局面

無論就產業結構、法令限制或歷史包袱來看，無線電視台的營運成本先天性地遠高於有線電視台。為了生存競爭，無線電視台需提升市場差異性，所以節目通常採取精緻化製作，也造成節目預算居高不下；再者，無線電視台如前述緣故無法向收視戶收取上架費，營運壓力相對沉重。

就CPRP的機制運作面而言，若不考量無線電視台具有的背景條件，便逕自將其收視率與廣告值與有線台的收視點數相比，是不合理的做法；而有線台多以家族頻道的形式經營，不但可以聯賣，收視率數值也將加總計算。此外，由於廣告商向來較偏愛購買新聞頻道時段，且有線電視台常同時擁有數個新聞頻道，售價可以提高，更壓縮了無線電視台的生存空間。然而無線電視台欲採取降低成本的策略，以有線台規格標準製作類似節目，則會模糊掉自身定位，降低整體競爭力，可見無線電視台實處於進退兩難的尷尬局面中。

(二)深受市場牽制，缺乏世代連結

　　無線電視台因屬於綜合台經營模式，收視客群向來鎖定「全家收看」類型，考量現今廣告目標族群（Target Audience，即所謂的「有效TA」）大約落在20~44歲左右的觀眾，然有線電視台頻道數量較多，易以分眾概念操作經營，再考量CPRP的計價機制，從市場面來看，對以家族頻道型態經營的有線電視台實為有利局面，特別是30歲以下，成長於以有線台為主流的年輕世代，在他們生長經驗所謂的「電視台」概念並未區分無線台或有線台，而無線電視台——特別是台視、中視、華視這「老三台」，對年輕一代而言缺乏歷史性的情感連結，在吸引年輕族群觀眾這一方面尤顯吃力。

(三)現今廣告目標族群設定區間，有悖實際消費階層

　　廣告目標族群被設定於20~44歲，廣告代理商難脫惡意貶低收視率價值之嫌。且就年輕族群之忠誠度、購買力角度來看，實失之偏頗；因年輕人是網路的重度使用者，反而電視不是；此亦導致20~44歲收視率偏低，廣告代理商花的廣告費用就會相對便宜。而現今醫藥科技發達，人類愈形健康長壽；再加上退休儲蓄保險機制的配套下，50歲以上族群購買力強，頻道忠誠度高，故廣告目標族群摒除老年輪廓，對電視生態發展極為不公。再者，法定退休年齡已延至65歲，且依據行政院經濟建設委員會數據資料顯示，至2017年，台灣65歲以上長者占全台人口比例提升14%，屆時台灣將邁入高齡化社會；連速食業者都不再固守年輕消費族群，轉而推出銀髮族套餐或針對中高齡市場的漢堡口味，可見廣告目標族群設定區間絕對有放寬的必要。

(四)內部過度競爭，節目素質低落

　　當廣告價值以節目收視點計價，卻未完善考慮各種節目內容的

類型、構想、製作成本與攝製方式等條件差異時，便無法凸顯高成本節目與低預算節目的差別，使低成本的節目頻道反而具有高投資效益，造成劣質節目驟增之劣幣驅逐良幣的反常現象。

根據NCC的說法，無線電視台因節目重播比率太高，故未來考慮將在《廣播電視法》中訂定重播與自製比率，希望藉此提高節目自製率。但必須思考的是：提高節目自製率未必等於提升節目品質！由於頻道數量過多、市場有限，過度競爭之下，各家電視台無法擺脫營運壓力，倘若某一類型節目收視成績不俗，則同一類型節目便紛紛出籠以搶攻市場。

以連續劇來說，往往一再拖戲以延長集數，畢竟擔憂換戲後無法維持原有收視，因而造就了「長壽劇」現象──一部八點檔連續劇一播便是數百集；同時為了壓制同業競爭，一集的播出長度愈延愈長，且從週一播至週五，邊拍邊播，只求量產，更何來品質可言？

(五)調查機制不佳，收視暗藏盲點

CPRP在收視率調查樣本方面，取樣模式結構欠缺合理性及客觀性，調查結果無法對應節目品質；雖號稱樣本包含佈建一定比例的白領階級、中堅份子，但忽略了這類觀眾收看電視時並不常主動配合操作收視率記錄器，即便更換調查樣本，相似情況難免再度發生，該調查機制的運作準確度實待商榷。

此外，多數觀眾收看電視節目的原因，純粹是為了放鬆心情或尋求娛樂感，而目前People Meter的收視率調查模式，乃以收視戶為調查單位，無法掌握個別或各族群觀眾的收視習慣，加上收視調查本身已成為一種具強制、依賴的工具，且又有其複雜性，使收視行為成為一項嚴肅的實驗工作，所產生的調查結果必然存有疑點。

(六)生態環境不佳，人才培養有限

　　無線電視台過去一向是培養專業製作人才的搖籃，在尙屬賣方市場的時代，大環境容許製作人勇敢嘗試新的作爲與想法，電視台本身也樂於給予發揮機會，製作各式的節目以饗觀衆；即便節目收視未受大衆青睞，但以當時的收視業績與市場實情，無線電視台堪能承受並容許實驗失敗，並藉此展現創新改進及承擔人才培育的媒體責任。

　　隨著現實轉變，當今的電視產業卻沒有任何一家有力量繼承此類任務；生態環境惡劣，使管理者唯利是從，懼怕犯錯導致虧損；而資深老將不輕言撤退，後起之秀更無表現機會，長期下來，對於人才培養與傳承造成嚴重的負面影響。

📶 第三節　數位化對無線電視的衝擊

　　爲了加速數位化政策的推動，國家通訊傳播委員會（NCC）根據「無線電視數位轉換計畫」，於2012年6月30日，全面關閉類比頻道，改播數位頻道，聲明台灣正式步入數位電視時代。

　　爲配合全面數位化政策推動，國內無線電視台自2004年開始，已採所謂的無線數位播出，各家無線電視台也逐年編列預算，陸續購入、建置相關製播設備。目前，五家無線電視台各播出三個SD頻道，再加上一個實驗性質的公視HI-HD高畫質節目頻道。

　　逐漸失去市場占有優勢的無線電視台，藉由數位化推動，運用新興科技的便利性、換機潮及多元性，看似有機會與有線電視台及網路平台等各類媒體爭取市場。然而，由於政策方向不明，整體產業輔導不足，使數位電視雖從2004年便開播，迄今卻尙未發展出穩定的經營模式，且無線電視台面對新的挑戰，態度更是躊躇模糊。

以下論及全面數位化政策推動後，無線電視台所面臨的四項主要問題：

一、全面數位播放反使觀眾流失

根據國家傳播通訊委員會（NCC）政策，無線電視台自2012年6月30日後完成數位轉換，全面啟動數位化播出。就國內現況，多數收視戶乃是透過有線電視系統收看各家節目，目前有線電視的總戶數約510萬戶，占全國家庭戶數799萬戶的64％，而有線電視的數位化普及率卻只達9％；加上有線電視的數位化目標訂為2015年全數完工，推估之下，有線電視系統的數位化進程在2017年方能完成75％左右。

在步調不同的情況下，即便無線電視台於2012年順利達成全面數位化播出，但大多數收視戶並無法收看已升級至數位畫質的無線台節目。雖然政府為承諾編列預算補助低收入戶裝設機上盒，拓展數位化的普及率，但目前規劃的12~15萬戶，對整體收視戶來說是極少的一小部分，也就使無線電視台必須面臨觀眾大量流失的問題。

二、調查機制不良致使營收虧損

廣告收入是無線電視台最主要的收入來源，而廣告收入的計算則依據當前業界普遍採行的AGB尼爾森收視率調查數字。數位化播出後，則必須考量觀眾收視行為的改變，因為觀眾未必都採同步即時方式收看節目，例如：八點檔的連續劇，觀眾並不一定準時在晚間八點收看，而是選擇於晚上十一點，或其他較方便時間來收看。

從理論上來說，觀眾的收視行為主要依個人的時間安排來擇定節目表，但目前的收視率調查機制並不足以因應，在此狀況下，實際收視率的精準度便失去信度，卻又深深影響到電視台的廣告營

收；在不可盡信的收視率調查機制下，無線電視台的管理營運必面臨極大的虧損可能。

三、頻道數量激增加劇市場競爭

數位化之後，使無線電視台原則上可自目前的單一頻道，壓縮增至三個頻道；隨著頻道增多，所需的節目數量必然也需擴增，但製作成本卻無法隨之提高。長期以來，由於國內廣告市場規模不足、法令限制嚴格，節目不能置入，也無法採用獨家贊助或冠名方式經營，發揮空間原已受限；再加上頻道數多、分食者眾，廣告市場仍維持原貌，對僅能依靠廣告營收的無線電視台而言，面對產業環境多變，市場競爭激烈的難題，前景實謂堪憂。

NCC雖已於2012年10月5日明令公布《國家通訊傳播委員會電視節目從事商業置入行銷暫行規範》，然條文內容具有若干限制及禁止規定，即新聞類型及兒童節目禁止置入；而菸品、酒類、跨國境婚姻媒合、須由醫師處方或經中央主管機關公告指定的藥物等之商品、商標、商業服務亦禁止置入。而在規範允許的原則及範圍下，除電視台需一段時期進行磨合試行外，業者及廠商能否接受新的置入行銷提案，從而挹注經費於節目製作，亦須再作觀察與瞭解。

四、過往實務經驗未必接軌現實

數位電視具備高畫質、多頻道、多功能及互動性等特色，在節目內容製作、傳輸途徑及服務方式等層面，均反映出科技進步快速，原預期將可革新傳統電視風貌。理論上，數位電視有可能提升無線電視台的營運空間，但如何將新技術適當運用在既有的節目製作及經營策略？在缺乏成功案例與參照模式的狀況下，使傳統電視產業仍處在摸索、試探階段。對無線電視台的實務工作者來說，即

使具備豐富實務經驗，但是否足以應對數位時代的來臨？人人心中難免不無疑慮。

坦言之，目前無線電視台的實務工作團隊，並未具備足夠的知識或能力來因應數位化的轉變；而電視台經營者更焦慮難言，也導致決策行為的拖延，使應變時機一再錯失。

第四節　無線電視的經營策略──以中視為例

近年電視產業的經營條件與環境變化波動極為明顯，例如有線電視的擴張、公廣集團的成立、財團投入媒體經營、網路媒體的興起、數位匯流及MOD的抬頭，都為整體產業生態帶來巨大影響。

隨著可選看頻道的不斷擴增，民眾的消費意識也隨之抬升，尤以2012年6月30日全台改以數位化播出、關閉類比訊號為轉捩點，乍看之下，電視台勢必須面對種種負面生存條件，如：製作成本攀升、市場競爭激烈、前景混沌不明等。

然而，若從理論角度切入，面臨全面數位化所帶來的衝擊，電視台是否全無生機？又是否仍有某些方法足以逆轉劣勢，以黑馬之姿勝出？就我個人的觀點看來，整體電視產業自經營策略面而言，必得積極尋求因應與突破之道，方有可能掌握致勝先機，創造生存空間。在此以無線電視台中的元老──中視為例，提出以下五項可供參考之經營策略：

一、優化節目品質，建立品牌形象

當無線台與有線台同在一個平台下播出，有線電視因頻寬較大，可承載之頻道數量較多，故許多有線電視業者均採取「家族頻

道」之經營策略，以充分掌握分眾市場。然而，根據我對該產業長期的觀察，在目前既有的上百個頻道中，有線電視收視戶常態性收看的頻道，約莫二十個左右；另就有線電視頻道而論，其中綜合台的節目首播比例不到四成（約37.2%），戲劇台的首播比例則不到三成（約38.2%），反觀無線台，節目首播比例近五成（47.8%），而所有頻道最受收視戶歡迎的前二十個節目，無線台約占了全體節目的八成。因此，提升節目內容品質，建立與有線台節目內容的差異性以取得競爭優勢，是無線電視台必然發展的策略。

為何有此一論？近年消費者意識抬頭，劣質節目常會引起觀眾不滿，甚至拒看；另一方面，亦漸有消費者及有線電視系統訂戶反應，希望只需訂閱幾個較常收看的頻道，以節省收視費用支出。事實上，無線電視台確實能提供觀眾毋須繳交收視費，即可透過無線電波或數位電視收看節目內容的服務，而中視若能製播寓教於樂、闔家觀賞的優質節目，以掌握觀眾收視喜好，便有一定機會自激烈競爭中脫穎而出。

以黃金戲劇八點檔的操作實務面為例，就台灣人口結構及收視率表現來看，本地戲劇市場係閩南語大於國語，那麼中視是否就附和情勢製作閩南語戲劇？惟在本人眼中只有「好戲」而已。中視於策略面首先要努力成為「國語劇龍頭」，爾後始有機會挑戰他台閩南語劇，抑或同樣製作閩南語劇直接搶攻市場，可視情況保持彈性以訂定後續可行策略。

就新聞節目而論，台灣目前有許多全天播出的新聞頻道，就時效性及服務廣度而言，中視新聞因屬於綜合性頻道，每日僅播出早、午、晚及夜間四節新聞，這方面難與提供全天候服務的有線新聞頻道並駕齊驅。然而，我認為中視應該提供給收視戶的，乃是嚴謹品質與高可信度兼具的良質新聞，藉此在觀眾心目中建立起中視新聞的品牌形象及權威感；除了提供觀眾信賴感外，同時也向觀眾

強力傳達：「你花一小時的時間看中視新聞，你就會知道所有你該知道的新聞，而不會浪費時間去看你不需要知道的新聞」。總之，建立電視台獨有的品牌口碑，是爭得先機的決勝法門。

二、運用頻道優勢，結合外部資源

如前所述，台灣目前大多數收視戶，主要是透過有線電視系統台來收看不同的電視節目，若以全台灣約799萬戶數以計，其中約占七成（約510萬戶）的收視戶是透過有線電視系統台進行收視行為；此七成之外，其他三成乃屬於非有線電視收視戶。

理論上，這三成的非有線電視收視戶只能收看到無線五台的頻道，而其他有線電視收視戶除了能收看有線電視台頻道外，同時也可看到無線台的節目，由此可推論：收看無線電視台節目的觀眾數仍屬較大分母，這點可從平日收視率顯示的數字證得：一般無線電視台的節目收視率，依然較有線電視台為高。

就國外情況而言，無線電視台（尤其是亞洲地區國家）仍是產業主流，具備第一線的競爭優勢，因此產業內部仍傾向與無線台合作。以中視為例：中視自1969年成立迄今已近半世紀，傳統悠久、製作經驗豐富，若能努力結合外部資源，與大型製作公司甚或網路媒體平台合作，推出優質的自製或合製節目內容，特別是著眼於平台的特殊性，和華人世界充分接軌，維持和中國大陸積極性的合作，一方面除能穩固品質，並透過利潤共享及風險分擔降低節目製作成本；另一方面，亦能同步增強節目競爭力、開拓外埠市場。

尤其，現今具資金實力且對媒體經營及內容製作有興趣的業外人士愈來愈多，在數位化投資如無底洞、廣告營收困難的情況下，富老闆們與其投身於風險中，不如尋求與自身企業目標精神相同的電視台合作；而電視台平日在扮演銷售時段的角色之餘，不如轉而

植入「聯營」概念，結合此一龐大力量共同經營時段，俾提升電視台對節目的主導性。

　　除了外部合作策略，中視亦可運用長期累積的豐富視聽資料，重製或再製影音或文字資產，進行自身價值的再創造，如「以劇本代投」亦為策略之一：假設欲拓展兩岸三地市場，與中國的電視台合作戲劇節目，中視可提供劇本以換取免出資金，換句話說，即將劇本折合成投資金額，瞄準中國市場為標的以創造利潤，並同步取得台灣地區的版權。該節目完成後，如其性質適合中視定位與需求，則於自有頻道播出，亦可將版權販售至他台或其他媒體平台。同理可證：中視本身既擁有專業影棚與後製設備，當與外界合作承製節目時，亦可以此為優勢條件，轉化為交換版權的資源。

三、轉型文化事業，拓展業外收入

　　無線電視台的廣告收入占整體營收的比例逐年遞減，連年虧損已是事實，因此，包括中視在內的無線台應力圖轉型成為「文化事業」，而非僅為單純的頻道業者。換言之，無線電視台可透過提供其他服務，建立成功獲取利潤的正向營運模式，例如：向政府單位或民間企業標案；協助政府單位推動觀光計畫；協助企業辦理大型展演活動；承辦跨年晚會、演唱會等。另外，中視亦具有其獨特優勢，亦即結合所屬集團的各關係企業規劃辦理大型展出活動，使資源整合發揮綜效，並將頻道的邊際效益發揮至極大化，以拓展廣告以外的收入。

四、積極拓展版圖，跨足不同平台

　　無線台的競爭者不僅限於有線電視，網路媒體及MOD等平台的興起，也對無線電視產業帶來相當程度的影響，特別是數位化之

後，以可「看」為主的傳統電視收看習慣將有可能急遽轉變，成為可「用」的行動電視；無論是節目呈現的方式、收視行為、途徑，以及傳播方式，可預見將產生極大轉變。傳統無線電視台若要生存，必得積極建立起與不同媒體、平台的合作關係。

如MOD從ADSL訊號傳輸推展至寬頻光纖傳輸，無線電視台在理論面雖然也可能著手經營「MHD」（家用編輯平台）加值服務，但仍需考量網路頻寬及相關法令問題。依據現行法令，MOD平台無法自製節目，仍需透過頻道播送作為營運模式，但中視握有節目版權販售權利，亦可採取「上架拆帳」的方式，若採用此種做法有可能減少無線頻道的觀眾數量，但考量中視具備「內容提供者」的身分，挾以較高的自製節目比率，就未來市場而言，此經營策略應屬可行。況且，就台灣的分眾市場而言，每個節目播出時的未收看觀眾為多數，故即便節目出現在其他平台，並不致削弱自身競爭力。

而中視為打造科技化的運作平台模式，新聞處理業已導入採編播自動控制系統──NRCS（NEWS ROOM CONTROL SYSTEM），並建置新聞數位片庫，便於同仁直接於座位的個人電腦工作站查詢資料；為順應節目製播進程逐步邁入無帶化，中視四十餘年的節目影音資料亦著手計畫整理與轉換，以配合建置影音資料庫系統。

五、善用網路傳播，創新資訊管道

隨著科技日新月異，資訊傳播方式也日趨多元，無論是屬於傳統平面媒體的報章雜誌，或以多媒體影音特性吸睛的電子媒體，皆在資訊流通異常迅速的時代潮流中，力圖站穩腳步、創造出路。因此，如何迎戰數位媒體新時代的來臨，找到新的商業模式及服務定位，將是各家傳統媒體最大的挑戰。

　　無線電視台自民國101年7月起全面轉換為數位化播出，預期為閱聽大眾帶來更豐富的收視品質及互動收視體驗，但在數位化或是HD（高畫質）播放背後，是否仍有空間開創新的獲利模式？或是維持原有的經營策略？實仍存疑。個人認為：既有的電視廣告規模，並不會因數位化或高畫質播出而有所增長，主要原因乃是在新時代的科技趨勢下，傳統電視機不再占據影音接收來源的王座，從聯網電視、桌上型電腦、筆記型電腦、平板電腦到智慧型手機，透過網路的傳輸，使用者可自由選擇各式行動化的終端設備，隨時隨地收看喜愛的節目。在此情況下，將可預見：以網路為主要播放平台，成立網路電視頻道，將是傳統媒體因應時代變化，吸引收視群眾的必要策略。

　　網路電視頻道除可經由網路媒體的快速傳播，以極高的資訊傳輸效率，提供閱聽群眾各種選擇的視聽接收服務，亦可針對各式新媒體本身的特性，如：移動收看、畫面縮放、互動機制等，重製、規劃既有的節目內容，創造新式商機。若是以增加營收為目的，無線電視台可善用自身擁有之媒體專業與組織人員，配合各式製播設備來創新規劃網路電視頻道，方能有效為自身服務加值，拓展新時代的收視版圖。

📶 第五節　萬全準備，創新應變──管理者的必備思維

　　2003年12月26日，立法院修正通過《廣播電視法》部分條文，明文限制具黨政背景人士投資經營無線電視事業，此法一出，就此扭轉了無線電視產業的經營生態。本人謹就現任民營無線台總經理的立場，針對無線電視台角色從過去到現在的轉變差異，提出個人對無線電視台產業管理的一些觀察：

　　前言中我曾提到：「早年台視、中視、華視等三家無線台官方色彩濃厚，經營高層均非媒體專業經理人……」，並論及在台灣媒體生態環境面臨巨變之際，「無線台對自身定位及未來發展已錯失了調整因應之先機，對於未來不利無線電視生存的環境演變趨勢，亦喪失警戒心……」，然民視成立初始即為純民營公司；公視與華視同隸屬公廣集團，惟後者須盈虧自負；如今台視、中視已全面民營化，此刻的思考重點應放在：民營無線台在所謂的「媒體專業經理人」管理下，其經營績效、創新及決策能力，與產業趨勢敏感度，是否必然優於前人？

　　不同的時空環境與現實條件，必定帶來截然不同的影響與結果。在早期的「三台鼎立」時代，電視廣告呈現為「賣方市場」態勢，管理人不必擔憂盈虧問題；而官方指派的高階經理人，主要任務為善用電視台之內部資源進行政務宣傳工作，因為資源豐沛，反能盡情發揮，成功製作出風靡一時的經典節目。

　　隨著時代推移，科技進展日新月異，如今電視頻道日趨多元，視聽娛樂選項更是眼花撩亂，民營無線電視台若能求得一席生存之地已實屬不易，更遑論維持過往戰績。當一切以收視率為前提考量，無線電視的管理思維著重在將本求利以免於虧損時，經營方的要求也相對壓縮了經營策略的施展空間，更難以顧及節目品質與媒體競爭力。因此，現今民營無線台經理人面臨的壓力與過往相較早已不可同日而語，有感於此，我認為未來無線電視台的經營管理者，必須具備以下管理思維：

　　第一，順應資訊科技進展，敏察媒體環境演變，尋求並創造有利未來發展的營運模式。

　　在數位化時代，所謂的經營管理不能只依靠過往經驗值來比照辦理，而必得拓展視野方能開拓契機。是故，新時代的經營管理思維，要懂得掌握資訊發展趨勢，跨足各式平台媒介，以尋求新生

機、開拓新市場。

第二，適度結合學理知能與實務管理，強化民營無線電視事業管理效能，發揮兼容並蓄之功。

中視創台已四十三年（至2012年），組織難免延續過往「三台」時期架構。然而媒體生態大幅改變，亦須考量公司組織如何逐步調整以符合實際現況。一般常見外來經理人採「大砍」方式展現所謂的魄力，本人對此做法實不以為然，畢竟組織「改革」並非等同「革命」。

再者，公司組織內之法務及財務單位過往常自許為「管理」者，現則應改變為「支援」性角色；譬如須從旁告知、提醒經理人如何於不違法情形下更有效率，避免非有效的管理。畢竟現今媒體已是百家爭鳴，經營環境自過往「賣方市場」轉變為「買方市場」，調整組織結構因應變化業屬必然。況且，為維繫無線台節目質感，同時顧及降低人事成本，故於人力運用、資源整合、營運成本掌握、對外合作等方面，要思考如何借力使力。

第三，善用協調、溝通及談判能力，對外爭取合作利益的極大化，對內則需與主管及下屬謀取共識。

就個人接觸若干資深同仁有感：內部部分員工的心態亟需轉變、調整。以往電視行業屬寡占市場的年代，無線電視公司的員工待遇頗豐、福利極佳；然現早已失去了先前的環境與條件，尚需大家齊心努力重新打造。

第四，洞察國內外重要議題、流行趨勢及社會脈動，充分掌握觀眾視聽喜好。

以現今標準評斷節目的成功與否，收視率高低取決了大半；觀眾乃電視台的衣食父母，誰人不想製播既叫好又叫座的作品，假設能牢牢掌握住「收視勝利方程式」，是否即可高枕無憂？然節目競爭瞬息萬變，觀眾的口味亦捉摸不定；基本上，「勝利方程式」難

覓，身為經理人需費心留意社會環境演變狀況，並洞悉人心取向，自不斷的嘗試中尋求成功機會。

第五，親力親為、知易行難，以身教服眾人，以智與德領導。

由於本人為非出身自中視的現任總經理，對如何帶領既有團隊往目標邁進，首要秉持的理念是：能於無線台服務、工作的同仁，定是經過業內層層篩選的人才，故應活用現有組織人員，並激發其工作熱情與潛能。試想，如在團隊的努力下，能較過往創造出更傲人的成績，顯而易見絕非原班人馬能力不足，而是需要從旁積極鼓勵，賦予表現空間；倘若經理人的作為係成就於自己外帶的班底，那是否代表原有同仁就是「笨蛋」？想必內部士氣亦將流失殆盡。

電視台CEO在面對現今嚴峻環境時的角色亦轉換為「COO」（Chief Operations Officer），意指許多執行事宜須親力親為，包括各部門主管亦同。所以於行事上及帶領部屬時絕非「以力服人」，而是要「以德服人」；不是只有命令與要求，而是應告知同仁為何如此做。故經理人須瞭解目前生態環境演變情形，並具豐富的實務經驗以應對裁量，而非僅參考學理。何況台灣特有的媒體生態舉世少有，更要以行動力、專業力帶領同仁達成績效目標才是。

📶 第六節　思考議題

常言之：「人無遠慮，必有近憂」，任何決策執行前，必經過通盤的考量與推演，方能一擊致勝。目前台灣無線電視台，面臨激烈的同業競爭及資訊數位時代的挑戰；原本政府是媒體政策的規劃師，對業者應妥善扮演輔導的積極性角色，但因主管官署對媒體現況認識的淺薄與不足，導致未能從現今環境中尋找問題、瞭解問題、進而解決問題，更遑論能對未來提出何許願景。以下七項建言，冀望有助協助政府直達問題核心，使業者及觀眾能對台灣媒體

環境重拾信心，並為國內無線電視台經營者及管理者帶來些許正面幫助。

一、調整舊規，突破困局

國內廣告市場規模小、頻道多，全面數位化後頻道數量倍增，同業競爭將更加激烈。若以目前每小時節目僅容許播出600秒廣告的「純廣告」方式經營，受制於頻道營收有限，將導致節目品質每況愈下。幸而在業者多年的努力下，NCC已於2012年10月5日明令公布《國家通訊傳播委員會電視節目從事商業置入行銷暫行規範》，然電視台業者應在試行一段時間後，就實質成效及發生問題進行全面性的檢討，如有任何疑義，應再聯手向主管機關呼籲於一定程度下調整法令門檻，以破除經營困境。

二、事權整合，主動謀策

事權整合，對一個產業而言是重要的關鍵。若能將監理、獎勵及輔導統籌於某個專責機關，將充分有利於無線電視台產業的未來發展，並對媒體通訊傳播帶來正面影響。故從主管機構乃至業者本身，均需積極溝通、主動出擊，而非消極防弊。

三、調整定位，積極爭取

全面數位化將帶動整體產業經濟發展，而無線電視台則可配合此政策，調整自身定位，承擔起「媒體領頭羊」的角色。為拓展整體產業最大利益，亦可採取同業結盟策略，向政府爭取相關輔導與協助，如降低營利事業所得稅、低利長期貸款、全額輔助HD節目製作、十年免收數位頻道營業執照費、放寬無線頻道租賃及上架業務、考量電波涵蓋範圍增設補隙站等，使數位化過程阻力更小，運

作更順暢。

四、承擔責任，推廣應用

　　無線電視台因使用國家頻譜，故握有覆蓋率高、收視免費之優勢，特別是天災來襲時，更肩負了緊急通訊的社會責任。然因目前大多數收視戶均必須透過有線電視系統才能收看無線電視；趁著全面數位化時代來臨，不妨透過普遍裝設社區或大樓共同天線的方式，不但能協助使數位化推動更順利，亦將提升大眾收看數位無線電視的意願。

五、同業結盟，良性競爭

　　當無線電視台完成數位化後，總計有「15+1」（第一單頻）頻道可供觀眾選擇，而無線台本身亦將形聚為「無線台家族」平台。從理論角度切入，「無線台家族」似乎足以與有線電視台相抗衡，特別是「無線台家族」平台可提供收視戶各種頻道類型與節目內容，在競爭條件上實屬利多。但目前各家無線電視台因製作成本及競爭心態，並不易聯手結盟，在此建議無線台管理者應放下歧見，以共謀生存之道為先，採用結盟方式開拓市場，產生良性競爭效能。

六、精準考量，滿足需求

　　國內電視產業因頻道眾多，已形成供過於求的生態失衡現象。事實上，頻道增多並不保證觀眾必定整天待在電視前輪流收看，反倒造成產業秩序失衡，形成惡性競爭循環，拉低整體產業素質。在科技快速發展下，頻道已非個別企業的獨占資源，然而，頻道數量之多或少並非關鍵，關鍵乃在於觀眾的收視需求，以及廣告市場的

承載基礎，這才是無線電視台管理者在經營策略面的重要考量。

七、善用資源，改善機制

目前國內市場僅存在一家收視率調查公司，其調查結果左右整個市場，而目前國內所採用的收視率調查機制也呈現明顯疏漏，無論是CPRP或People Meter，於信度與效度均並不足反映實況。當全面數位化政策推動完成，各家無線電視台是否能善用資源，尋求或研發更適合的收視率調查機制或體系？也是無線電視台管理者迎接時代轉變時，必須提前做好準備的功課。

結　語

經過多年的演變與發展，政府、財團、學界三者，實為構築台灣媒體生態發展的三巨頭。我以一個長期參與無線電視台產業的管理者角度，從實務面向切入，就全體產業發展實況，提出三項個人論點：

一、堅定傳媒立場，拒絕虛浮媚俗

現今媒體環境變調，產業次序失衡，以「營利」為經營前提的情況下，節目製作一切僅為「成本」考量，節目素質低落，使人「惡向膽邊生」已非表面現象，尤其低成本談話性節目充斥，私人瑣事、八卦祕辛與辛辣畫面競相搬上檯面，一方面對於社會風氣影響甚鉅，另一方面，也反映出一般電視重度使用者對娛樂資訊的高度需求。

從社經資源來看，劣質媒體對於社經弱勢者較易發揮負面影響，反之，學者專家或白領階級則較難受其影響；然而，擁有高社

經資源者畢竟只是部分，社會大眾仍易被劣質節目吸引，加上政治議題氾濫，媒體為求生存、拚收視，無不出盡奇招，以聳動言論吸引特定收視者，從原本的「大眾傳播」走向「小眾傳播」，產生畫地自限之弊，社會對媒體的觀感也漸趨負面，此乃有自覺的無線電視台管理者必須自我警惕者。

二、財團併購氾濫，媒體失信於眾

由於媒體經營環境不佳，媒體逐漸落入財團手中；畢竟財團資金充足，較有機會與條件承接經營，亦有利整體媒體產業發展。惟因此延伸出另一問題：往往財團不瞭解經營媒體是須下定決心，且隨時要因應變化做出判斷。是故，身為經理人經常是在忙於說服經營者（資方），然又屢屢可嗅出經營方對自己的不信任感。個人以為，經營成績會說話，屆時可用績效證明一切；建議經理人心態上應採取兵法所言：「絕不是『要怎麼打，就有什麼可打』；而是『現在有什麼就打什麼』」，即運用現有資源發揮至極，待日後拚出成績較易爭取更多資源。然而又有哪位經營者願意長時間靜候等待？眼前電視台經營要達成立竿見影之效實屬不易，畢竟當過往為賣方市場時，可大手筆砸下資本且能立即見效；但改變為買方市場後，電視頻道就要花較多的精神與工夫才能使觀眾認識、接受、進而喜歡你。然現今頻道與年輕族群勾連情感十分不易，其間亦需諸多細膩的操作手法與長期的養成過程。

基於經營資本不足，媒體被財團所併購的情形愈趨常見，然而，經營媒體的核心價值在於發揮「影響力」，與財團利益掛鉤之後，商業圖利反成為傳播媒體的主要任務，造成媒體逐漸商品化的現象，媒體從業人員的專業也隨之失去公信力。

大眾媒體向來被社會寄予「社會良知」的責任期待，商業一

旦進駐，理想目標全無。從無線電視台立場看待此等環境情勢之演變，無線電視（FREE TV）原本具備之涵蓋率強、收視免費、照顧弱勢族群等特質，紛紛散佚無蹤。

綜觀國際，只有台灣的電視產業是呈現有線電視台凌駕於無線電視台之上，而弱勢者無法受到照顧，無線電視面臨虧損險境，既無力轉型改革，為了降低成本，最終淪為「血汗工廠」與企業代言人，使有理想者紛紛長嘆不如歸去，使人不禁深思：財團對於媒體產業的投入與支持，是否真的具有想法、願景與誠意？

三、學理切合現實，建構良性環境

部分傳播領域的專家學者，在探討媒體議題時太過傾向理論化及理想化立論，導致學術論點與實際策略脫鉤的情形。若是學術界一味引用學理，將歐美的學術論述統一套用，而忽略本地產業的特殊環境與現實條件，再嚴謹的論述，面對現實困局，也只能空嘆心有餘而力不足。

倘若來自學界的批判與建議能夠切合現實，對於產業經營確實能客觀指引發展明路；然而，倘若只是單純的否定與批評，對整體產業及相關從業人員而言並非上策，反而有可能適得其反。因此，建構正向、優質良善的媒體生存環境，不僅是電視管理者單方面的責任，政府、財團與學界亦應放下成見，考量實情，才能提出兼具實用性與理想性的經營對策，推動產業往前邁進。

7

多頻道電視的跨國經營策略

現任TVBS電視台執行副總經理
前黑劍電視節目製作公司董事總經理　廖福順

經營哲學

對於一路走來二十幾年的工作，我自己將這一段人生的體悟，分成三個階段來看：

第一階段，是勉強自己的階段。在這個階段，人容易處於把目標設定超乎能力以外，以致於勉強辛苦。

第二階段，是勉強自己，也勉強別人的階段。在這個階段，很可能已經處於主管的位置，不僅自己必須努力，也必須要求他人努力。

第三階段，是勉強自己，但是不勉強別人的階段。走到這個階段，我希望能盡到一個企業家的社會責任，為企業創造績效，但不去勉強他人非達到一定的績效不可。這就是勉強自己，但不勉強他人。

作者簡歷

廖福順，香港科技大學高級工商管理碩士畢業，1995年起踏入專業傳媒產業，曾歷任《聯合報》、《中國時報》、《新新聞周刊》、《台灣日報》之政治記者、採訪主任、副總編輯、總編輯等職務。曾任TVBS、中天電視新聞總監及中天電視總經理、董事，《時報周刊》董事長及黑劍電視節目製作公司董事總經理。

📶 前　言

　　本章主要有兩個論述重點，第一個重點論多頻道的經營，聚焦於身為多頻道經營者，中天電視的策略模式，並就台灣媒體產業目前的發展情況，主張提出跨國經營攻略、走上國際舞台，方可能使產業永續發展。

　　第二個重點，旨在討論如何在變遷、數位化、匯流的環境之下，面臨國際化競爭，如何面對台灣媒體產業的未來，以在地特色為基底，走向國際舞台。

　　綜而言之，這篇文章的主旨無關乎媒體產業中的內容製作，而是著眼於經營層面。對媒體企業來說，經營策略的勝敗如同決定了一切，因為經營決定的廣度與深度，可以左右內容的走向，本文之所以不去談內容，乃因市場上已有眾多的電視媒體與收視戶，當一家電視公司面對了不同的市場與收視戶時，所作的內容是完全不同的，若談及此，內容將過於廣泛，所以，我選擇回到最根本處，從影響內容的最根基因素——「經營決策」談起。

📶 第一節　多頻道電視的經營評估策略

　　台灣現今的電視媒體生態正處於多頻道環境，面對即將來臨的數位匯流趨勢，頻道數量大幅增加，環境競爭日趨激烈，加上政府未來將開放系統業者跨區經營，屆時有線電視產業必將歷經一番激烈整併，近期整體產業發展方向仍未明確。然而，頻道業者面臨如此不確定的情境，仍試圖尋求穩定的經營策略。以下初步提供一些評估頻道價值的依據：

一、收視率

我認為：製作能力應精準而實際地反映出影視產品的市場競爭力。以收視率來探討電視台的成功與否，是目前媒體產業主要評估的方法。其差別主要在於由哪一家公司協助進行統計，以及所採用的統計方式之差異。

二、PE值

頻道經營的另一關鍵因素乃是營銷能力，亦即「PE值」（Price/Earning ratio）。所謂的PE值，乃是收視率與營業收入的比例，PE值愈高表示營銷能力愈強，收視率單位價值愈高。

目前台灣電視市場上PE值較高的兩家電視公司分別為東森與三立。東森電視因為共有八個頻道，彼此間可以相互合作。三立則靠著眾多戲劇作品站穩收視寶座，同時除了台灣本國的收視率高之外，三立也將其作品發行至海外獲取附加價值。

三、品牌價值

經營頻道的最終關鍵策略，是建立頻道的品牌價值。價值一般只是口耳傳播所累積的印象，但在公司進行出售或被併購的過程時，品牌價值就變成價格。

一般來說，抽象的品牌可以用口碑行銷作為宣傳方式，從實用面來看，則反應在實際的頻道買賣上：利用「稅前、利息及攤銷費用前的淨利」（Earnings Before Interest, Taxes, Depreciation and Amortization, EBITDA）的概念，讓公司面對商業買賣時，得以知道某家公司值多少。以台灣市場為例，一家電視台的收購價是介於EBITDA的6～12倍之間，這個區間就是頻道的品牌價值。

第二節　中天電視的經營策略

一、發展背景

　　1994年中天電視（CTI TV）創台；1997年中視與象山集團成員木喬傳播接手經營木喬傳播的「心動頻道」，並更名為「中視二台」。1997年傳訊電視因不堪虧損，將公司交由和信集團接手；1998年「中視二台」轉型為綜合頻道[1]；2000年和信集團將傳訊電視轉售給象山集團，在整併傳訊電視的中天電視與大地頻道之後，結合「中視二台」，將三大頻道統整為家族頻道；2001年，象山集團將中天電視頻道、中視衛星改名分為「中天電視新聞台」、「中天電視資訊台」與「中天電視娛樂台」，「大地」頻道則併入緯來電視網，更名為「緯來戲劇台」[2]。

　　這段期間，中天電視的虧損初估達到60億台幣，顯見有線電視頻道初期經營的困境，產業難以找到固定的商業模式，但是仍有許多投資者嘗試進入這塊市場；2002年「中國時報媒體集團」取得經營權，2008年再由「旺旺食品集團」取得經營權，中天電視成為「旺旺中時媒體集團」旗下子公司。

　　截至2011年中，公司員工745人，以「新聞立台」為戰略的中天電視，新聞台員工460人，以部門產值計，新聞台約占40%~45%，另有影響力等無形價值，它是台灣最具影響力的新聞台之一。

---

[1] 陳炳宏、羅世宏、洪貞玲、劉昌德（2009）。《媒體併購案例與媒體產權集中對內容多元影響之研究》。（國家通訊傳播委員會委託研究報告，GRB系統編號：PG9805-0276）。台北：財團法人台灣媒體觀察教育基金會。

[2] 邱琬淇（2008）。《「新三中」跨媒體集團資源整合與綜效──以【超級星光大道】之節目策略為例》。政治大學廣播電視學系研究所碩士論文。

二、產品與策略

2008年以前，中天電視以新聞內容立台為主要策略，新聞台的收入占公司整體營收約五成，最高曾達到七、八成，是中天電視相當重要的一環。但是，新聞台要承擔這麼大的責任同時，也相對會提高經營頻道的風險。以下試舉出中天電視為了經營自家產品所推動的重要策略，作為整體產業發展之借鏡。

(一)突顯差異化

使中天電視新聞收視率成長的關鍵，在於2003年美伊戰爭爆發時期，中天電視開始成為贏家，花了總共一年半的時間，慢慢的從第六、七名，爬升至第一名。中天電視新聞在這段時間，慢慢從各式各樣的新聞，如災難新聞的播報，該如何進行、該如何傳送訊號等，中天電視新聞在此方面都是做足萬全的準備。之後，美伊戰爭爆發，中天電視新聞特別派了一位記者到杜拜，希望能在戰爭之前與半島電視台合作，播報新聞。這樣舉動，就是一種差異化的策略。中天電視在當時之所以可以有將近三點多的收視率，主要在於中天電視新聞擁有顯著的差異性。

過去觀眾在收視一般的新聞頻道時，通常都是由美國方面來擁有轉播權，並以美國的角度來播報新聞；但是中天電視卻能夠提供觀眾新的觀點，讓觀眾看到世界上有不一樣的聲音。最後，讓中天電視新聞在美伊戰爭時，與半島電視台共同贏得了漂亮的一仗。這樣的成功，是靠市場差異化的策略而達成的。當一般觀眾看到的都是主流媒體的聲音，中天電視新聞嘗試著去找尋不一樣的聲音——當中天電視新聞在播報時，會呈現分割畫面，一半呈現中天電視的畫面，一半呈現半島電視的轉播畫面。使觀眾可以看到明顯對比，如此就能讓差異化的資訊及觀點顯現出來。

　　除此之外，差異化策略必須要作爲產業的先驅，發揮「先進入優勢」（First-mover Advantage）：例如產業中的先驅企業相較於後進競爭對手應該具備更多優勢，像是先占地盤、對市場定價的主動權，以及在產業標準制定過程上的影響力等等。所以個別公司應該要試著洞燭機先，比對手們領先一步投資新領域，創業者動作也要快，而且重點在於想出最創新的產品和商業計畫[3]。以前述例子來說，中天電視新聞成功與半島電視台合作之後，也有其他電視台想要仿效此一策略，於是就找了阿布達比的某家電視台希望可以轉播，但由於已失去獨特性，也難讓觀眾保持新鮮感而願意收看。

　　對於以新聞台爲主的中天電視，娛樂台如同疏洪道頻道，就頻道影響力來說較爲弱勢，但《康熙來了》卻是在這個情境下誕生的奇葩：原本典型的低成本談話節目，善用上述的差異化策略來製作內容，再加上主持人的個人風格，打造其他人所無法替代的差異性，成爲全台灣最成功的談話性節目。

(二)委外製作的策略

　　中天電視長期大量採用「委製」策略[4]，亦即將娛樂節目和戲

---

[3] 林之晨（2009）。〈創業的迷思（一）關於先進者優勢（First-mover Advantage）〉。上網日期：2012年08月15日，取自http://mrjamie.cc/2009/07/14/startup-myth-first-mover-advantage/

[4] 委製的概念：
 (1)第一階段：以前無線電視台的方式，廣告包底，包含製作戲劇，還有其他廣告。這樣的委製所收到的費用即電視台給的費用，扣掉戲劇成本以及廣告費等，就是基本委製收入。
 (2)第二階段：舉例來說，電視公司出一集25萬元，含主持、製作等費用。而電視公司有最後版權，製作公司只負責製作。製作公司所賺取的收益來自抽成。
 (3)第三階段：依舊是電視公司出資。但是製作公司不再賣斷，製作公司開始要求版權。因爲製作公司發現製作成品不只可以在台灣本地販賣，尚可以銷售至國外。但是真正能夠要求電視公司分版權的製作公司不多。

劇製作委託給獨立的「製作公司」,以及從市場上購買戲劇現貨播出;好處是成本低廉,可透過競價方式從市場上取得價低質優的產品,缺點是無法培養製作團隊,失去製作能力,無法累積資源,而這也是台灣電視媒體產業在經營面的普遍問題。

由於台灣電視媒體產業倚賴委製公司時,提供了委製公司發展的環境,培養出許多人才,尤其中國市場崛起之後,中國大陸對於人才的需求快速攀升,加上待遇優渥,許多優秀人才皆外移至中國大陸;2008年之後,市場變化快速,因為中國市場逐漸對娛樂影視產品的需求大增,隨著經濟發展迅猛,中國媒體願意投資製作昂貴的節目和戲劇,吸引大量台灣製作公司挾帶製作人才投入中國媒體市場做節目代工(Original Equipment Manufacturer, OEM)——之所以稱為「代工」,是因為中國大陸目前將影視相關產品分為兩類:一是國產;二是外來。所謂「國產」就是由本國公司所製作生產,而廣電局對於國產有設限外來人只能接受五人,以一拍攝團隊來說,最好的人才就占據了五大編製主要人員,如導演、編劇、攝影、燈光與卡司,製作主要核心人員皆是台灣,但是主要產出的作品卻是掛上中國大陸的名字,故稱台灣人才為「代工」。加上中國大陸廣電局對於廣播電視相關產業的規定十分嚴格,隨時都會有新的廣電管制措施發布,例如中國國家廣電總局和國家互聯網資訊辦7月9日聯合發布《關於進一步加強網路劇、微電影等網路視聽節目管理的通知》,通知稱將對網路劇、微電影等網路視聽節目一律先審後播;《通知》也進一步明確說明規範發展的措施:一是互聯網視聽節目服務單位按照「誰辦網誰負責」的原則,對網路劇、微電影等網路視聽節目一律先審後播;二是網路視聽節目行業協會組織開展行業自律;三是政府管理部門依法對業務開辦主體進行准入和退出

管理[5]。

　　由於中國對內容把關掌握嚴謹，導致雖然有許多人才至中國大陸發展，但卻無法施展長才，影響所及，造成台灣電視媒體產業出現人才短缺、能力不足和產品的「空洞化」等問題，而近期台灣節目製作面臨人才流失的解決之計，是帶著團隊去中國大陸加入產製行列，節目製作出來後的收益五五分帳。反觀中國大陸對於台灣人才的需求程度，以偶像劇來說，由於中國大陸社會尚未成熟到自由戀愛的風氣，導致了中國大陸對於拍攝愛情戲的部分不夠成熟，無法拍出擁有好氛圍的偶像劇；除此之外，中國大陸環境目前依然無法接受許多畫面出現，例如抗議畫面、十八歲以下的愛情戲、婚外情等等。種種限制造成劇情連續性的阻礙，也導致節目內容永遠不夠到位。

　　但在另一方面，中國大陸目前也開始有優秀的影視作品出產，其中製作的作品以古裝劇最為優良：中國大陸現在已將古裝劇加以精緻化，不只是背景、環境、服裝等十分考究，其他歷史相關文獻、考證方面也多有注重，在加上中國大陸本身擁有許多環境與場景等，故成就了目前良好的古裝劇發展。

三、策略改變

　　自2009年至2012年上半年，中天電視作了一次策略性調整。讓新聞台繼續營造品牌之外，更積極制定「強化節目與戲劇製作能力方案」與「擴大中國大陸營銷方案」。而「黑劍專案」也是在此背景下產生，黑劍計畫的主要目標，是希望能將台灣的影視拓展到國

---

[5] 廖梵（2012）。〈中國大陸一刀切式管制網路節目引發爭議〉。上網日期：2012年08月30日。取自http://www.usqiaobao.com/2012-07/10/content_1463008.htm

外，強化自身的製作能力、強化營銷能力，實現在中國市場的「產品內地化」和「營銷內地化」。以合資公司為基礎去組建一條「影視產品的供應鏈」，及一條「在地化的營銷鏈」。

除了繼續努力製作優質的新聞節目，中天電視也努力與國際做連結，希望可以打造中天電視新聞成為最接近世界的新聞台，讓台灣人看到世界之外，並且與知識做結合，成為一個提供深度知識的新聞台；除了新聞台加強國際化競爭力之外，戲劇與節目製作也是中天電視在策略調整之後注重的區塊。並讓其他國家看到台灣的影視相關作品。

除此之外，中天電視也致力於版權銷售的發展，版權銷售特別是為了中國大陸崛起而設計，由於中國大陸對於台灣偶像劇需求普遍，再加上盜版猖狂，故中天電視特別計出一套利於銷售版權的策略，讓台灣的節目作品可以銷售至海外市場。

📶 第三節　多頻道電視的發展與挑戰

進入數位化時代，由於科技出現革命性的變革，多頻道的經營環境勢必面臨嚴峻的考驗，個中挑戰包括了：

一、視頻網站瓜分收視率

在台灣，目前市場上最主要的視頻網站為YouTube，而YouTube對電視頻道的經營具有一定的衝擊與影響。目前，網路視頻已經瓜分掉了一部分的電視收視率，對於電視頻道的營收造成了一定的影響。首當其衝的就是廣告的收入來源下降，故現今電視台皆在尋找解決方案，希望可以與網路視頻相互合作創造雙贏。

舉例來說，電視頻道可以與Google簽訂合約，以拆帳的方式，

設立每播放一次時，電視台與網路平台上可以收到的利潤為何，如此一來使雙方皆有獲利來源。一般來說，電視台通常拿較高比例的上載收益。我個人在2009年擔任中天電視總經理期間，特別成立了「新媒體事業處」及「內容營銷處」，專門負責對外接洽節目推廣、版權銷售等相關事宜，來因應此一市場趨勢。

二、中國大陸的市場考量

近期以中國大陸的網路視頻來說，可以分為兩階段。

第一階段：中天電視以非獨家授權給IPTV業者。會如此操作的原因是，中國大陸地區盜版嚴重，無法以獨家授權方式去發售並要求IPTV業者為中天電視維護版權。故以非獨家方式販售給各個業者。

第二階段：2011年起，中天電視將節目內容以獨家發售方式販賣給中國大陸IPTV業者土豆網，至於土豆網拿到版權之後，是不是會再下放給其他業者，就全權交由土豆網來決定。當初，這個獨家販賣的方式是以競標方式發售，並將中天電視的五個節目綁起來一起標售，其中包括《康熙來了》、《大學生了沒》等。

人才的流失，也是台灣市場急需解套的問題；某些電視公司或製作公司帶領團隊加入中國大陸「國產」的行列，作品完成之後再互分利潤，但此並非長遠之計。中國大陸雖然現在對於台灣人才有所需求，但是一旦中國大陸人員將台灣的技術全部學習之後，便不再需要台灣人才。

過去，往中國大陸市場的人才遷移，第一波主要是歌星，第二波主要是演員以及其他相關影視人員，如導演、燈光、剪接等。現階段，節目製作在中國大陸市場，已經形成市場制約的經營模式，根據長尾效應，戲劇節目的利潤較高，而綜藝節目利潤較低，過去

台灣第四台頻道大多在節目製作方面缺乏投資，僅是複製其他相關節目內容，中天電視可說是早期第一個開始製作綜藝節目；至於該如何使台灣保有一定的競爭力？便是下文將要討論的重點。

第四節　多頻道電視的未來發展──跨國經營策略

當我自己在思考一家電視公司的創立，乃是以產業供應鏈作為公司營運規劃之依歸。面臨中國市場的崛起，中天電視在當時亟欲打入中國影視市場，而日本電視台（NTV）也有同樣的目標，但是他們沒有中國市場的敲門磚，反觀中天電視在台灣、中國具有廣泛長久營銷經驗，但在娛樂影視產品的製作能力還有很大的成長空間，因此，雙方決定截長補短，共同創立黑劍製作公司。

一、接軌國際

中天電視雖擁有具市場競爭力的招牌節目，節目部門產值平均維持45%~50%，然而節目製作成本增加近30%，其中主持人酬勞就平均增加30%~35%，加上台灣廣告市場近年成長率約只有8%，市場競爭激烈，利潤空間狹隘；加上中國媒體願意投資製作昂貴節目內容，吸引台灣製作公司挾帶人才投入中國做節目代工，造成台灣媒體界人才短缺、能力不足和產品的「空洞化」。種種現實因素導致中天電視決定積極與國際接軌，試圖製作能被國際接受的作品，同時培養影視製作相關人才。

二、合作經過

中天電視之所以選擇與日本電視台相互合作，是因以往日本不

願意賣出版權給海外市場，但中國崛起後，日本廠商在中國大陸所下的廣告量逐漸超越其在日本國內所下的廣告量；2010年，兩岸簽訂海峽兩岸經濟合作框架協議（Economic Cooperation Framework Agreement, ECFA），在視聽服務及市場開放上都有相當的收穫，基於財務空間和關稅問題，為爭取能在中國大陸媒體好的廣告時段上廣告，故日方開始以台灣為接續點，讓日本電視市場得以進入中國市場，以便使日方商品廣告得以在中國市場上出現，促使日方開始與台方合作以打進中國市場。

黑劍公司採取台日五比五的投資方式，董事長與總經理由台灣方擔任，副董事長與副總經理由日方擔任，製作團隊共同負責。簡而言之，黑劍製作公司即由台灣及日本兩大媒體集團共同合作，整合雙方影視創意及執行力，製作全新影視作品，提供亞洲市場更優質的節目內容。

三、核心業務

黑劍製作公司的核心業務為戲劇，目前規劃每年需提出一部改編自日本的經典戲劇，作為黑劍製作公司的業務重心；黑劍網羅華人當紅卡司，組建優秀的戲劇製作及營銷團隊，整合日本、台灣及中國之影視高階人才、技術及資源，欲以跨國界、跨領域的新視野，革新亞洲的影視產業鏈（圖7-1）。

黑劍近期代表作為2012年上映的《白色之戀》，改編自日本NTV的經典戲劇《星之金幣》，並於日、台兩地拍攝，透過國際合作創造更豐富、優質的影視產品，產生「影視產業4.0」的全新市場價值。翻拍經典電視劇時，所需面對的問題包括編劇與卡司：編劇方面，因深受過往編劇影響與壓力，可能會導致編劇無法編出好故事，演員卡司方面，因需與過去經典劇的演員相較，增加演員

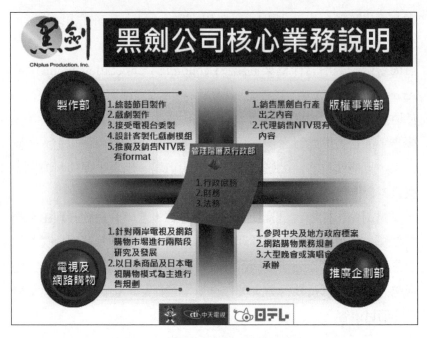

圖7-1 黑劍製作公司核心業務說明

壓力,導致演員接戲意願低落。翻拍經典劇,一定會產生出許多壓力、阻力,但只要製作團隊與演員跨越障礙,戲劇一定可以順利出產,這正是做品牌的不二策略!

四、商業模式

黑劍的營利目標是用四分之一的成本做出利潤占四分之三的產品,以低成本為主結合利用台灣本土優勢,如創意、製作優勢、應變能力等,做到產生出四分之三利潤的優秀成品。

日本目前電視的製作成本約為台灣的五倍,雖然回收的利潤也很高,如果以台灣的低製作成本結合日方的技術與培訓,並進一步銷售至中國市場,可望形成更高獲利。

　　日方之所以會如此依賴台方，是因台灣與中國簽訂了ECFA與IPR（海峽兩岸智慧財產權保護合作協議），保障了台灣影視製品版權，就盜版猖獗的中國大陸市場而言是相當大的保障。除外，ECFA的簽訂也造成台灣公司進入中國市場之優勢，台商在中國大陸市場上不必受限於外商的各項設限與規定，而日商一旦進入中國大陸市場便等於是外商的身分，規定與稅率均較嚴格。

　　以SWOT的分析架構來分析黑劍的節目產銷模式（**表7-1**），可看出黑劍對於節目製作的流程管制相當優異，平均每九個月就能夠產製出一部戲，每部戲的成本大約僅新台幣200萬至250萬；在中國市場銷售上，分別採用預售版權、投資合拍以及引進等方式。就劣勢而言，各個偶像劇之間的差異不大，如果只是改編日本的劇本加以拍攝，此刻在市場的競爭力上其實不夠高，我只能用日本的技術去提升台灣戲劇的品質，或是台灣大幅度的改寫日本劇本之後，所產製出的戲劇。進入市場後差別不大，往往只是呈現出燈光、取景的差異，劇情內容上仍只以愛情為主。

　　在機會上，透過台日合作之育成小組，黑劍派人前往日本學習

表7-1　黑劍節目銷售SWOT分析

Strengths	Weaknesses
1.有效之流程控管 2.精簡之製作成本 3.市場上靈活之營銷模式	1.產品差異性不大 2.團隊磨合需要時間
Opportunities	**Threats**
1.台日合作之經驗交流及資源互補 2.台日之永續合作 3.台灣、中國大陸及海外市場之未來機會	1.市場風險 2.中國大陸政策風險

相關業務，從企劃到製作完成的完整流程，形成經驗交流及資源互補，提高產品的差異性，以求永續合作；同時，台灣的有線電視、無線電視，中國大陸傳媒及新媒體，加上海外市場，此五大市場是未來黑劍節目產製營銷的機會。

五、經營策略

若不放眼未來，多頻道經營是無法繼續走下去的，買頻道並非一條康莊大道，而應該要做的是跨國經營、製作內容，才有辦法在未來的環境中繼續生存。如故宮將原本的數位典藏中的畫作，抽取其顏色，將之數位化後賣給各遊戲公司，並藉此賺取利潤，就是文化創意產業的一環。

黑劍作為旺旺中時集團的戰略性角色，第一階段目標是要完成供應鏈的建立，從引進日本創意、技術到前去學習製作節目，乃至中國市場的營銷，黑劍去年與中國大陸克頓傳媒集團簽下合作協定，將以一年至少三部戲及三個綜藝節目的方式，成為中國大陸沿海衛視主要的外製戲劇及節目來源。第二階段目標則是實際進行改編、合作，黑劍將與克頓有一部戲的實際合拍，登進中國市場的主時段。

唯有與國際接軌，才有辦法生存，所以，中天電視現與日本電視合作，今年共同在坎城參加國際電視展（MIPCOM），試圖將台灣電視推向國際，此舉有如在日本市場投下了震撼彈，使日方公司開始意識到，日本電視台必須將自己準備好，進入中國市場。

🛜 第五節　經營理念與管理哲學

我對於自己在工作上的要求，乃是認為凡事務必要堅持謹慎，戮力以達成工作目標，我也會應用同樣的思維到管理層面，我認為

自己是屬於任務導向的管理者，往往對於部屬的要求很嚴厲、標準很高，期望部屬能貫徹我對於他們的要求，但是我會在過程當中，不斷的與同仁溝通，對於工作過程中的幾個關鍵點，務必要確實完成，就是為了希望在工作時，能夠將人情以及非理性等相關因素的影響降到最低，盡力去達成目標。

我認為經營管理者應能公私分明，與同仁之間的相處沒有架子，在職場如同上戰場，我會第一個到達戰場，也會最後才離開。對於員工的管理採取完全授權、完全信任。

在創立黑劍製作公司的過程當中，我瞭解到：經營者對於組織的戰略規劃之重要性，CEO必須要充分瞭解組織能力，進而擬定適當的戰略，同時引進充分完整的人力資源，加上充足的預算，能夠掌握好這三個關鍵要素，組織的營運就能上軌道（**圖7-2**）。因此，電視媒體產業的CEO，必須具備戰略意識，在細節、分工上明確要求部屬的執行力，才能扮演斥候的角色，對於大華人地區進行測試市場的工作，並以此建立起正向的產業鏈。

圖7-2　組織經營策略

📶 結　語

「內容是王，管理是后」（content is king, management is queen），兩者必須同步前進，且視野需拓大，目標導向全球，唯有與世界接軌，才有辦法求得產業生存之道；只有面向國際，台灣的電視媒體產業才能繼續茁壯發芽。

中國大陸市場當前對台灣影視產品需求仍舊不小，同時也依賴台灣的人才與技術，故表現出對台灣電視媒體產業之友善態度。但如果有朝一日，中國大陸市場不再需要台灣，台灣電視媒體產業該如何生存？

走在這條路上，我們看到的不只是眼前，更應該放眼於未來，比他人更先知覺，才能在市場上穩握優勢、踏定腳步！

附　錄

　　日本電視放送網株式會社（日本テレビ放送網株式会社），通稱「日本電視台」（日本テレビ），簡稱「日視」（日テレ，Nittele）、「NTV」，在日本是一個以關東廣域圈作為播放區域的無線電視台，也是日本第一間成立、開播的民營商業電視台。同時亦為日本主要報紙《讀賣新聞》的關係企業，自創立起即與《讀賣新聞》有業務上的合作；而讀賣新聞社也一直是日本電視台的最大股東。日本電視台的資本額大約為186億日幣，其員工人數約為三千多人，目前的董事長為細川知正。

　　日本電視台最初在成立時，便計畫建構以東京為中心、向日本各地統一播放節目的全國性電視網，但最後因當時廣播業務的主管機關郵政省未予核准而作罷，使得其廣播範圍僅止於東京及周邊地區。不過在1966年，日本電視台開始與其他地區的電視台組織合作，形成以新聞節目資源互助為核心的日視新聞網（Nippon News Network, NNN），之後又在1972年組織日本電視網協議會（NNS），逐漸建構起全國性的聯播網。現今除了沖繩縣之外，服務地區為全日本，全國皆可以接收無線電視訊號的方式收看日本電視台的節目。

　　其中需要特別注意的為日本電視台的子公司AX-ON。AX-ON為一製作公司，其公司人員約有650人，每年的淨獲益約有6,800萬日幣。AX-ON是日本電視台特地成立專門為製作相關影視作品而產生的子公司，每年皆產出將近七成的作品在日本電視台上播放。

　　同時，AX-ON也為其他電視台製作影視產品，如戲劇、廣告與電影，成為日本最大的製作公司，並提供訓練專門戲劇製作人才的培訓。

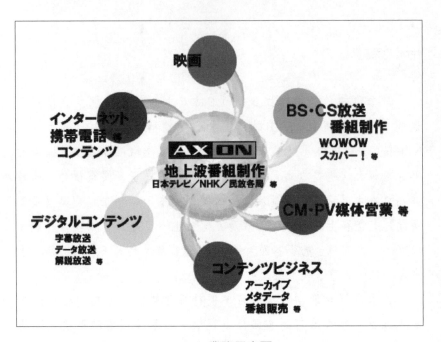

AX-ON業務示意圖

8

節目製播的發行與管理經營策略

年代電視總經理　吳健強

經營哲學

銜命要談節目製播、發行與管理,剎那間,腦子像個倒帶機,一倒就近四十個年頭。四十年來,電視機的製造技術進步了許多,電視機的普及率更是無遠弗屆。然而電視節目的製作與管理,是否與電視機的進化完全成正比,這就見仁見智、一言難盡了。再者,與電視節目共事了這麼長的時間,深感它是一種藝術創造,更是一種科學管理,二者相互為用。藝術較不易以言語及文字表達,只能用心感受。科學就必須完全以言語與文字表達清楚。電視節目的製播與管理者,「藝術」與「科學」二者不可缺一,二者兼具者,必會有佳作,也必能勝出。

作者簡歷

職涯從本土廣告公司為起點,三十年前成立製作公司,在無線電視台經營電視節目製作與廣告業務承攬多年,爾後歷經有線電視崛起,經營電視頻道,曾任JET TV、國興衛視、超視總經理;2004年更跨足平面媒體,經營台灣當年最大的影視娛樂報《大成報》。2005年加入年代電視集團,2010年起出任年代電視台總經理至今。

前　言

　　近來有關媒體的發燒話題，大多是圍繞著「數位化」的相關議題。政府的媒體產業政策，清晰的顯現要向數位匯流邁進，對於數位匯流的內容及相關執行細節，也舉行過多次座談與討論，甚至民意調查。相信在各方努力之下，對如何達成數位匯流的目標，終必趨於明確，也終必會向前推進。

　　就如同有數條高速公路，不論建造過程有多辛苦，最終必會完工，而各條高速公路也會在各方共識之下，串連成一個更具經濟規模的公路網。公路雖完成，然而路上奔馳的車輛，才是明星。舞台再絢爛，站在舞台上能精彩演出的人，才叫超級巨星。換言之，能製作出好節目的人，才能在數位匯流中扮演明星；能將節目內容在數位匯流中發揮最大效益者，才是超級巨星。

　　以下僅就與節目內容有關之議題，筆者依過往之經驗，略述淺見。

第一節　電視節目製播

一、製播三元素：創意、執行、考核

　　做任何節目皆有一三角關係需要注意，分別是：創意、執行、考核（**圖8-1**）。如同行政管理三要素：計畫、執行、考核，此三要素構成節目製作的一切根基。

　　首先製播流程中最重要的是創意，也是萬物之始。當然，在創意產生之前，又有幾項因素必須考慮，如：頻道（或組織）中，

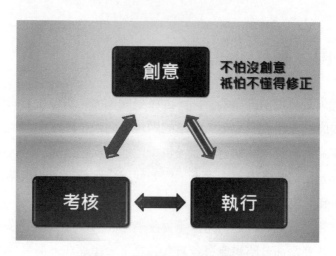

圖8-1　電視節目製播三要素

所擁有最缺少的元素是什麼？如何動員組織的力量產生創意，多鼓勵創意，在創意的過程中也必須兼顧創意的實踐能力，最終也必須計算在創意完成後，在既有的商業模型中，他最大的經濟效益。在過去幾年中，紅遍全球的《超級大富翁》（*Who Wants to Be a Millionaire?*）及《美國偶像》（*American Idol*）不但在英美盛極一時，歷久不衰，版權行銷遍及全球各國，印度片《貧民百萬富翁》（*Slumdog Millionaire*）更是以《超級大富翁》為貫串全劇的骨幹，最後此片並榮獲奧斯卡金像獎「最佳影片」等八項大獎。

　　創意經濟學者約翰‧霍金斯（John Howkins）曾說過[1]：

　　「一個人要有創意，必須先對一個專業領域很熟練、有經驗、有瞭解、有見地，久而久之，就會常常有與眾不同的創意發

---

[1] 楊瑪利、楊方儒（2007）。〈獨家專訪 創意經濟學者約翰‧霍金斯 不要畏懼成為創意思考者〉，《遠見雜誌》。上網日期：2013年02月02日，取自http://www.gvm.com.tw/Boardcontent_12992.html

生。」

「我覺得，創意不可以教，但是可以被鼓勵（encourage）的。也就是說，不是遵照著一個個步驟，腦袋裡就會產生鮮活的創意。」

其次是執行。古云：「坐而言，不如起而行。」然而行之要有道，創意和執行應該要有一貫性，創意者應該考慮執行的可能性及成功率，執行者應衡量的是達成率及突發狀態的排除能力。創意和執行，落差越小，成效就越顯著，兩者相互為用，對公司或產業，亦應多一點宏觀的思考。有一個小故事：五○年代美國鋼鐵業極不景氣，鋁業也遭逢嚴重打擊，兩者亦互相競爭。某製鋁工廠就想出了一個妙計，發明了易開罐，易開罐的材料非用鋁不可，不能用鐵，鋁材質輕，又可印上彩色標籤。時逢飲料巨人可口可樂及百事可樂也全面使用鋁製易開罐行銷全球，緊接著啤酒罐也迅速跟進，鋁工廠的獲利從谷底翻身，創造了百年內的最佳獲利。有趣的是，他們也同時消滅了開罐器的生產線。所以好的創意加上執行，往往有創造卻同時也有毀滅。

而目前電視台的組織中，創意的來源多半始於經營者，一來是營運上的壓力及考量，二來是經營者通常較能掌握趨勢的脈動，而執行者多半為公司主要幹部或製作人，而綜觀各個媒體的績效，成效卓著業績長紅者，幾乎都是創意與執行在一條鞭的控管下，達成了效益最大化的目標。策略大師蓋瑞‧哈默爾（Gary Hamel）說過[2]：「創新是一種取捨（trade-off），是發現一種新的妥協，且創新是建構在兩個面向的層次，一個面向叫做紀律，另一個面向是創造力，

[2] 廖建容、楊美齡、周宜芳（2007）。《管理大未來》，台北：天下文化。（原書：Hamel, G., & Breen, B. [2007]. *The Future of Management*. Harvard Business School Press.）

我認爲創新的眞正挑戰是，你如何同時能推動紀律和創意？」

　　而執行最大的困難就是人力不足、資金不足，當然，消費市場與廣告市場過小，是無法有效執行的病源，所以業界常有人呼籲「把餅做大」應該就是這個道理。然而，就因爲人力不足、資金不足，就更需要創意。而創意最大的原動力，就是「願意去創意」，創意能有合理的權益，執行的力道當然也會加強。總之，創意是應該被尊重和保障的，如此，就會有源源不斷的創意。

　　再者是考核。做節目不怕失敗，最怕的是不知爲何失敗，電視台都有節目品管及績效評估的部門，同時營運部門也會對每一個節目訂定考核標準。舉凡製作費過高、收視率未達基本要求、周邊效益不彰者，均列入改進或停播名單。節目開開停停，對電視台的形象及收視習慣都會有負面影響，最佳對策就是針對節目缺失，不斷提出改進方案，而且是具體可行的方案，節目終將出人頭地。擦亮招牌比重做招牌要划算得多[3]。

　　目前各電視台的製播標準及目的，大致可區分爲如下幾點：

1.爲創造收視率而製作的節目，也就是爲了廣告收益而作。
2.爲推銷某種理念而作的節目，俗稱置入性節目[4]。
3.爲公益而作，爲推動社會公益、關懷弱勢等目的而作的節目。
4.配合政府政策而做的節目[5]。

---

[3] 各個電視台營運成本均不同，因此對節目製播及停播的標準亦不同，然而所謂的不同，應該是數字、金額不同，原則及理論應該相同。

[4] 此類節目各國均有不同程度的規範，規範的範圍及思維有極大差別，有以法規約束仲裁者，也有的是全盤交由消費者取決者，而我國身處萌芽期，主管機關與業者尚在謀合，而謀合的過程中不免損兵折將，我們只能期待此過程儘量縮短，早日達到完美境界。

[5] 例如主管機關規定不論頻道屬性，不論頻道之觀眾定位，一定要製播兒少節目，且不限製作內容、型態、預算，更奇怪的是，也不論此類節目對兒少是否眞的有益，此項做法，似乎也遺背了數位分眾、頻道定位的理論。

二、邊際效用：市場最大化、效益最大化

　　節目製播的最高境界，就是要讓所製作的節目邊際效用最大化，也就是要讓節目製播後的銷售市場最大化加上效益最大化。所有的節目的版權若都能有效銷售，所能產生出來的效益，是十分可觀的。就版權的效益面來看，可以分為不同平台、不同國家、不同目的、不同時期等方面來分類。而各個不同的分類可能產生出的版權效益也不盡相同。

　　版權在不同平台上，產生出來的節目版權收益是很龐大的，無論是無線電視版權、有線電視版權、DVD/VCD出租版權、DVD/VCD購買版權、手機版權、網路版權、MOD平台播放版權、學校機關版權、飛機播放版權、遊覽車等交通工具的版權、電影院版權以及公共場所版權等，每個版權能夠產生的權益皆不同，但是都是一筆十分可觀的數目。

　　除了在不同平台上有不同版權規範之外，不同國家也會產生不同的版權範疇。舉例來說，日本、韓國、東南亞、大陸、香港、澳門等國家，版權機制皆不相同。在亞洲區之外，尚有歐洲、中南美洲、美洲等，區域遼闊。加總起來，版權可以為電視公司帶來的效益十分龐大。

　　而目前最大的華文版權市場應該是中國大陸，過去二十年前北美地區的華文版權市場也有一定規模，然而近年來由於網路興起，錄影帶市場已被取而代之，因此，各電視台均將海外版權的市場由北美地區移轉至中國大陸（過去以廣東話為主的香港TVB，近年亦大量製作華文、華語節目，其目的也是因為中國大陸市場的崛起）。

　　版權又有不同期限的差別，只要不賣斷，可以不斷地賺取授權

費用。舉例來說，兩年一次授權的節目，使製作者可以有無限的收益來源。HBO便是將版權操作得十分專業的一家媒體公司。HBO利用大片庫的戰略，利用本身擁有的片庫，一直重複的播放，在不同時期、不同地區、不同時段，作滾筒式的播放。使每部HBO的庫存片都可以發揮最大的效益。HBO在美國以外的地方，收益十分可觀。而HBO在美國本土，所賺取的利潤更是可觀。美國因應數位化之後，頻道開始邁向分級、分類，美國的HBO將頻道分類，分成不同的類型台，各個台所需要的收費不盡相同。這樣一來每個月可以從收視戶手上收取的費用便十分龐大。

反觀於台灣的媒體工作者，我們現在需要努力的是：如何將節目品牌化，並將品牌國際化。如同HBO一樣，擴大市場，走向國際舞台。並開始思考，在邊際效用最大化的考量下，該如何製作節目，並善用效益最大化的理論，將片庫的利用價值予以最大化。

當我們在精確計算製播效益及版權效益時，最重要的是，管理大眾傳播，絕對異於管理工廠。石永貴先生[6]在其著作《媒體事業經營》中提及：「有人不免會好奇的問，你是怎樣把大眾傳播事業經營起來？把過去所學的用出來，把古今聖賢之學搬上來。學問之道，無他，多學、多看、多做、多思考而已。為什麼這件事情做對了，為什麼這件事情做錯了，千變萬化，千轉萬轉，事業的主軸，不能有任何變動，否則不等颱風來吹，就會自倒。我從事業經營經驗中，體會出事業的主軸有三個，一個是道德力，一個是意志力，一個是實踐力，這三種力量，通常，不是與生俱來的，而是從工作

---

[6] 石永貴先生經營《新生報》，轉虧為盈，煥然一新，經營台視七年之間，台視成為新聞王國，盈餘增加40倍，經營中視，兩年內賺進36億元。石先生是許多電視人的導師，更是提攜者，現在許多電視台的新聞主播、主持人、主管均是當年石先生麾下的戰將。若沒有當年石總經理的一路開導，我也絕對沒有現在的格局。

中考驗，百折不撓而不回，千錘百鍊而來。」[7]以上石先生所言，足供我們細細品味。

三、節目製作的分眾考量

(一)CPRP廣告收視點成本

CPRP（cost per rating point）乃是在討論到製作節目分眾市場考量的時候，要先瞭解的分眾收視概念。所謂的CPRP，就是指電視媒體市場上買賣雙方的議定交易價錢。

在早期的台灣無線電視生態中，購買一個十秒廣告大約需要26,400元，但是這個情況在外商進入台灣市場之後，開始轉變。由於外商公司發現，雖然花一樣的價錢給電視公司，電視公司並不能保證所達到的收視戶數皆是這麼多，便開始發展出CPRP收費計算機制。也就是購買每一個收視率（rating），雙方先議定好收視點的價錢。

CPRP的計算方式為：廣告單價或總價，除以電視廣告媒體的收視或總收視率。而CPRP乘以廣告秒數及平均收視率，便是廣告收入。目前市場價錢每1 rating購買成本約為5,500~7,000元不等。現階段NCC規定每一小時的節目可以有六百秒的廣告。在此假設之下，如CPRP議定為6,000元，廣告平均收視率為0.8，一小時節目的廣告收益即等於288,000元〔$6,000（CPRP）×0.8（廣告平均收視率）×600秒廣告〕。但是，一集節目的成本往往不只288,000元，節目還可以在其他時段播放，再賺取該時段的廣告收益。除此之外還有上述節目的版權銷售利潤。製作有口碑有市場的好節目，影響力及效益可期（**圖8-2**）。

---

[7] 石永貴（2003）。《媒體事業經營》，台北：三民。

廣告收視點成本算法：

【CPRP】（Cost Per Rating Point）

★每單一Rating購買成本，單位計算＝10"

★CPRP＝廣告單價或總價／該廣告媒體的收視或總收視率

★CPRP×CF Rating×廣告秒數＝廣告收入

圖8-2　CPRP介紹

　　而上述的廣告收入並非電視台的淨收入（net revenue），因為還要在扣除佣金，才是淨收入。在微利情況下，電視公司便採取重播的策略。電視公司會將節目重播，重播時，無須再耗費製作成本，但是依舊有收視率，可以增加廣告收益。

　　除此之外，現在越來越多的廣告客戶想將廣告放在網路上，而非在傳統電視上，產生了網路廣告對傳統電視的威脅。

(二)AC Nielsen

　　有了廣告收費機制（CPRP）之後，便需要第三方的公正數字來作為支撐點，也就是收視率的調查必須公平，目前台灣各大媒體公司及頻道最常用的是AC Nielsen的收視率調查。

　　AC Nielsen的人口調查比例乃參考台灣內政部分布的統計數據，從年齡層收視區塊上（**表8-1**），桃紅色的區塊為所有電視公司的主要收視族群（Target Audience）。15～24歲占14.3%；25～34歲占了16.6%；35～44歲占16.5%。除此之外，年齡層越高，對節目之忠誠度也越高。反觀年輕族群，忠誠度約來越低，且逐漸將傳統收視平台轉向網路平台，如PPS等。這也造成製作節目上越來越辛苦，因為抓不住年輕收視族群。**圖8-3**表示，年輕族群為主力市場但忠誠度低，以及年長族群忠誠度高，但消費力低的情形。電視收視主要族群為較年長者，其忠誠度佳但消費能力低；廣告主力市場為

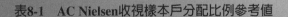

表8-1　AC Nielsen收視樣本戶分配比例參考值

【行政院 人口統計資料】		
地　　區	千人數[+]	%
台北市+北縣+市	5,576	25.0%
其他北部+宜蘭	4,467	30.0%
中部+花蓮	5,906	26.5%
南部+台東	6,336	28.4%
Total	22,285	100.0%
性　　別	千人數	%
男	11,142	50%
女	11,143	50%
Total	22,174	100%

行政院 人口統計資料		
年齡	千人數	%
4~9	1,264	5.7%
10~14	1,363	6.1%
15~24	3,189	14.3%
25~34	3,707	16.6%
35~44	3,670	16.5%
45~54	3,672	16.5%
55~64	2,868	12.9%
65+	2,552	11.5%
Total	22,285	100.0%

資料來源：行政院內政部2012年10月人口速報（四歲以上）

年輕族群，但收視忠誠度低，無法持續拉攏收視，此現象也影響電視公司在節目製作時的蹺蹺板拉鋸戰。

　　由於分散的收視戶，使電視公司開始思考到，台灣廣告量流失的問題。根據2011年媒體代理商（Media Agency Association, MAA）

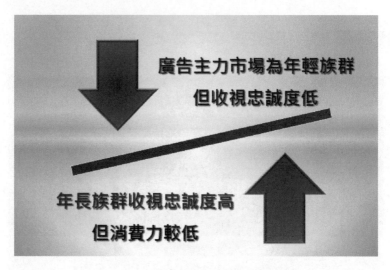

圖8-3　不同年齡收視戶之差異

媒體白皮書中顯示出的七大媒體總廣告量為605億元（**圖8-4**），其中第一大還是為有線電視35%，因為有線電視頻道較多，廣告收入也較多。第二為報紙，占比為18%。第三是五年內竄起快速的網路媒體17%。在五年前，五大媒體之內還沒有網路，但現在網路成長快速，對於傳統電視業者而言，多了許多競爭壓力。第四為雜誌；第五是無線電視台；第六是廣播；第七是戶外。後二者是由許多小眾所集合出來的廣告量。電視媒體如何擴大市場占有率？正是所有經營者及經營團隊當前面臨的最大問題。

　　從經營的現實面考量，電視公司所製播的節目，無不以收視考量、業績掛帥為主要思考的方向，然而媒體也背負了資訊傳達、教育等社會責任，因此，每一位經營者也都希望能製作出叫好又叫座的節目，營運績效和社會觀感，便成了媒體經營者的雙重使命。

　　而面對一個市場小、競爭者多、觀眾也要求多，主管機關更是限制多的環境下，要製作出叫好又叫座的節目，實屬不易，許多有

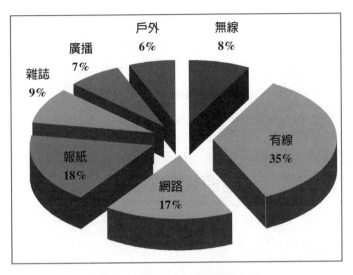

圖8-4　2011年七大媒體廣告量

使命感的節目，在尚未達成任務之前，就因收視和業績的考量，而
半路折損。業績不佳，就沒有足夠資源聘請優秀人才，沒有人才，
就沒有理想、沒有未來。

　　近年外資及財團大舉入侵媒體之經營，只求利潤不問理想，更
不可能花心血培養人才，主管機關應正本清源，重視此種狀況。

　　趨勢大師約翰‧奈思比（John Naisbitt）在其著作：《Mind Set!
奈思比11個未來定見》[8]中說道：

　　「誇大的報導讓人有事事都在改變的錯覺，激烈的競爭與
　　二十四小時的報導養大了媒體追求變化的胃口，最後呈現的
　　是雞毛蒜皮、無關痛癢的瑣事。」

---

[8] 潘東傑譯（2006）。《Mind Set! 奈思比11個未來定見》。台北：天下文化。
（原書：Naisbitt, J., 2006. *Mind Set!: Reset Your Thinking and See the Future*. New
York: Collins.）

「找尋機會，比解決問題更重要。機會尋找者瞭解，只有轉變才有機會。企業家會因為社會、經濟的改變，尋找機會；而解決問題的人只關心昨日之事，著重長久以來大家想解決的問題。我認為成為機會找尋者，可以解決問題，而當個解決問題者，卻解決不了問題。」

第二節　數位時代的影響

一、多媒體世代的考量

製作節目第一個動作，就是要思考節目的定位。換言之，要先決定目標收視群，才能循線發展，否則創意與執行將會事倍功半。定位完成，才能再確定如何表達、如何呈現，即概念（concept）。因此，定位（position）、概念（concept）、目標收視群（target），這個三角關係，將完整而簡單的勾劃製作節目的基本邏輯。

然而在多媒體的世代裡，分眾將更為明顯，不同的媒體在分眾之後，可能會發展出另一種規模較大的社群，來自同一社群內的收視族群，將可以透過新的軟體，彼此串連，同一時間，來自各地的觀眾，可以針對某一段劇情、某一位演員的服裝造型，甚至某一位電視名嘴在政論節目的高談闊論，彼此可以互相連絡，表達意見。就社群的活動力而言，這是一個可怕的力量；就經濟利益而言，社群的力量，將成為鉅大的商業規模。

未來製作節目、經營媒體、掌握社群、服務社群，都將連成一線，社群的「忠誠度」，也將會是製作節目時的考量因素，而媒體的經營者，或是領導人，勢必要以更卓越的領導風格，帶領著經營團隊，走向多媒體的世代。

　　不論是開創企業或是維持企業營運的領導人，最重要的一件工作就是要找對人，原因在於這類員工毋須太嚴格的管理或強烈的誘因，他們就會激勵自己有最好的表現，創造出卓越的事業。如果找錯人，就算你找到了正確的方向，你的公司仍然不可能成為卓越的公司，也就是說如果沒有卓越的人才，空有願景，仍是枉然。

二、高畫質時代來臨

　　高畫質的時代來臨，意味著電視產業又邁進了一個新的里程：畫質清晰細膩、逼真的臨場感，將觀眾的視覺享受帶入一個前所未有的境界，也因為畫面精緻逼真，所以在製作節目時，所有能被觀眾清楚看到的細節，都必須能達到高畫質要求的水平來呈現。因此所有參與製播節目的人員，都必須學習新的概念和技術。如梳化妝、服裝、布景、道具、陳設、運鏡等，都必須隨著高畫質的效果，將技術與技巧全面提升。

　　相對的，電視台（或製作單位）的人員培訓、設備更新、人事組織及編制，甚至成本，都將重新規劃及計算。例如2011年起，美國NBA籃球賽的現場轉播，已全面使用高畫質攝製及傳輸，球員全身汗如雨下，彼此衝撞時，汗水四濺，在電視機前觀賞，清晰可見，轉播單位為求逼真，攝影機拍攝的角度，都企圖讓坐在家中觀賞電視的人，有如置身現場，球賽中場休息時間，轉播單位播放了過去的資料帶及紀錄片（非高畫質的）兩者相較，優劣可見。俗話說：由奢入儉難，高畫質勢必取代舊有的電視畫質，成為觀眾的新寵。

　　就以每四年舉行一次的世界杯足球賽為例，02年、06年的全球性轉播，全部都是類比式轉播，運用的轉播媒體也都屬傳統媒體（無線電視及有線電視），到了2010年，類比訊號及數位訊號則雙

軌進行，並已開始使用高畫質轉播，播出平台也擴及無線電視與有線電視之外的平台（MOD），而2014年的世足轉播，除了全面以高畫質傳輸之外，相信也會更擴大播出平台，重要的是，觀眾收看世足賽的轉播，也許會開始面對「加值付費」（計次付費、收看全程賽事付費、公共場所或營業場所之播送權利金），總之，數位化的世代，將是創意行銷及行銷創意的世代，同時，也將視聽水準帶向另一個境界。

三、數位化對觀眾的影響

數位化後，代表多媒體的時代正式駕到，無論是觀賞節目、蒐集資訊或是閱讀資料，都可以隨時、隨地，以電視、電腦、手機、戶外電子看板等各類電子媒體來做接收。播放及收看的模式，也會由被動接收，轉換成主動點選。播放及收看的主導權，將由電視台（或媒體）轉換成由觀眾（或讀者）來主導。同樣的，數位化也會改變「付費」的機制和習慣，收費者與付費者之間，將會演變成另一種錯綜複雜的關係，各種收費機制都將傾巢而出，而內容供應者與平台的經營者之間，如何就收費中形成一個合理的拆帳機制？而這個機制的計算標準為何？遇有紛爭時，仲裁及協調單位是誰？解決爭端的法源依據為何？以上諸多問題，都亟待有關單位事先籌備及規劃。

由於付費、收費、拆帳等機制必須伴隨著數位化的腳步一併前進，可預期的是，如同電信通訊費用一般，各種行銷手法皆會出籠，數位化媒體與媒體之間能否整合成另外一種數位平台，想必也會是一種趨勢，所謂整合行銷或是行銷整合，將扮演著重要角色。

另外值得討論的是，媒體數位化之後，觀眾也會呈現「分眾」狀態，資訊與資料的取得及閱讀，其比例將大幅提高。換言之，數

位化的電子媒體，配合著高畫質的高水準呈現，傳統紙媒的占比將更形萎縮，政府及相關單位在推動硬體數位化的同時，更應提出有效的政策鼓勵電子內容創作及出版，更應鼓勵數位電子的閱讀，除加強文創產業之外，更提升全民閱讀習慣，豐富全民知識。

香港《亞洲週刊》總編輯邱立本先生在其著作《激情新聞筆記》[9]中說：「閱讀是最好的自我教養，尤其是深度的閱讀，可提升個人的思辨能力，培養一個更強大的公民社會，可以在權勢面前說真話，不僅避免被政治的權力所綁架，也不會被商業的權力所綁架，更不會被庸俗的媒體所綁架，不會被黑白二分法的簡單思維所綁架……，一個偉大的城市，必須有龐大的閱讀人口，他們不再是為了考試而閱讀，而是為了人生試卷而閱讀……。」

我想政府大力推動數位化的目的，莫過於以上邱總編輯所言，而數位化的功能，也絕非只是無時無刻的在不同媒體上，提供觀眾觀賞娛樂而已。

第三節　電視台的組織營運

一、電視台的組織與結構

電視台組織與結構如圖8-5。大部分的電視台結構都大同小異，簡單的做以下介紹：董事會上有股東大會，董事會下有董事長與總經理。總經理直接管轄新聞部、業務部、工程部、節目部、管理部以及財務部。新聞部下又分為編輯中心與採訪中心，以及其他行政工作。業務部除了基本的行銷的業務之外，額外還有作事後評估的

[9] 邱立本（2008）。《激情新聞筆記》。香港：天地。

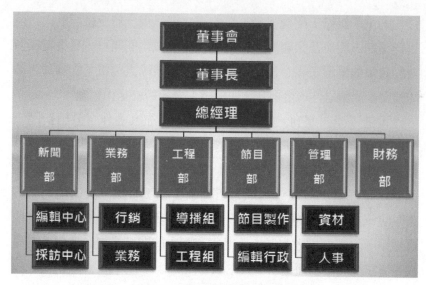

圖8-5　電視台結構與組織

部門。工程部下分導播組與工程組。節目部下分為兩個大系統，第一個為製作，也就是生產部門；另一個則為行政中心，負責編審節目。

　　然而因應傳統廣告的大餅逐漸遭到分食，營運成本逐年增加，內憂外患的雙重壓力之下，各家電視台任務型的單位或部門，也逐漸建立和產生，譬如海外事業部門、業務專案部門，有些甚至也成立了迎戰數位化的跨媒體影音部門或相關業務的推廣部門。

二、電視台的成本控管與分析

　　一般來說，電視台主要的預算結構，包括節目費、硬體設備、人事管銷、稅金及利潤，而基本上節目費用（含自行製作及外購節目）所占的支出比例應最大，因為媒體最大價值是內容，內容可產生收視率及影響力，前者可為品牌賺取股利，後者可提升品牌股

價，因此掌控成本及支出比例，便成了經營者的首要工作。而每一筆費用的支出產值，也成了媒體經營者必須嚴加控管的要素，若無法有效控管支出及產值，或支出的項目在總預算中分配不當，對一個電視媒體而言，將嚴重影響經營績效。在內容是王的時代，如果是過大的人事開銷，過小的節目支出，將不利於媒體的營運。

而目前電視營運最大的挑戰，即創造收視與產值的最大化。誰能以最低成本創造最高收視率及最大產值，誰就是贏家。成本最小化，效益最大化，為經營電視的不二法門。

管理學之父彼得‧杜拉克（Peter Drucker）在其著作《杜拉克：經理人的專業與挑戰》中提及管理組織績效時，所包含的幾個重要基本原則[10]：

> 「我們絕不能單憑產出數量與利潤數據，來評估管理績效與企業經營的成效。從市場地位、創新、生產力、員工發展、品質，一直到財務績效，每一個因素對公司的績效、乃至於生存而言都一樣重要。」
>
> 「對不屬於某個企業的人來說，他們最不記得的一件事，就是這個企業的內部績效。一個企業的最大成就，就是創造滿意的顧客（收視者）。」

三、電視台的收入分析

目前政府相關部門，最常談到的就是數位匯流，而倒底什麼是數位匯流，絕大多數的視聽人並不清楚，所以更別提在數位匯流之下付費及收費的機制到底如何訂定。然而，以目前各電視台的收入

---

[10] 李田樹譯（1999）。《杜拉克：經理人的專業與挑戰》。台北：天下文化。

項目分析，來源不外下列幾項：(1)廣告收入；(2)節目授權費（有線電視之頻道經營者向系統經營者收取的節目費，此項目無線電視台無收費，僅限於有線電視）；(3)置入行銷或冠名費（此項目現階段主管機關正在試辦並與業者協調中）；(4)版權銷售（台灣及台灣以外地區之其他播出平台）；(5)數位化之後收入無限大的想像空間（此點需仰賴專家、學者及推動法案的相關單位儘早制訂遊戲規則，並廣爲教育，否則雖有無限大的想像空間，未蒙其利之前，可能徒增更多困擾，對數位匯流而言，將曠日廢時）。

關於節目轉換至數位化之後，版權該如何買賣，依目前市場上各「數位媒體」的運作上來看，仍屬起步階段，客戶（廣告主及收視者）與媒體的經營者之間，對於廣告訂價及收視者的收視效益評估，雙方仍在謀合階段，因此，節目版權的擁有者，仍無法在數位平台上收取具有經濟規模的版權費。反倒是中國大陸在網路視頻上的營運，已培養出龐大的收視族群，廣告總收入亦節節上升，對於版權銷售而言，已形成一個不可輕忽的市場。總之，數位平台已逐漸形成，並快速茁長中，假以時日，收視習慣、收視傳媒，都將呈現巨大改變。若能彼此制定多贏的制度，有效管理市場機制，導入數位化往良性循環發展，則數位化之後亦必將創造出一個更具經濟價值的市場。

📶 第四節　管理理論及領導風格

各行各業的領導者、經營者，應該都具備了領導組織、管理組織的基本想法和做法，而以電視媒體這個產業來講，我個人認爲不能以管理二字來看待，更不能以嚴格管理的心態作爲治理公司的態度。最重要的是，選擇一批有共同理想、對工作有熱忱的經營團隊，彼此激盪，集體動腦，在一個彼此（公司與員工）都能接受的

框架下，一起把工作完成。換言之，樹立理想、確定目標，訂定能夠激勵人心的制度，各部門在自己的工作崗位，將自己的工作能量發揮到極限，這就是一種最好的管理。我認為「研究與發展」的成效評估，是對一個組織管理績效最終檢視的基本標準。

　　一個好的執行者，雖然把自己分內工作都做好了，績效也可能只有六十分，因為他只是做好、做完了，但缺少了更精進、更精實的作為。例如，一件公文需要十個簽章才能完成，你每天每件公文都如此辦理，不能說你不對，只能說你不夠好，因為你沒有在職掌內把簽章減為九個、八個……，你沒有提升工作效率，更沒有創造更大的績效。換言之，你沒有激發潛能，也沒有把創造力做最大化的發揮。

　　電視媒體的經營與管理，其精神就在此，填鴨及教條式的管理，並不能有助於電視經營績效的提升，激勵、激勵、再激勵，才能在媒體產業中創造出極品。

　　激勵員工、幹部，讓大夥一起努力去追尋一個共同的目標，我想，這就是我們公司的一種企業文化，而我扮演的角色，就是讓這一股追夢的力量，與日俱增。

📶 結　語

　　經營電視台，面對各種時空變化，實非易事，電視經營之首要任務，即是製作內容，而為了完成這項任務，又必須大小雜事，面面俱到。身為經營者，不能高高在上單憑口說，而要能親自下海示範，然而又不可事必躬親。曾國藩《挺經》中說：「大抵謂天下事在局外吶喊議論，總是無益，必須躬自入局，挺膺負責，乃有成事之可冀。」以上所言，形容一個經營者應該扮演的角色，再恰當不過了。

再者，目前的經營環境，對媒體而言，雖談不上險峻，卻也一片茫然，媒體究竟算不算是一個產業？還是只是一般的公司行號，甚至只是一種工具？扮演領頭羊的主管機關，卻從未講明白、說清楚過，更從未提出具體可行的產業策略。如果我們仍然相信媒體是一個產業，而這個產業的未來，將如何面對，卻不見主事者重視，更別奢求有所謂產業政策了。歷史上爲政者，常進退於謀國與謀身之間，前者一切以公家事爲優先，一切以帶領國家走向美好未來爲先；後者則盡在考慮本身的立場與觀感。工於謀國者，可能拙於謀身，然萬民百業均受其所惠，工於謀身而拙於謀國者，可能明哲保身，安全下車，但芸芸股商百姓，將蒙受空前損失，何其無奈，又何其可悲！

「謀於眾，斷於獨」，想法及看法，來自公司上下階層，然而最終做出決定者，當然就是高階主管或是經營者，命令下達，成敗立見，壓力之大，可想而知。前美國參謀首長聯席會主席鮑威爾將軍在其回憶錄上說到：「波斯灣戰爭開打前之夜，我在五角大廈的戰情中心，情緒緊繃，心裡想著，當戰爭開啓的瞬間，美國有成千上萬的子弟將犧牲在戰場，亦即，美國將有成千上萬個家庭在瞬間面臨悲劇，想到此，坐立難安……」。「謀於眾，斷於獨」，如何在兩者之間尋求平衡點，正是經營者在管理決策時的大學問。

石永貴先生在其著作《媒體事業經營》中提及一段歌詞〔取自 The Impossible Dream——1965年百老匯音樂劇《夢幻騎士》（*Man of La Mancha*）的主題曲，改編自16世紀西班牙文豪塞萬提斯《唐吉訶德傳》（*Don Quixote*）〕，我常以此作爲自我鼓勵的精神支柱，最後，謹以此歌詞，與各位前輩及後進學子分享：

「去夢想，那不可能實現的夢，
　去擊敗，那難以擊敗的敵人，

去忍受，那不能忍耐的挫折，

要奔向，那勇者都不敢前往的地方。

去修正，那難以糾正的錯誤，

去珍愛，那遙不可及的純真，

去盡力，即便雙臂已疲累不堪，

去觸及，那遙不可及的星星。

這是我們的追求，要跟隨那顆星星，

無論有多絕望，不管有多遙遠。

因為有人雖然受盡創傷，

仍然拚盡最後一分勇氣，

要追尋，那遙不可及的星星。」

9

數位時代的電視媒體經營策略

TVBS總經理　楊鳴

經營哲學

做事重要，做人更重要
對上重要，對下更重要

作者簡歷

楊鳴現任TVBS總經理。曾任新加坡新傳媒集團MediaCorp
資深監製、廣州點心衛視營運長、超視副總裁、傳訊電視CTN副
總編輯、華視首任駐紐約特派員。畢業於政治大學外交學系，並
取得紐約市立大學電視廣播碩士。

📶 前　言

　　現在是一個滿關鍵的時刻，因為我們正處於一個變化很大、且很快的階段。面對未來有許多的不確定，對於營運者而言，雖然有著期待，但是也為更多因為無法掌握的而感到擔憂，數位時代的趨勢乃勢在必行，對內容業者而言，目前正處於較為尷尬、不公平的局勢之下，由於政府對數位時代未來趨勢的態度想法模糊，以及主管機關缺乏較明確之政策法規、系統業者營運行為不定，導致內容業者難以因應。數位時代提供觀眾更清晰的畫面和更直接的互動、更多的選擇，TVBS希望能夠滿足消費者的需求，也能夠找到一個良好的營利模式。然而，未來發展前景不明，這是讓內容業者較為擔心之處。

📶 第一節　台灣電視產業的發展現況

　　台灣有線電視最早形成的雛形是從跑帶子開始的。當時所謂的第四台，乃是持續的複製節目，再送到頭端，每一個頭端再將節目播送到每家用戶。1993年7月《有線電視法》通過後，允許台灣各地「有線電視錄影節目播送系統」業者開始申請籌設有線電視系統，至1996年底，全台灣共有152家系統業者，也就是俗稱「第四台」的有線電視。

　　台灣最早的衛星電視除了NHK和日本的小耳朵之外，其次就是Star TV，屬於早期進入台灣的衛星有線電視，再接著就是TVBS。年代公司、福隆公司與香港的無線電視台（TVB）共同組成聯意公司，於1993年9月28日TVBS無線衛星電視台第一道訊號正式發射。聯意公司在1995年9月12日成立了新頻道TVBS-N超級新聞網，之後

改名爲TVBS-NEWS，簡稱「TVBS-N」，是台灣第一家二十四小時天候新聞頻道。[1]TVBS又陸續推出TVBS-G（歡樂台）以滿足各階層觀眾的不同需求。1997年6月成立的TVBS ASIA，讓TVBS走出台灣，邁向全世界。接下來如雨後春筍般，成立了許多衛星有線電視，也因此形成了整個傳輸的路線，各區系統業者的整合、節目頻道供應商的出現及有線電視廣告量的成長，有線電視收視商品的產業結構，也已建立穩定的上、下游生產關係。

有線電視運作的方式（**圖9-1**），如TVBS將節目轉給頭端，頭端再將節目播送到每一家戶，然後每一家戶將費用繳交給頭端。過去台灣規定費用不得超過600元，目前幾乎都在500～550元左右。頭端又將向收視觀眾收取的其中部分之費用，作爲向電視業者購買內容。另外，觀眾收看電視節目會產生收視率，業者再依收視率來定價廣告費。

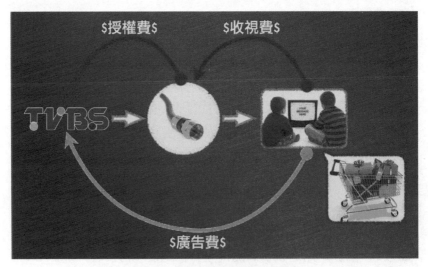

圖9-1　有線電視的運行模式

---

[1] 劉幼琍（1997）。《多頻道電視與觀眾》。台北：時英。

近期台灣主要的內容業者的經營上，TVBS的資本額約為八億八千萬，整體的營業額是三十幾億，三立營業額大約是四十幾億，目前以東森最多，由於其平台大、經營項目眾多，整體營收接近五十幾億。

台灣電視頻道數量眾多，觀眾原本就有很多的內容可以選擇，每戶至少可以收看80~100台的頻道，雖然觀眾常看的頻道應該不會超過10台左右，再加上現在數位時代之下，有更多平台的出現可供觀眾選擇，除了電視，如手機、平板電腦、MOD、壹電視等。這些不同的平台，加上那麼多的內容可供選擇，對觀眾而言可能的好處是選擇變多，可以挑選自己喜歡的節目；不好的情形則是因有太多選擇，沒有辦法先作篩選的動作，而需要再自己設定挑選。然而，平台和內容的選擇多樣性，對於業者而言，相對而言並不是那麼好的事情。由於平台和內容的多選擇性，加上網際網路的出現，在這樣的環境下，電視台彼此之間的競爭比以往來得大，除了平台的競爭，還有內容的強烈競爭。

🛜 第二節　數位匯流時代對媒體的影響

一、唱片業

網路所帶來第一個衝擊是唱片業，如同**圖9-2**所示，唱片產業的營收呈現快速的萎縮，從1997年的123億元，如今近期連十分之一也不到。過去，偶像歌手出的唱片大多可超過100萬張的專輯銷售量，非偶像歌手如金門王也有70萬張的銷售量。現在，偶像歌手的唱片銷售可達15萬張已屬佳作，市場上半數的專輯銷售量不到1萬張。

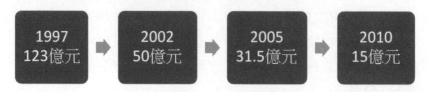

| 1997
123億元 | 2002
50億元 | 2005
31.5億元 | 2010
15億元 |

圖9-2　唱片業營收

　　雖然網路快速衝擊了唱片產業的生態，但並不代表唱片業已經凋零。數位時代，唱片業仍持續嘗試找尋另外一條生路。唱片公司轉而將音樂放置於數位平台銷售，就唱片業者而言具有相當潛力，但是要達到如同過去的銷售數字100萬張，目前仍是未知數。

二、平面媒體

　　第二個受到網路衝擊的產業爲平面媒體。早期台灣有名的報紙如《台灣日報》、《自立晚報》、《中央日報》、《民生報》、《大成報》等，陸續受到網路的影響而吹熄燈號。此一現象在美國也日漸頻繁，自2009年起，位於波士頓的《基督科學箴言報》實行轉型，停止日報的印刷而改爲發行週報，同時以網站和電子郵件的方式爲讀者提供每日新聞。[2]以國內之主要報紙《蘋果日報》爲例，其經營狀況同樣面臨零售份數持續減少的危機當中。蘋果的壹集團近期公布其財報，截至2011年9月底止已虧損3.24億港幣，其中台灣電視業務虧損已達4.958億港幣，網際網路業務虧損亦達1,782萬港幣，合計超過5億港幣。[3]如此可以得知，以壹集團在香港有兩份日

[2] 上網日期：2012年7月16日。取自：http://zh.wikipedia.org/wiki/%E5%9F%BA%E7%9D%A3%E7%A7%91%E5%AD%B8%E7%AE%B4%E8%A8%80%E5%A0%B1

[3] 上網日期：2012年7月16日。取自：http://news.chinatimes.com/focus/11050105/112012051800076.html

報、三份週刊，在台灣有兩份報紙和壹週刊，具有如此多的印刷品數量，然其平面的部分卻總共只賺了兩億港幣，這其中也說明電視製作成本的昂貴。

三、數位時代的外患

目前外在政策的不確定性以及其他方面的競爭等外部威脅，讓TVBS更加積極去面對數位時代來臨的影響：

1. 平台的數量增加：在數位匯流的時代下，使得電視、網路與電信三大領域因頻寬的提升及影音壓縮技術的進步，而彼此跨界競爭合作，服務朝向跨平台的多元發展，如此也使得平台數目大幅增加。

2. 每個平台的容量（頻道）增加：以目前的電視環境裡，有80～100個頻道可以選擇，但是將來數位匯流後，頻道數會多出更多頻道。以MOD為例，未來其就有900個頻道，雖然不會有那麼多頻道的節目，但是理論上這已意味著可以容納900個頻道。

3. 競爭加劇，無利可圖：未來頻道數的成長，打破了原有頻道的稀有性。目前的頻道或多或少都可以從系統台獲取一些授權金，但是未來頻道變多了，授權金也可能會被瓜分，影響電視台的營收。

(一)收費的變革

數位匯流牽涉到未來收費的改變（**圖9-3**）。目前觀眾收視有線電視是採單一價格，每個月550~500元的收視費，頻道授權費占其中三成多，由系統商購買內容，以後改採分級付費，可能以頻道的數量來計算收視的費用。因為電視台收入的減少，最後的受害者還是

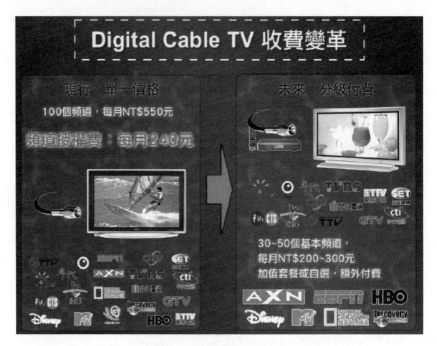

圖9-3　收費變革示意圖

閱聽眾,因為製作經費的減少,觀眾可以看到的優質節目也將會越來越少。

(二)營收結構

圖9-4為TVBS營收的結構,以台灣而言,各家電視台的營收結構其實大同小異。目前TVBS整體的營業額約三十幾億,業務占總收入的65%~70%,系統的授權金大約是20%~25%,其他是海外收入。其中最大一部分主要還是來自於電視廣告的收入,再來則是有線電視授權費,亦即向系統台收取其購買內容的費用,其他部分則是如將節目賣給國外的版權收入等。

相較之下其與ESPN呈現一個完全不同的形式,目前ESPN可以算是全球最大的電視網,幾乎壟斷了世界上所有重要的體育賽事轉

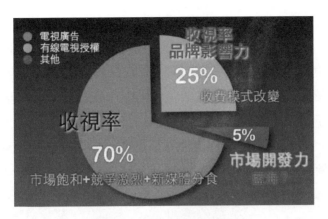

圖9-4 TVBS的營收結構

圖9-5 TVBS未來的營收結構

播權,其在美國的版圖比美國廣播公司(ABC)、哥倫比亞廣播公司(CBS)、國家廣播公司(NBC)與福斯(FOX)等無線電視還要大。而ESPN的營收結構與上述完全不一樣,其系統授權費大約為65%,30%為廣告收入,剩餘的是其他的可能性。

台灣電視台的營收結構約70%是要依賴電視廣告而取得,但是電視廣告這一塊以台灣的計算方式而言相當特殊。台灣電視廣告的

購買方式乃是以收視點成本（Cost Per Rating Point, CPRP）作為計算方式，廣告費用並非依據檔購，而是照著廣告收視率而計算，也代表電視廣告的費用是先播後付。如果購買的廣告沒有達到其收視率，將繼續播送，直到將其收視率點數達成，因此將出現原本要播一個星期的電視廣告，可能會播到十天或是兩個星期。近期線上的節目除了少數觀眾「質」較好的，可以以檔期的方式銷售電視廣告，其餘的幾乎都採以保證CPRP加以計算。另外，依據前面說所得收費變革，而變得電視營收的減少。

四、數位時代的內憂

過去TVBS創台的時候，港劇在台灣曾風行一時，戲劇方面一直都很仰賴香港TVB的提供，由香港方面賣給台灣播映權，在當時收視率、口碑各方面都相當受到歡迎，但現今日韓潮流席捲，港劇市場收視極不穩定，電視台內部面臨了以下的挑戰：

1. 升級HD製播：近來我國電視產業趨勢為數位化，還有節目升級HD製播，此一情形對電視業者而言，是成本的提高。由於升級HD製播後，廣告市場也不會變大，收視觀眾也不會變多，沒有可能是藍海的部分。升級HD製播需要相當高的資金，在收入沒有增加的情況下，對電視台而言是非常艱難的。TVBS近期將積極建置數位化硬體設備，準備在2014年完成TVBS的Full HD計畫。

2. 硬體設備資金缺口：另外，為了升級HD製播，硬體設備也要全部替換。購買新的硬體設備，據估計約需8億台幣的投入，這些成本都需要業主自己尋求。

3. 軟體配套與人才培訓：除了升級HD製播之外，同樣在軟體的配置及人才養成方面，這一塊也需投入大量資金加以培育。

📶 第三節　TVBS在數位時代面臨的挑戰

根據上述網路所帶來的衝擊，TVBS在數位時代所面臨的挑戰有以下幾點：

一、數位化的衝擊

由於產業數位化的關係，電視台必須將各項設備更新為HD，同時要重新進行人員訓練，此一過程需要有數億至數十億元的資金投入，然而電視台的廣告營收並不會因播映HD而有顯著的增加，相反的，由於頻道數量的暴增，將使得競爭更加的激烈，此一情形導致電視台維持營收會更加困難。另一方面，由於頻道數目增加，同時改採分級付費的方式收費，頻道授權費模式改變，預料也會影響電視台的收入。

二、新科技的挑戰

由於大量的傳輸平台出現，如有線、無線、MOD、電腦等，這種傳播方式將把觀眾切割得更為零碎，過去觀眾大多以收視大眾傳播媒介，作為接收資訊的主要來源，如今手機、平板等行動載具進一步加入傳輸的行列之中，更多的選擇也將觀眾的注意力打散。內容業者為求能在各個平台上能放上相關節目的內容，而此內容轉換至其他平台的過程，不但使得業者成本增加，然而營收卻不一定跟著增加。近期一些新媒體平台，如壹電視，政府認定其屬於網路媒體，因此不需要申請執照，在未採一致性規管的情形下，此一不受規範的競爭者由於可以發揮的空間較大，形成強力的威脅。

三、新傳播模式的考驗

近期由於網際網路上點對點檔案共享技術的蓬勃發展，使用者之間直接分享傳輸各種資訊日益頻繁。數位內容具有容易獲得、複製及散布於網路上的特性，使得網路創作內容被濫用、非法複製或剽竊等情形層出不窮。「網路分享」被廣泛用於有版權之音樂、電影及軟體等，如此使得盜版行為更為猖獗。再加上網路上充斥各種免費的資訊，使電視台必須辛苦尋找能夠獲利的經營模式。對於內容業者而言，耕耘網路市場，成本很高，望之卻步，同時如果投入太多資源到一個不熟悉的新領域，反而會打擊本業。

新的傳輸方法將觀眾群切割得很零碎，將來年輕人可能真的就不再以電視作為收視的優先選擇，轉而選擇在網路上收看節目，再加上MOD的概念，觀眾可以在任何時間選擇任何想看的節目，而不再受過去依照電視台提供的節目表受到限定，觀眾一旦習慣了新的收視習慣，就不會想再看傳統電視了。

📶 第四節　數位匯流帶來的商機

能夠在更多的平台露出內容，對於單純的內容業者來說是最好的，也是唯一的出路，若只有固定一個平台，除了在營利模式上受到更多的限制，也容易受制於平台；數位的商機在於直接的與觀眾互動，能夠在商品上運用，例如，在偶像劇中進行商品置入，讓觀眾可以直接選取購買；然而，一切都要依據NCC如何處理置入性行銷這個議題；在數位匯流的時代，廣告市場不會因此更加地擴大，為了迎接數位匯流，不管是內容業者或是系統業者，都要去找尋新的商機，除了「第二梯次單頻網」、與觀眾的互動，都能夠在電子

商務上成為新的利基。

一、全球華人市場

　　面對數位時代的來臨，TVBS戲劇台將著力於偶像劇的製作，同時未來預計製作日播的帶狀劇，由於黃金時段收視TVBS的觀眾大多以都市女性、白領階級、收入較高的上班階層等為主。因此，題材的選擇上將以都會倫理愛情為主，並以國語發音，目標是瞄準華人市場，善用語言相同這個優勢打入對岸的市場。由於台灣的市場說大不大，說小也不小，但是以戲劇製作需要高成本的投資而言，風險相對偏高。因此，TVBS先以台灣市場為出發，有機會的話，將與大陸合拍合製。對於TVBS而言，最好的市場除了大陸以外，像東南亞的馬來西亞、新加坡等，其華人所占比例較高，在語言接收也沒有問題，因此也是TVBS鎖定進入的目標市場。

　　而TVBS綜合台目前正在轉型當中，逐漸朝向財經議題方面邁進，然而為了與目前檯面上的財經、股市頻道加以區隔，綜合台主要是針對區域方面的議題和國際大環境的走向加以分析，如看板人物、Focus全球新聞等，儘管曲高和寡，但TVBS認為還是能夠找到屬於自己的觀眾。

　　全球華人市場非常大，近期相關之案例，則以《康熙來了》最具代表性，成功的以高價賣到大陸，而TVBS的《女人我最大》、《食尚玩家》目前也正在洽談當中。但是由於TVBS主要是以新聞為主，由於新聞具有地方性與時效性，因此較難賣到其他國家，所以在這一塊比較沒有商機。但是2012年的跨年演唱會播放權賣給大陸，這是有史以來第一次台灣跨年節目能在大陸直播。以往會向TVBS購買跨年演唱會節目的通常以新加坡及馬來西亞為主。

二、跨平台新競爭者的出現

　　TVBS目前最大的挑戰還是在於數位化，數位化意味著觀眾具有更多的選擇。然而，數位時代境外頻道將會大幅的增加，TVBS視為是一種挑戰，但並不恐懼。對TVBS而言，其他平台的挑戰才是難題，例如IP成熟之後所造成的衝擊、移動平台的趨勢將如何去因應，這些都是TVBS必須謹慎去思考的。近期TVBS和HTC的合作，電視台在從事多角化經營時，勢必要進入網路經營領域，促使持續關注新媒體平台的發展趨勢，未來隨時有機會進一步投入多媒體平台的市場。

　　有線電視、數位電視皆是利基市場，而無線電視是大眾市場，在「第二次單頻網」的部分，TVBS希望能夠接觸到更多的人才；而在數位電視這部分，希望能夠找到想要的人才，而一切仍在等待政府給予明確的態度指示，但TVBS內部已成立了「數位發展委員會」加以因應，每星期皆會開會，靜待趨勢發展，適時作調整。

三、具獲利的新商業模式

　　TVBS希望可以再大幅地提升在內容產製上的能力，外在製播的環境、資源能夠再加強，尤其是在數位時代來臨之後，內容的產製將會需要更大的產出，TVBS將回歸基本面，貫徹「內容為王」理念，由於再好的平台也是需要內容來支持，因此，將自身的核心價值——內容做好，就不需要擔心數位時代未來的不明確，有好的內容，觀眾自然會選擇收看，擁有一定數量的觀眾之後，平台自然也不會放棄頻道。

　　政府政策上，主管機關在黃金時段不僅要保護本國戲劇，同時也要積極獎勵，政府機構已經做了相當的規劃研究，但卻遲遲不敢

行動，無法比照韓國政府獎勵促進內容業者的方式，例如在置入性行銷方面，韓國規定對於外來產品是不能在節目當中露出，但是本國產品則可以大幅度的出現，但台灣則是不管任何都加以禁止，產業若要形成新的商業模式，則只能靜待政府未來如何規管置入性行銷。

在跨平台露出方面，TVBS過去曾經在移動平台上架過，可能因爲頻寬的問題、使用者習慣的關係等，導致訂戶數並不多，TVBS認爲目前在這方面尚缺乏令人振奮的營利模式。因此，目前還未積極與移動平台、hichannel合作，此一做法之目的，乃是保持自身的品牌價值，近期的規劃乃是將優先與大陸視頻網站合作，試圖找出在新平台的新商業模式。

四、TVBS因應數位匯流之道

數位時代的來臨，組織最重要的仍是軟體配套與人才的培訓，升級HD製播除了要添購硬體設備，這一塊也需投入大量資金。以目前看來，產業界裡只有壹電視做到全面數位化。由於他們是2011年剛成立的公司，而理所當然在設備的部分也就會投入HD。爲積極提升TVBS在節目內容產製上的能力，TVBS預定將成立演員訓練班、經紀公司，同時招募在大陸的台灣人才回流，以充分掌握整體戲劇資產。

TVBS審視自身內部在戲劇上的弱點，決定積極調整改善，2012年是TVBS重啓戲劇製作的開始，在接下來的三年將投入超過十億元的戲劇製作成本，預計偶像劇會在明年的暑期播出，而2014年將推出日播的帶狀劇。TVBS並打算將自身的硬體數位化的時程提前，配合自己的步調去做調整。希望未來能夠將節目賣到更多其他地區，開拓新的藍海。

圖9-6　數位時代的媒體營運

今後整個媒體產業營運將會日趨複雜（**圖9-6**），預計未來的趨勢會變成以節目爲計費單位，而不再以頻道爲單位，頻道是節目的附屬所在，藉由節目的品牌建立與品牌延伸使該頻道獲益，甚至能夠進一步拉抬頻道的其他節目收視率並爭取宣傳空間。數位化後，觀眾收視節目時，看到有興趣的產品或資訊時，可能只要按一個鈕，就可以查看節目中產品的相關資訊，新的商業模式將會與現在呈現截然不同的景象。

🛜 第五節　新聞及節目資源配置與經營策略

TVBS的核心價值在於知識基礎，因此人是公司主要資產，對於同事重視的程度遠大於其他組織，TVBS對於人的經營是相當重

視：對於TVBS而言，主要重視的乃是品牌效應、組織團體合作，由於電視台不可能僅由一個人就能經營，而電視節目並非一個人就能製作完成，需要大家共同努力。因此，對於團體合作之部分，TVBS具有相當的經驗。

以狹義而言，TVBS的優勢在於新聞製作，而廣義上，TVBS長久以來留給台灣的形象，是一個正面、正直、公正的媒體，在影響力方面，觀眾也給予肯定多於批評，新聞台是TVBS的旗艦頻道，過去十年以來，TVBS的新聞台都是收視冠軍（**圖9-7**），此一情況，可能與品牌與信賴度有關。這正是TVBS的核心價值所在，新聞方面的成功，讓TVBS能夠更加堅持下去，而政治立場方面，也會繼續保持中立客觀的角度。

整體來說，TVBS公司目前總共約一千人，其中以新聞部四百

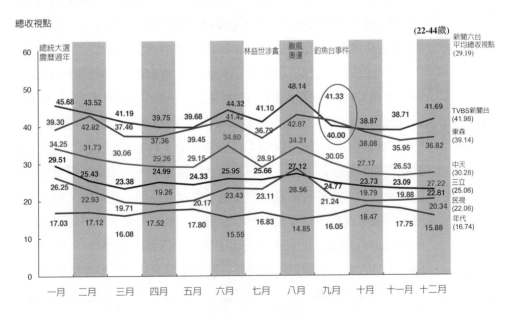

圖9-7　2012年新聞台的收視率

資料來源：尼爾森。

多人最多，第二大部則是製作資源部約一百二十人，第三為工程部將近一百人，其主要職掌是處理專業的器材業務，但不涉及IT部分。對外事務部負責向外界宣傳，同時也是公司對外發言的窗口，總監是公司的發言人，發行部的職掌乃是與系統、海外之間的聯繫窗口，比較特別的是趨勢發展部，TVBS的研究單位，包括民調中心，而TVBS的民調一直以來都是受到外界所肯定的；業務部處理營業、廣告，數位媒體發展部則是IT部門，分成兩部分，一個是維護硬體，另一個是網站的經營，而節目粉絲團就由節目自行去經營。TVBS的組織配置乃採扁平式組織，以便協助各部門執行專業的管理。

隨著因為與HTC的合作關係，而一切組織分配策略可能有所調整，以便於因應數位時代的來臨。然而現階段對於TVBS而言，內容是具備有相當的價值，新平台的嘗試仍是有限度的，品牌價值不應該隨便糟蹋，TVBS較少在新平台露出的原因乃是考量品牌和價值，TVBS也有推出APP，功能主要以免費為主且非即時性的新聞。

TVBS與大陸關係融洽，也與香港相當緊密，同時海外通路完善，香港TVB一直都是TVBS的大股東，第一手港劇獨家供應方面擁有絕對的優勢。今後希望能夠發揮強大的綜效，例如，運用香港TVB的TVB City去拍古裝劇；在新聞方面，TVBS與香港只有新聞畫面和專題節目上的互換，其他新聞合作相當少，大陸則是購買TVBS的新聞，而大陸的新聞畫面則是運用央視的畫面，在大陸，TVBS有七、八個電視台簽訂有策略合作協定。在編劇方面，TVBS開始進行劇本的編寫作業，正在進行的本子有三、四個；綜藝節目製作上，則不會是大型的，類似無線電視台的大型綜藝節目，TVBS則是以小而美為取向，例如《女人我最大》、《上班這檔事》等小型綜藝談話性節目，鎖定女性觀眾群，年齡分布以15~24歲的觀眾為主，學生是主要觀眾群，提供多樣而全面的娛樂訊息。

近期TVBS也亟欲製作音樂節目，由於台灣流行音樂在華人圈是很強的優勢，因此TVBS正在積極思考如何將節目和音樂做結合，製作出華人音樂節目，將華人優勢發揮到最大。

📶 第六節　經理理論及經營哲學

CEO肩負企業整體的經營成敗，管理者於組織中所扮演的角色是領導者，負責指揮、激勵下屬，以完成組織目標，同時進一步做好對外關係者。在資訊角色上，則是傳播者的角色，將組織資訊傳播傳達給部屬，同時能敏銳的觀察外在情勢變化，以接收者的角色接收到外在環境的變動，將這兩者的角色混合以完整掌握企業內外所有訊息。決策方面，我認為管理者應該將資源分配者和談判者兩種角色加以融合，掌握預算的擬定、分配及重要決策核定，並負責與外界談判協商，爭取組織最大的利益，至於對外發言的部分，則交由專責的發言人負責，關於比較敏感的議題會進一步與總經理討論。

管理者在扮演促進公司績效方面具有舉足輕重的角色，要扮演好CEO這個角色，應該要朝向願景促進型的領導者努力，能夠給予下屬清晰的未來願景，同時擘劃具體的目標及實踐計畫。在2007年的後半年，當時我正式接任TVBS總經理的時候，TVBS已經發展相當穩健，儘管遭受到周正保事件打擊，但TVBS花了半年就回到軌道上，能夠在如此短的時間之內，使公司的營運迅速回到常態的原因，是由於品牌的資產和同事的努力，以及TVBS勇於認錯的態度，進行內部機制上的調整。儘管目前TVBS持續穩健地發展，但是未來數位匯流的趨勢已醞釀多時，公司同仁對於數位時代的認識相對而言較為不足，因此，我已經成立數位發展委員會，此一委員會主要是由各部門的主管組成，集合大家的專業來討論、觀察如何因應數

位匯流。

就組織的領導溝通上，主管應該積極的傾聽同仁的聲音，且與同事的相處以適當的拿捏，盡量成為同仁心中隨和的總經理，鼓舞員工並建立同盟關係，例如儘管我無法叫出全公司所有員工的名字，但是與同仁不論在任何的場合見面時，一定會打聲招呼。在管理方面，管理者應能以信任來領導，贏取員工對其作為之信任，採取有責任感、值得信賴的行事作風，我平時絕對授權給下屬主管及其部屬，希冀能促成彼此開放的、雙向的以及誠實的全方位溝通進程。至於組織用人政策方面，回歸以專業能力為主軸，對於高階主管任用而言，則重視其部門管理能力、執行公司政策能力和行為操守。

管理者應致力於打造一個和善的工作環境，TVBS同樣也是一個使員工感到親和的地方，能夠凝結大家向心的能量，相互之間能夠積極合作，增加對彼此的認同。在績效管理方面，個人特別重視與下屬之間的人和，「做事重要，做人更重要；對上重要，對下更重要」，唯有用心來激勵部屬，才能使員工和企業共同朝著目標奮鬥。

所以我認為，尊重和你共事的每個人，才能夠創造雙贏；將團體的利益置於個人好惡之上，才能夠擘劃崇高的遠景並且堅定向前。最重要的，是把你的信念隨時與他人分享，讓自己的相信也成為他人的相信，這樣才能夠上下齊心，充分發揮出團隊力量。成功，就在不遠處了！

這樣的企業管理方式與其展現出的團隊風格，在面對大型專案活動上特別能彰顯出它的成效。像是TVBS已經連續七年承辦台北市跨年晚會。別看它好像只是六小時的活動，但它卻是每年全台灣最大型的群眾定點聚會（動輒八十幾萬人參加）。所以從一開始的投標發想、得標後的籌備企劃、招商宣傳到當天正式演出，甚至是事

後的檢討改進，這中間需要協調與確認的事務龐雜到難以想像，作業的時間更是長達近一年。

　　TVBS為了把北市跨年辦好，動員了業務部、節目部、工程部、製作資源部、對外事務部、新聞部、管理部等，將近公司一半以上的人力。每個部門除了各司其職，還要橫向聯繫和團隊合作，真正遇到難解的重大事情，則由管理層拍板定案。在這樣集眾人之力下，我們才能夠每一年順利完成演出和轉播，屢屢再創收視高峰。因為「把跨年晚會辦好」這件事情，對TVBS來說不僅是一項工作，還是一個多年傳統，甚至已經變成了一個榮譽和信念。這就是TVBS的核心價值。

　　我還記得2012年跨年晚會結束後，TVBS內部舉行了一場檢討會議，TVBS董事長張孝威親自列席。兩個小時下來，與會的各主管都暢所欲言，把這一年來籌備的甘苦和跨年當晚遭遇的狀況如實陳述，會中只有理性的檢討和下次如何不犯同樣問題的期待。我還記得張董事長在會議尾聲時說：「看到大家齊心投入這件事情的熱情，我很感動！這就是TVBS的精神。」

📶 結　語

　　數位時代改變了閱聽眾的收視習慣，媒體作為這場改變的發動者，同樣也是受影響者。本章一開始提到唱片市場和平面報業受到的衝擊，就是最直接明顯的例子。

　　電視產業正站在數位和類比時代的分水嶺。走得太早，勢必要投入較昂貴的製播器材成本，但如果沒有能與其相匹配的數位播出平台，縱有一身好武藝，只能遺憾沒有知音共享；但如果發動得太遲，即使可以買到價格稍低的數位設備，但卻可能面臨播出通路已經爆滿，根本卡不到好位置的窘境，就像是擂台賽已經開打，但

還被擠在台下,根本沒有上場的機會。所以何時要開始轉型到數位製播?何時要完成建置?不僅要視政府的政策規劃、播出端的成熟度,還要掌握競頻的進度和自身的發展條件。此時正是台灣各主要電視台下決定的關鍵點,決策的影響,在幾年後就會浮現。

除此之外,在數位時代,不管是行動通訊還是固網,頻寬只會越大越穩定,透過隨手可得的網路資源,每個人幾乎都可以成為一個訊息傳播者。傳統電視台要維持傳播優勢,尤其是商業電視台要能生存且持續獲利,除了擁有數位製播設備和多元的露出平台,優質且能吸引人心的內容,還是最核心的價值。

電視媒體經營者如果能以更創新、更靈活的決策模式和管理方式,來洞悉趨勢、掌握趨勢,甚至先發制人,就能夠在全新洗牌卡位的數位時代取得先機,反之,很有可能就像類比訊號一樣,即將在傳播洪流中被淘汰。畢竟,數位時代只有一個不變,就是「隨時在改變」,唯有先做好準備,才能夠「以不變應萬變」。

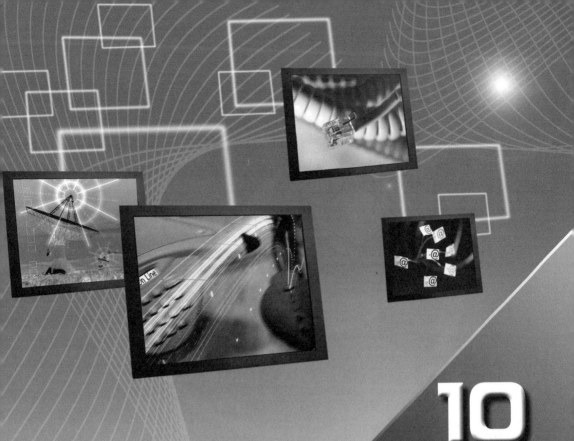

10

跨國媒體的區域經營策略

Discovery亞太電視網總經理　林東民

經營哲學

　　媒體工作者的態度決定了一切。除了遠離晦暗消極，保持樂觀進取，堅持做對的事情之外，技能上還需兼備策略能力、溝通力與執行力。而身為一個經營管理者，我鼓勵員工發揮創新思維，重視工作績效，在經營管理上，秉持著四字訣：積極熱情，勇於挑戰，不斷學習，提升視野。

作者簡歷

　　林東民，資深媒體人，於廣告行銷及衛星有線電視領域擁有將近二十年資歷，曾任衛星娛樂傳播副總經理，負責JET日本台經營，並曾在緯來電視網、汎太廣告公司、台灣廣告公司服務。2002年，加入Discovery亞太電視網，任台灣區總經理一職，2008年7月，升任資深副總裁暨北亞區總經理，管理市場擴大至台灣、港澳及南韓等地業務，涵蓋頻道授權、廣告業務及行銷活動等多元營運面向。[1]

---

[1] 吳素柔（2008）。〈林東民任Discovery亞太電視網資深副總裁〉。上網日期：2012年8月20日，取自：http://blog.yam.com/tcia/article/15860276

前　言

　　我在二十年的媒體工作經歷中，近九成時間都投入在付費電視內容產業領域。電視行業重視溝通，鼓勵創新，更強調team work團隊戰力的有效整合，在高度競爭的市場中，經營策略的精準優劣居於關鍵地位！因此，「滿懷熱情，勇於挑戰，堅持做對的事情」是我個人領導團隊時的座右銘。

　　基於多年在外商工作環境中所受的訓練，更深覺國際化對企業的重要，因此我提出「LV: learning & vision」觀點，鼓勵團隊不斷學習與創新，提升國際化視野，積極面對市場的迅速變動與動態競爭。我深信：堅持正確策略，做正確的事情，便能發揮正確的影響。謹藉本文，與眾位分享。

第一節　跨國媒體生態與台灣市場概況

一、跨國媒體生態

　　隨著時代演變，全球多數市場對媒體解除管制，新媒介科技迅速發展運用，國際媒體集團自90年代起，在全球市場紛紛展開全面布局；除了透過高品質節目的宣傳與包裝，擴展頻道品牌知名度，亦著重透過地域經營，運用在地化策略深化及延伸地域市場的經營，建構起與當地市場環境及文化之深耕關係。

　　從全球付費電視產業趨勢來看，在收視戶的高普及率市場漸趨於成熟之後，節目內容供應趨勢已越來越朝分眾化發展。過去，個別市場僅有少數本地電視台的時代，觀眾扮演著被動的接收者角

色;現在,因有線電視、IPTV、衛星電視DTH直播等新平台迅速開放及快速成長,觀眾可輕易選擇、收看喜愛的平台及節目內容,在將來,平台更將進一步推出TV Everywhere服務,消費者可藉由一次性付費,在個人的終端設施(如智慧型手機或iPad)進行收視行為。

傳播科技發展不斷日新月異,付費電視產業不只面臨本身電視台的收視率競爭,在數位化產業升級的轉型之下,也必得面對網際網路等新媒體的競爭。當此數位匯流趨勢,國際頻道如何依循在地法規環境,與政府主管機關以及通路業者建立良好溝通關係,並持續製作出高品質,符合本地觀眾口味需求的節目內容,又能持續維持品牌的價值及優勢,擬定高度應變能力的競爭策略,都是國際頻道業者身處於高度競爭的區域市場環境中所面臨的挑戰。

由於各國際媒體集團屬性不同,因此各自之專長及節目內容類型也與國內節目供應商有明顯區隔,如HBO專門提供影片、BBC及CNN提供新聞內容、ESPN提供體育賽事、Discovery集團提供娛樂紀實等等。國際頻道在區域市場中,除了面臨法規、內容、通路等不同的挑戰,其所擬定的競爭策略也會因為所提供節目內容的類型屬性不同而呈現差異化現象。

二、台灣市場概況

根據國家通訊傳播委員會(National Communications Commission, NCC)統計,截至2012年1月5日為止,台灣衛星廣播電視事業總計共有265個頻道(境內159個頻道,境外106個頻道);若以企業類型區分,則境內業者有80家、境外業者有29家,其中國際媒體集團擁有之有線電視頻道數,則超過三分之一以上。

眾所皆知,台灣付費電視市場競爭激烈,不僅國內頻道商為

數衆多，政策環境對於境外國際媒體也多元開放，國內與國際媒體集團頻道數已超過百家，使市場具有高普及率與高度競爭性。同時，台灣觀衆收視習慣呈現出高度在地主題喜好，口味相當多變，爲了滿足觀衆需求，電視業者必然不斷地推陳出新節目內容與提升品質，加快腳步呼應電視數位化及數位匯流趨勢，包括從SD升級HD、VOD隨選視訊、3D以及更進一步的TV Everywhere的服務。

以下，就台灣在地市場與電視產業概況作一概略介紹：

(一)台灣有線電視產業概況

有線電視產業價值鏈，其上游屬於內容製作業者，包括：電視台自製或委製節目（含外製內包及外製外包等）、節目製作公司、外國媒體代理商與廣告公司；而中下游則有衛星上鏈業者，負責將頻道業者的節目內容傳送至衛星，提供節目上鏈及衛星中繼等服務。除此之外，另有兩大業者，在產業中扮演了重要角色：

◆頻道業者

頻道業者意指：購買、代理、自製取得頻道所需各項節目內容，編排爲專屬頻道，提供系統經營者播放，其收入來源爲電視頻道授權收入及電視廣告收入，依照其經營方式，又可分爲節目供應商及頻道代理商。

根據《有線廣播電視法》第二條第四款：「頻道供應者指以節目及廣告內容，將之以一定名稱授權予有線電視系統經營者播送之供應事業，其以自己或代理名義爲之者，亦屬之。」節目供應商主要從事節目與廣告製作，再將節目及廣告製作成完整頻道售予系統業者或是代理商；而頻道代理商則是本身不製作節目，以代理頻道供應者的頻道爲主。

◆系統業者

有線電視系統業者以付費方式向頻道業者取得頻道授權，透過建置網路將頻道節目提供給收視戶並收取費用，是有線電視產業中直接面對收視戶的下游廠商。

擁有兩家系統台以上者，一般稱為多系統經營者（Multiple System Operator, MSO），台灣有線電視系統除部分獨立系統業者外，大多系統業者隸屬於五大多系統經營者，亦即：凱擘（前東森）、中嘉、台灣寬頻通訊、台固媒體、台灣數位光訊等。其中部分MSO業者身兼系統業者與頻道業者，例如凱擘、中嘉與台灣大寬頻等。

(二)台灣《有線廣播電視法》現況

《有線廣播電視法》自1993年制定以來，針對過去第四台時代諸如色情、侵權影片等問題進行法制化管理，目的為提升有線電視的經營素質與投資結構。然而，由於當初經營分區設計不良（全國分為五十一區、一區五家），導致各地系統業者進行瘋狂併購，使市場產生對於消費者最為不利之「一區一家」的獨占經營現象，也造成多系統業者（MSO）的形成。另外，收費標準採行雙軌制（中央主管機關訂定收費上限、地方政府審議後公告收費標準），亦造就台灣有線電視基本頻道眾多，價格低廉，品質不一等情形，使付費頻道難以推動。

1999年，《有線廣播電視法》進行大幅修正，開放電信與有線電視互跨經營，使得大多數系統業者紛紛跨足寬頻網路產業。同時，中華電信也開始提供寬頻電視（MOD）服務，電信與傳播之間的界線，在科技發展與數位匯流趨勢下開始流動崩解。

以三大MSO（凱擘、中嘉與台灣寬頻通訊）等財團為主的有線電視產業，積極推出整合視訊、網路電話等服務，以因應媒體整合

潮流；另外，數位機上盒開始量產普及，有線電視產業醞釀的驚人商機，吸引大量外資競相投資，本土財團（如富邦集團）亦在此時積極進軍，甚至開始併購外資所經營的MSO，使「二洋二土」的局勢開始形成。

2010年4月，NCC著手進行下一階段修法作業，並召開公聽會與座談會徵詢各界意見，修正重點如下：

1. 為促進公平、有效競爭，修正現行經營區劃分及跨區經營限制，放寬經營區限制、調整參進條件及調整水平、垂直管制架構。

2. 強化數位科技匯流，推動數位化、鼓勵創新匯流服務、合理化必載規定、調整收視費用管制機制，並增訂頻道節目以外內容服務之規範。

3. 朝向平台化發展，系統執照由垂直整合之性質調整為單純平台執照，為朝向一致性管制，系統播送之頻道應依《衛星廣播電視法》取得事業執照，並配合刪除現行節目及廣告管理專章，使公用頻道及地方頻道規範明確化。

📶 第二節　Discovery傳播集團概說

一、Discovery傳播集團全球發展與布局概況

Discovery傳播集團（Discovery Communications, NASDAQ: DISCA, DISCB, DISCK）自1985年在美國開播，集團版圖由原先之核心媒體Discovery頻道開始擴張，目前已拓展超過全球209國家與地區，為全球紀實媒體及娛樂公司之先驅。

Discovery傳播集團的宗旨，在於幫助人們開拓視界並滿足其好

奇心，故發展並提供Discovery頻道、動物星球頻道、Discovery科學頻道，及Discovery HD頻道等上百個遍及全球的電視網，提供領先的消費與教育性商品與服務，以及HowStuffWorks.com等多樣性的數位媒體服務，開拓觀眾的國際性視界。歷經多年的經營規劃與策略發展，今Discovery傳播集團現經營內容主要區分爲八項：

1. U.S. Networks
2. Discovery Networks International
3. Discovery Commerce
4. Discovery Education
5. Discovery Digital Media
6. Discovery Studios
7. Revision 3
8. Discovery Enterprises International (DEI)

二、Discovery亞太電視網的發展與在地化經營策略

(一)Discovery亞太電視網之地域布局

隸屬於Discovery Networks International四大區域之一的Discovery Asia-Pacific亞太電視網總部位於新加坡，自1994年開播以來，如今已擁有超過五億五千五百萬的累積收視戶。截至2012年8月，Discovery亞太電視網在亞太地區33個國家與地區共推出8個頻道，分別爲Discovery頻道、動物星球頻道、TLC旅遊生活頻道、Discovery Kids頻道、Discovery科學頻道、Discovery健康家頻道、Discovery動力頻道與Discovery HD World頻道，節目翻譯成15種語言，透過35個發送訊號向亞太地區播放。

Discovery亞太電視網以寓教於樂的形式，讓觀眾探索、欣賞和

瞭解豐富多彩的世界。超卓的拍攝技術，帶領觀衆探索地球的每一個角落，透過電視機打開一扇世界之窗。基於對市場的敏銳掌握，Discovery亞太電視網設立一套廣播設施，滿足亞太區33個國家和地區的定制化和當地語系之需求，同時，爲迎合個別市場的單獨需求，Discovery亞太電視網分別以英語、日語、馬來語、孟加拉語、粵語、華語、普通話、台語、泰語、越南語、韓語、印尼語、坦米爾語與特拉古語播出，至今閱訂戶遍及澳洲、汶萊、中國大陸、中國香港、印尼、日本、馬來西亞、紐西蘭、巴布亞新幾內亞、韓國、菲律賓、台灣、泰國、越南、新加坡和南太平洋諸島。

　　透過亞太總部新加坡之統籌與地區自主分工，Discovery亞太電視網利用對亞洲敏銳的觸角，以二十四小時播放在全世界不同地方攝製的高品質節目外，更以區域經濟、在地經營的策略，製作各地區特有的在地化節目。目前除了新加坡亞洲總部，其他辦公室分布在日本東京、澳洲雪梨和中國北京、上海、香港、韓國首爾、印度欽奈、班加羅爾、德里、孟買和台灣地區等，透過各地自主之經營，全面服務亞洲地區的觀衆。

(二)Discovery亞太電視網之在地化經營

　　自2001年起，Discovery亞太電視網開始規劃與各國政府主管機關節目的合作計畫，此計畫推行後，在東南亞地區（包括台灣）國家獲得良好評價，並透過甄選活動吸引四百名以上的亞洲各國新銳導演參加徵選，其中，台灣地區共徵得將近一百件的作品，爲所有參與本次徵選的國家之冠。代表台灣獲選的新銳導演葉中強以桃園縣復興鄉巴崚地區泰雅族原住民的文化爲背景所拍攝的紀實片：《彩虹橋》，描述科技進駐原住民部落生活的影片，爲今日台灣的傳統文化演進寫下眞實的紀錄。

　　2002年起，Discovery亞太電視網以香港與中國地區爲主，在北

京舉行盛大首映會，發表由中國新生代導演執導的「中國新展望：新銳導演精選」影展，這次的主題是「現代化對新世紀人類生活的衝擊」，主要描述現代科技進步對中國傳統和文化所帶來的影響。

為了與亞洲觀眾產生更緊密的連結，2004年，Discovery亞太電視網宣布與新加坡媒體發展管理局（Media Development Authority）合作，推動「紀錄片導演椅」（Documentary Director's Chair）徵選計畫，創造亞洲各國不同類型優秀影片人才與新加坡製片人才雙向創意交流、製作優質紀錄片的機會。2012年初，Discovery亞太電視網與韓國觀光局簽訂「韓國新銳導演」合作計畫，甄選五個不同在地主題進行拍攝，並將安排在Discovery亞太電視網播出。

第三節　Discovery亞太電視網的地域市場攻略

Discovery傳播集團自1994年進入台灣市場以來，憑藉優質節目內容所建立的品牌優勢，積極推動地域性的市場經營策略。從Discovery單一品牌頻道，拓增到七個品牌頻道的服務，自2003年起，整體營收每年均達到雙位數成長。

然而，對於一國際媒體集團而言，將商品行銷全球雖可達到擴大市場的目的，但是各地市場也會因不同文化背景的閱聽人與廣告商而產生各種獨特需求，除了必須保持品牌的一致性，更勢必得發展地方特色以維持全球競爭力，所以在地化策略的擬定及其活動，是國際媒體發揮競爭優勢，讓企業持續成長、提升獲利之關鍵因素。

一、Discovery集團在台灣的SWOT分析

我在此處採取SWOT作為分析架構，以瞭解Discovery集團在台灣的競爭方位（**表10-1**）。擬訂策略建議時，需確保對優勢能保持和充分利用，對劣勢能減弱和轉化，提出面對機會的策略行動，並提供面臨外部威脅之措施。

在SWOT分析下的機會（opportunities）與威脅（threats），深受外部環境變化之影響，若再透過麥可‧波特（Michael E. Porter）的五力分析理論，將更能全面地檢視在大環境變動下所將帶來的機會與威脅，這樣的動態架構更能洞悉產業的互動關係，也有助於擬訂明確有效的行動策略。

表10-1　Discovery集團之SWOT分析

	Strengths優勢	Weaknesses 劣勢
内部（組織）	・率先進入市場，已建立市場領導品牌地位與形象 ・台灣7個頻道組合發行，具跨品牌集團優勢 ・與當地政府單位、通路系統業者、製作團隊建立合作關係	・競爭頻道集團整體頻道組合完整，節目内容較富多樣性 ・競爭頻道集團全球行銷資源整合，作業彈性佳
	Opportunities 機會	Threats 威脅
外部（環境）	・7個頻道内容組合加大廣告營收成長潛力 ・運用品牌以及全亞洲播出網絡優勢，創造更多與政府單位、通路及廣告主之合作商機 ・在地内容的節目差異化可協助品牌延伸及擴張	・競爭頻道集團在組織人力、節目内容編排及行銷上採取追隨者策略 ・競爭頻道集團在系統上架分銷業務以及廣告銷售採低價格競爭策略

二、以「五力分析理論」評估市場競爭環境

「SWOT」分析提供最基本的企業與既存競爭對手之間的優勢對照分析，而若想要對於在台灣市場產業脈絡以及競爭環境態勢更深一層地掌握，我認為可進一步透過學者麥可・波特所提出的「五力分析理論」來理解五大競爭趨力中的每一個項目，發展出超越競爭對手的優勢。

麥可・波特認為，影響產業競爭態勢的五大趨力，包括了：消費者、供應商、產業內既存競爭對手、替代商品以及潛在進入者。透過五項競爭趨力之分析，可以幫助企業瞭解產業競爭強度與獲利能力。

由於五力競爭是動態的互動過程，五力中任一方的變動，都會牽動其他競爭力的影響強度，使威脅與機會形成相對平衡，因此，威脅也有可能轉換為機會或互補力量。[2]

根據台灣市場付費電視產業，以「五力分析」進行評估，並整理出各項競爭趨力要點如下（**圖10-1**）：

(一)產業內部競爭

Discovery集團在台灣市場面對的既存最大競爭對手是同屬美商FOX集團旗下的國家地理頻道系列品牌，以及歷史頻道集團等兩家國際媒體。此外，紀實類頻道還需面對本地頻道，如三立、八大等本地頻道所推出的知性報導、紀錄節目等。

(二)購買者議價能力

台灣有線電視收費標準目前採行雙軌制，由中央主管機關訂定

---

[2] Porter, M. (1980). *Competitive Strategy*. Free Press, New York.

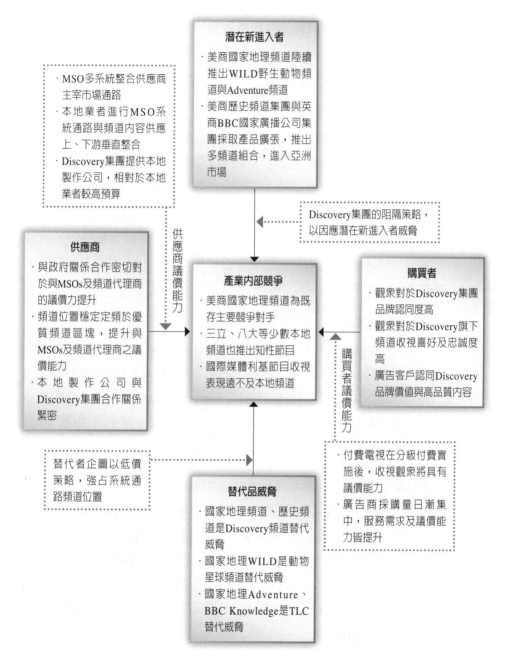

圖10-1　五力分析評估Discovery傳播集團

收費上限、地方政府審議後公告收費標準，消費者並無議價能力。但當數位化普及率提升，推行分級付費制度之後，消費者將開始具備議價能力。

(三)供應商議價能力

MSO多系統整合供應商主宰市場通路，且本地業者進行MSO系統通路與頻道內容供應上、下游垂直整合。但Discovery集團深耕台灣多年，與政府單位建立密切合作關係，同時因為品牌形象佳，憑藉與主管機關合作關係深化基礎上借力使力，頻道位置多年來被明確定頻於收視區塊，並且肯定為優良頻道，因此無論與多系統經營者（MSO）或頻道代理商在討論收視費分配的議價能力皆大幅提升。

(四)潛在新進入者

美商FOX集團旗下的國家地理WILD野生頻道、國家地理歷險頻道以及美商A+E Networks旗下的歷史頻道、罪案偵緝頻道及人物傳記頻道、BBC Knowledge、BBC Entertainment、BBC Lifestyle及Li頻道都與Discovery頻道、動物星球頻道及TLC旅遊生活頻道的同質性高。

(五)替代品威脅

替代者企圖以低價策略，搶占系統通路頻道位置，且在節目內容及編排策略上，同屬美商的國家地理頻道以及歷史頻道是Discovery頻道的替代品威脅。國家地理推出WILD野生頻道針對Discovery集團的Animal Planet動物星球頻道，而國家地理頻道的Adventure以及BBC的Knowledge，均高度針對Discovery集團的TLC旅遊生活頻道而來。

三、Discovery面對競爭之三大執行策略

　　瞭解Discovery集團在台灣市場環境中的五力競爭關係後，我建議不妨再應用麥可・波特的企業競爭策略，思考執行策略的方式，包括了成本領導（cost leadership）、差異化（differentiation）與專注（focus）三大策略[3]，初步簡介如下：

(一)成本領導策略

　　著重在降低成本，使報酬率將高於產業平均之報酬率，也可阻隔其他強烈的競爭力。對Discovery集團而言，知性節目無時效及地域之限制，片庫價值具有長效性，且擁有可於全球各區播送的優勢，將能降低相關成本，達到高報酬率。

(二)差異化策略

　　即突出產品與服務之差異化；Discovery北亞分公司致力於發展適切的在地主題節目製播，運用集團資源、能力，透過與政府機關合作，陸續推出貼近在地觀眾需求的高品質在地主題節目，強化觀眾、客戶對於Discovery品牌的喜好與忠誠度，提升收視率與廣告營收占有率，同時提高了潛在新進入者的門檻，降低替代競爭者的威脅。

(三)專注策略

　　強調將資源集中於區域市場，Discovery北亞分公司將專注於台灣市場，妥善運用在地主題內容的產品差異化以及在地行銷力的活動整合，有效提升與供應平台、系統通路、頻道代理商的議價能力，創造企業延伸、擴張以及營收獲利的持續成長。

---

[3] Porter, M. (1980). *Competitive Strategy*. Free Press, New York.

四、Discovery的台灣市場經營策略

從上文所述的分析模式中，可看出Discovery傳播集團的品牌優勢包括：高品質製作、全球布局經濟規模大可降低成本、大眾認同、與政府建立密切關係等等，阻隔了潛在競爭及產業內部競爭對手，也獲得消費者、廣告客戶及供應平台的認同。但是，當面對本土頻道知性節目與其他國際媒體同質頻道的競爭面上，必然需要規劃差異化的在地策略，維持市場領導者的地位！因此，Discovery綜合運用集團原有品牌優勢，製作在地內容，創造與在地觀眾的緊密聯繫，乃是Discovery傳播集團切入台灣市場的經營策略，並於以下分述之：

(一)節目內容與製作團隊在地化

1. 透過市調及資料整理瞭解地方觀眾之需求，選擇地方性主題，製播符合Discovery風格的高品質節目內容。
2. 藉由與本地製作團隊合作，強化在地文化內容及印象，並透過與國際製作團隊互動，激盪多元的創意交流。

(二)政策關係在地化

1. 運用集團的品牌優勢爭取，與政府單位進行合作計畫，建立可信賴的品牌印象。
2. 持續與各地方政府合作，建立緊密關係，爭取製作經費，增加品牌的優勢競爭力。

(三)廣告贊助在地化

1. 提供廣告客戶與在地節目深入連結之贊助計畫。

2.與當地廣告主進行內部關係連繫活動，強化彼此的連結關係，瞭解廣告主的需求以量身訂做個案、製造潛在商機。

3.透過收視率調查及統計市調，可增加廣告主對節目之信心，並可以科學統計分析確認目標收視群的屬性，確認適當的廣告內容及時段。

(四)供應平台（MSO）與頻道代理商關係在地化

Discovery所有頻道的播放與供應平台（MSO）與頻道代理商關係密切，因此與通路商及頻道代理商建立良好關係，也是重要任務之一。

(五)行銷活動在地化

1.Discovery集團運用4C理論（Consumer needs wants、Cost、Convenience、Communication）：瞭解閱聽大眾的需求；組合節目內容以節省閱聽時間成本；提供閱聽大眾最便利的收視方式；與閱聽大眾進行積極有效的雙向溝通以建立緊密顧客關係等等，來擬訂在地化的行銷策略。

2.以在地觀點推廣節目內容，邀請節目主持人或專訪貴賓訪台，並結合明星或相關單位，舉辦現場活動或講座造勢，運用媒體曝光及舉辦行銷活動以推廣節目內容。

(六)企業社會責任在地化

1.Discovery北亞分公司發起並邀請相關單位一起進行活動，如：「綠色星期四　為地球做好事」運動，即與台達電子文教基金會合作，共同推動「抗暖救地球」活動，邀請行政院環境保護署、交通部台灣區國道新建工程局、台北市政府、高雄市政府、台北縣政府、台南縣政府與台灣賓士共同發表

綠地球宣言，希望透過各界影響力，一起爲保護地球發聲。

2.關懷當地環境與生態資源：Discovery傳播集團選定「水、土地與人」爲主題，自2010年起，每年六月份舉辦「Discover Your Impact全球志工日」。全球員工放下手上工作，親手參與一日志工活動，作爲Discovery回饋給地球的具體目標與行動，如台灣辦公室全體員工，連續三年參與台南七股護沙、金山山林步道維修，及2012年的宜蘭冬山河河道清理環保工作。

📶 第四節　個案分享：Discovery的在地化經營

Discovery善用品牌價值優勢，提供優質紀實類型節目，打造收視口碑，運用全球播送的布局優勢，以「在地經營　國際視野」爲具體策略，與台灣新聞局進行《台灣人物誌》合作計畫，節目主旨爲展現台灣的創新與活力的精神，並讓國際更加認識台灣這塊土地，同時也可以增進本地紀錄片人才與國際媒體技術交流的機會，讓更多優秀的本土製作團隊躍上國際舞台。

《台灣人物誌》以台灣十二位成功人物，將這十二位人物的貢獻定位爲「立足本土，放諸世界」，而TLC旅遊生活頻道的《瘋台灣》，則以貼近台灣民眾的生活方式，深入探索和體驗台灣地方特色，透過節目視角以及主持人生動活潑的風格，帶出具有深度的在地化體驗，使觀眾從不同的角度看見台灣的美麗風景、人文特色與風土民情。

透過Discovery亞太電視網全亞洲電視網絡的播出，《台灣人物誌》與《瘋台灣》與本地頻道相較之下，在播出區域上有大幅度的差異優勢，也讓全亞洲各國家觀眾看見台灣之美，提升了台灣的國際能見度。

一、《台灣人物誌》系列

　　《台灣人物誌》系列節目自2005年起透過Discovery全亞洲網絡播出，將台灣人物之精彩故事推廣至全亞洲，不僅在台灣市場獲得好評，國際上也獲得極大迴響。

　　《台灣人物誌》系列節目是與行政院新聞局共同籌備製作而成，總共製作了《台灣人物誌Ⅰ》及《台灣人物誌Ⅱ》兩個系列（**圖10-2**）；以在地主題為主，從國際視野出發，節目製作方面也是徵選台灣在地的製作團隊，協助提升台灣本地製作水平，冀望藉此將最具代表性的台灣在地精神見諸國際（**表10-2**）。

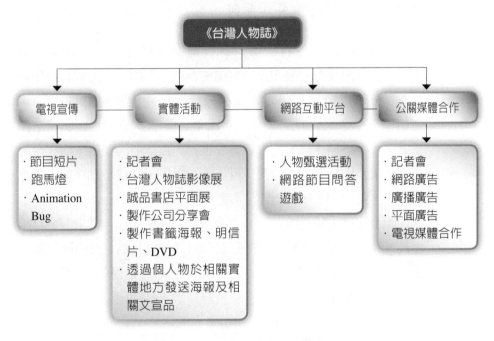

圖10-2　《台灣人物誌》活動規劃

表10-2　《台灣人物誌》代表人物

《台灣人物誌Ⅰ》	領域	《台灣人物誌Ⅱ》	領域
林懷民	藝術	幾米	藝術
劉金標	農業	李淳陽	自然生物
陳文郁	商業經濟	黃海岱	傳統文化
李昌鈺	科技新知	吳清友	商業經濟
證嚴上人	社會公益與環保	張明正	科技新知
張惠妹	大眾文化與娛樂	張小燕	大眾文化與娛樂

二、《台灣無比精采》系列

　　Discovery頻道有一個原有製播形象廣告：《世界無比精采》，而台灣團隊也製作了一個屬於台灣本身的《台灣無比精采》（Taiwan is Just Awesome）系列節目，此系列共分為三集節目，包括：「走進總統府」、「百年風華之傳承」及「百年風華之創新」。《世界無比精采》主要述說世界一百年前的創新，而《台灣無比精采》則是在述說台灣一百年來的驕傲，同樣是以在地主題推向國際，與全世界分享台灣的成就。

　　配合節目主題，Discovery更舉辦相關活動，如：徵求觀眾自拍短片《我的台灣無比精采》，以及舉辦講座，包括：台南阿勇師、雲林鍾瑩瑩、高雄呂佳揚、台北工研院電子紙及總統府導覽等等。另外，《台灣無比精采》亦在總統府舉辦了首映記者會，總統與節目故事主角同時現身記者會，創造鎂光焦點。

三、TLC旅遊生活頻道《瘋台灣》系列

　　2006年，TLC旅遊生活頻道推出《瘋台灣》，立即受到各界的注目，不但被廣電基金評定為2006年第三季旅遊類優良節目，也獲得金鐘獎－最佳行銷獎入圍。2007年，在行銷上以公關操作為主，節目主持人Janet知名度大增，2008年主持人Janet北中南舉辦多場主題式見面會，透過觀眾與主持人的真實接觸，建立觀眾忠誠度並創造口碑效應！2009年，TLC旅遊生活頻道與觀光局合作以「旅行台灣年」為主題，《瘋台灣》開始跨出台灣市場，赴新、馬、港等地進行巡迴宣傳，同時也邀請亞太地區新聞媒體來台與主持人Janet一起「瘋台灣」，如2010年配合台北國際花卉博覽會，結合時事議題，讓Janet和花博吉祥物帶領人們一起見識台灣在地風光。

　　《瘋台灣》成功打造了一個以在地主題，推向國際的案例，屢獲國內外諸多肯定，如：被廣電基金評定為2006年第三季旅遊類優良節目；獲得評審肯定入圍2006年金鐘獎——最佳行銷獎；被《動腦雜誌》評選為2008年台灣十大讀者高詢問度公關案例之一；入圍2009年亞洲電視節最佳旅遊節目主持人；榮獲2010年金鐘獎「行腳節目獎」；榮獲2011年金鐘獎「行腳節目主持人獎」；獲得2011年亞洲電視節最佳旅遊節目主持人入圍等等，都是《瘋台灣》在地經營風格受到各屆大力肯定的最佳實績！

🛜 第五節　管理理論及領導風格：穩定掌舵，明確定錨

　　2002年接掌Discovery台灣區總經理職務後，我個人在帶領團隊方面，更加深化在地化經營的策略主張，並貫徹於活動執行中，當

時並提出「以國際視野、在地觀點，落實本土化」的經營理念。若說Discovery頻道掌握了一個秘密武器，來滿足觀眾對於知識的渴望及收視的需求，那就是「好奇心」！[4]

外商公司往往在台灣有線電視高度複雜生態中水土不服，但我一開始就不打算從局外人的身分切入，面對台灣有線電視高度複雜生態，轉而積極運用在產業多年所累積的經驗及人脈，加上自己一向擅長的策略思維，來處理各項繁雜事務，面對各項繁雜事務，秉持方向，迅速地向設定好的目標前進，因我認為：三心兩意必難成事，當2003年初「TLC旅遊生活頻道」開播時，同樣也成功地重新將「動物星球頻道」占入市場一席頻位，在Discovery頻道之外順利地增加了兩個新頻道，奠定了穩定的市場營運基礎，也強化了Discovery的成長動能。

透過Discovery頻道《台灣人物誌》及TLC旅遊生活頻道《瘋台灣》兩個案的成效，我們可以總結Discovery傳播集團聚焦於區域市場的經營策略，並將成果表現具體分析之後，可以具體整理出所達成的「6 R」綜效成果（Local Relevance、Relationship、Reputation、Rating、Revenue、Recognition），分別敘述如下：

1. Local Relevance：關注在地觀眾的收視喜好與需求，在地製作主題選擇，與當地人、事、物建立密切的關連性，落實在地化的策略、發展與執行。
2. Relationship：運用與當地政府建立緊密合作關係，加強品牌優勢及核心能力競爭力的延伸是雙贏的策略。
3. Reputation：專注於在地主題的耕耘並以國際的視野呈現，不僅受到政府主管機關、媒體的高度注目，在產業的價值鏈

---

[4] 達爾文（2005）。〈以國際視野、在地觀點，贏得亞洲觀眾的心〉。上網日期：2012年8月20日，取自：http://edarwin.blogspot.tw/2005/01/blog-post_19.html

中更是得到通路系統業者以及觀眾的高度肯定，有效擴張
Discovery品牌優勢與價值。

4.Rating：透過在地主題高品質節目內容、製作以及在地行銷力
的整合宣傳，具體展現了得到觀眾收視肯定、更高的收視率
表現及提升市場占有率。

5.Revenue：可分為三部分說明——

(1)在地製作與Discovery傳播集團全球播出網絡結合，有效增
加廣告客戶的贊助合作機會。

(2)在地製作節目贊助自2008至2010年連續四年達成雙位數成
長。2010年廣告贊助達300萬美金。

6.Recognition：高品質節目獲得收視、市調及獎項的肯定，同
時北亞區團隊以創新理念，除了是最早積極推動在地化策略
的前鋒之外，在運作多年之後也陸續開花結果，北亞區團隊
也因此深獲集團高度重視與肯定。

　　應用「全球在地化」策略，能使Discovery這類「紀實娛樂」
的頻道品牌特質和定位更加明確，同時深化差異化的經營特色，更
貼近當地國人的生活民情及閱聽習慣，打造觀眾對於品牌的忠誠度
及口碑。在一貫的領導哲學之下，我所負責的Discovery亞太電視網
台灣分公司，在十年間從單個頻道增加為七個頻道，在頻道發行、
廣告業績都有滿好的發展，也獲得Discovery總部的信任與肯定；
所以，2008年，Discovery決定將北亞區域另外二個重點市場——港
澳與南韓，均一併劃歸為台灣分公司管轄，並將台灣分公司提擢為
Discovery北亞區總部，從節目製作、播出到整體整合行銷的全方位
服務，為客戶提供量身訂做整合服務，期望再度驗證在地化策略的
成功。以下我初步舉一些例子，作為Discovery複製台灣經驗的代
表：

1. 2005年起，Discovery頻道開始與新聞局合作製播《台灣人物誌》節目系列，成為成功的典範，也成為2011年中國市場複製《中國人物誌》的製播模式。

2. TLC旅遊生活頻道本地旅遊節目——《瘋台灣》的播出深獲觀眾喜愛以及高收視口碑，成功將此台灣本地製作節目一舉推向全亞洲，亞洲總部更進一步推廣製作《Fun Asia》系列節目。

3. 《瘋台灣》陸續獲得金鐘獎最佳行腳類節目，主持人Janet更榮獲金鐘獎最佳主持人。此外，《瘋台灣》節目行銷企劃案也榮獲2011 John Hendrick Innovation Award – International Team Award（Discovery傳播集團全球年度創新獎）。

結　語

　　跨國媒體集團在全球化趨勢下，自90年代起在各個洲際、各國市場點燃競爭戰火，但是因為媒體集團獨特的產業特性，在進行跨國的企業布局與發展時，除需因地制宜的調適及面對各國不盡相同的產業價值鏈外，各國政府對於跨國媒體的控管及其配套的法規環境、對本地業者的保護政策等都造成市場開放或緊縮程度不一的現象。此外，各地有不同的國情，觀眾對於跨國媒體的喜好會因為語言使用的熟悉程度以及文化層面認同的差異，進而對於跨國媒體集團所提供節目內容的接受度產生極大的落差。

　　反觀Discovery傳播集團，以品牌價值與競爭優勢為基礎，擬定價值導向的策略目標，並且高度運用集團之人才資源、創意與經驗等know-how整合，發展精選在地主題、有效控管成本，以製作高品質在地節目，並且進行在地化行銷整合活動，其高效率以及高彈性的執行力，有效地展現了在地節目內容的差異化策略成果。尤其

是Discovery傳播集團北亞區域在台灣市場的管理與執行，不僅擴展
Discovery品牌優勢及價值之外，也持續擴大新的目標觀眾市場及市
場占有率，保持Discovery傳播集團在地品牌領導者的優勢與利基，
提供了Discovery傳播集團在台灣市場有效品牌延伸以及擴張企業獲
利的穩定成長動力（**圖10-3**）。

　　針對跨國媒體集團的地域性市場經營，除了固守企業本身核心
能力外，仍必須留意各國市場的差異來進行策略發展調整，因此我
從自己的管理經驗出發，提供以下三項建議，作為本文的結語，也
提供正在閱讀的諸位參考：

圖10-3　Discovery傳播集團成果表現

一、在地主題，國際視野

關注並貼近在地觀眾的喜好與需求，妥善運用企業品牌以及區域和全球的播送網路雙重優勢，以及製作高品質節目內容的高度團隊整合能力，創造產品差異化價值。

二、高度運用企業核心能力優勢及資源

進行在地化成本控管，重視在地通路特性，並搭配符合在地市場需求的最適行銷力量組合。

三、組職架構必須對在地化積極作出因應

各區域分公司應著重在地化的組織調整、人力配置與分工，經營團隊更必須高度關注在地主題新鮮度與創新，以發揮高度的作業彈性與效率。

11

新媒體平台的經營策略

愛爾達科技執行長　陳怡君

經營哲學

喜歡跟大家分享筆者的賽車心得：

「賽車就是要快狠準；直線時一定要狠踩油門全力加速，進入彎道前，比誰敢晚一點踩剎車，精準掌握過彎的最佳時點，秒差破口領先勝出。」

筆者的賽車經驗中讓筆者鑽研出一套「賽車哲學」，充滿狀況的賽車跑道就像快速變化的數位內容產業，唯有收放自如才能在賽道上（業界）生存。

因此，筆者常勉勵同事：

「人生就像賽車，狀況千變萬化，要避免撞人以及被撞。

永遠往前看不要懊惱失誤，每個彎道都是一個機會，在最佳的時點精準剎車並衝刺，就有勝出的機會。」

作者簡歷

愛爾達科技創辦人兼執行長陳怡君（Sally Chen），曾任職於惠得資訊、穿梭科技、偉仲科技等公司總經理。自1998年即跨入網路影音多媒體事業的經營，目前已成為國內最專業的數位內容產業的整合者，實戰經驗已經超過十二年，一路見證台灣影音多媒體從窄頻到寬頻的發展歷史。2012年6月因新媒體創新表現受國際奧會邀請成為火炬手之一，為台灣代表中唯一的女性。

陳怡君執行長擁有美國威斯康辛協和大學工商管理碩士及國立台灣大學、上海復旦大學EMBA專班學位。

前　言

　　如果說數位內容產業有如一條賽車道，愛爾達就像是一離開起點，就猛踩下油門、直線加速向前衝刺的新媒體。愛爾達不僅是最早將日劇、韓劇等熱門影集引入數位平台，並抓準體育商機，深耕節目內容與品牌形象，與中華電信合作，將相關的賽事內容引進台灣，同時並以HD家族頻道與多螢一雲的影音服務作為亮點，在競爭激烈的台灣媒體市場中脫穎而出。愛爾達勇於嘗試、創新服務、掌握先機的經營策略，常常先一步「卡位」占得良機，多元優質平台服務以及專業經營團隊，更讓愛爾達在新媒體產業占有一席之地。

　　藉由本篇文章，筆者想與大家分享愛爾達的經營策略，作為未來數位媒體產業發展的參考。

第一節　影視環境的改變與趨勢

　　數位科技的進步，讓新媒體一步一步的融入我們的日常生活中，隨著新媒體的普遍，台灣的影視產業也正面臨數位化新媒體浪潮，過往的收視習慣與廣告行銷模式正在崩解與改變。

一、媒體使用行為的改變

　　根據台灣雅虎奇摩（Yahoo! Kimo）2012年5月所公布的「台灣線上影音使用者調查」，高達九成的台灣網友曾瀏覽數位影音，每四位就有三位網友每週至少看一次，而高達七成的數位影音使用者，會專程上網瀏覽數位影音內容。

　　根據調查顯示，電視一螢獨大的時代逐漸走入歷史，取而代之

是網路、手機、平板等多螢幕的收視行為；以2012年的倫敦奧運為例，數位新媒體的轉播時數首度超越傳統的電視媒體，透過網路與行動裝置轉播的時數突破10萬小時[1]，這都說明了觀眾的收視行為已往行動裝置發展。

從Google的調查報告來看：美國人平均一天會花4.4小時在螢幕前（非上班時間），每個螢幕每次平均使用時間分別為：智慧型手機17分鐘、平板電腦30分鐘、電腦39分鐘、電視43分鐘。螢幕越大，所花費的使用時間越多，例如，電視機因為可躺在沙發上舒服地觀看，所以一次使用的時間也較久。同一份調查報告也指出，民眾一天當中，通常會使用到三種多螢的組合，多螢的使用情境多半是「同時」在使用（圖11-1）[2]。

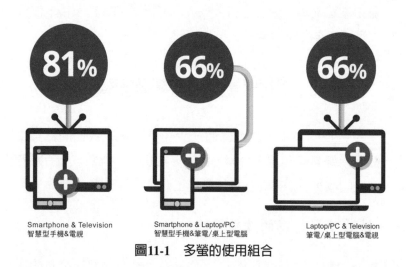

Smartphone & Television
智慧型手機&電視

Smartphone & Laptop/PC
智慧型手機&筆/桌上型電腦

Laptop/PC & Television
筆電/桌上型電腦&電視

圖11-1　多螢的使用組合

---

[1] Sivertsen, J. (2012). Olympics hailed as new era of broadcasting. Retrieved Nov 25, 2012, from http://nz.news.yahoo.com/a/-/top-stories/14490823/2012-olympics-hailed-as-new-era-of-broadcasting/

[2] Webb P. (2012). The New Multi-screen World :Understanding Cross-platform Consumer Behavior. Retrieved Nov 25, 2012, from http://services.google.com/fh/files/misc/multiscreenworld_final.pdf

　　本節的目的，是透過數據來瞭解現在閱聽群眾使用媒體，或是在選擇媒體時的行為改變，同時歸納出影視環境的改變及未來發展趨勢。據瞭解，18~34歲的閱聽眾，幾乎都會邊上網邊看電視，而且大學學歷的閱聽眾，有六成是邊上網邊看電視。如果眼球就是一個經濟體，因為看電視就可能會有廣告效果。但是如果眼球分散在好幾個不同的螢幕上，注意力就會分散、分流，因此現在企業做廣告一定不會單一選擇一種「螢幕」做預算，而是會同時選擇好幾個像是電視、電腦或手機等等。消費者使用模式的改變，也影響了企業主下廣告預算的決策（**表11-1**）[3]。

表11-1　美國成人媒介使用狀況

在看電視時，我還會同時…	總共(%)	18～34 歲	35~44 歲	45~54 歲	55+以上
在電腦上瀏覽網路	56	68	59	55	45
讀書、雜誌、報紙	44	42	41	44	47
使用社群網站	40	57	47	36	21
用手機傳簡訊	37	57	46	38	14
在網路上逛街購物	29	40	33	27	19
在手機上瀏覽網路	18	30	23	15	6
讀電子書	7	6	8	9	7
在平板上瀏覽網路	7	7			
什麼都不做	14	18			
我不看電視	3	5			

逾半數(56%)的人是邊看電視邊上網
18~34歲族群比例最高(68%)

---

[3] Robertson, M. R. (2012). *Internet TV Viewing Up, But So Is Viewer Multitasking*. Retrieved October 09, 2012, from http://www.reelseo.com/younger-viewers-watch-more-online-television/

在未來多螢一雲的時代下，消費者接收訊息的來源將更多元化，從offline→online→digital，這樣的演變也將隨著雲端技術的發展而有加快的趨勢。因此在此一趨勢下，消費者的收視行為將有別於以往，企業主必須跳脫傳統的模式，以更多元、更廣泛的行銷宣傳方式來與消費者溝通，並善用新媒體打造鋪天蓋地網絡，讓產品訊息隨手可得，如此不但滿足消費者「知」的需求，也能達成企業主的行銷目標，一舉兩得。

在美國家庭的媒體使用時間上，看電視的人在過去的五年都沒有明顯成長，但是網路的使用在過去五年卻成長了121%，2010年，每週上網時間與看電視的時間已經相等時數，可以推測未來使用網路的時間會持續上漲（**圖11-2**）[4]。

另外，平板電腦的問世也帶動數位閱讀風氣，越來越多人透過平板電腦來閱讀報章雜誌。根據台灣數位出版聯盟2012年第三季數位閱讀行為報告，平板電腦擁有率持續攀升帶動數位閱讀，尤指女性與29歲以下年輕人平板電腦擁有率明顯上升，影響紙本書閱讀和銷售，首當其衝的商業理財類雜誌，因讀電子雜誌已大減紙本閱讀時間、增加定期訂閱電子雜誌的比例，首度雙雙超過半數[5]。顯見，各式手持新裝置的已逐漸改變人們媒介使用時間與使用行為。

關於線上影音的發展趨勢，以美國線上影音市場的成長為例，2009~2010年，各個有關網路影音的相關數據都有成長趨勢，如每日造訪線上影音網站的人次成長了32%；每年觀看線上影音支數數量也成長了18%；每人每年平均觀看線上影音的數量成長了7.5%；每

---

[4] Whitney, L. (2010). *Survey: Internet ties with TV for popularity*. Retrieved October 09, 2012, from http://news.cnet.com/8301-1023_3-20025607-93.html

[5] 邱莉玲（2012）。〈數位閱讀　平板最常用〉，《工商時報》。上網日期：2012年12月30日，取自http://money.chinatimes.com/news/news-content.aspx?id=20121008000089&cid=1210

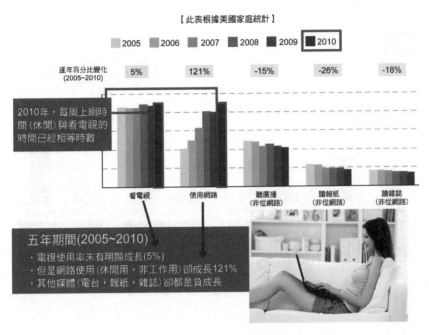

【此表根據美國家庭統計】

2005　2006　2007　2008　2009　2010

| 逐年百分比變化 (2005~2010) | 5% | 121% | -15% | -26% | -18% |

2010年，每周上網時間(休閒)與看電視的時間已經相等時數

看電視　使用網路　聽廣播(非從網路)　讀報紙(非從網路)　讀雜誌(非從網路)

五年期間(2005~2010)
· 電視使用率未有明顯成長(5%)
· 但是網路使用(休閒用，非工作用)卻成長121%
· 其他媒體(電台，報紙，雜誌)卻都是負成長

圖11-2　媒介使用時間

人每年平均觀看線上影音小時數的成長也達到12%（**圖11-3**）[6]。

影音內容占網路流量的使用量正逐年增加，2011~2016年的五年間，每年以32%的比例成長（CAGR32%）。預計到2016年，將有55%的網路流量都與影音內容有關聯[7]；影音內容在網路世界的重要性也可以從YouTube、Hulu、PPStream等影音網站的成長趨勢中看出端倪。可預期的，日後從電視、手機及其他非PC設備也會是上網瀏

---

[6] Quincy, R. (2011). *5 Reasons this NJ Web Design Company Recommends Web Video*. Retrieved October 20, 2012, from http://www.ridgemarketing. com/5-reasons-nj-web-design-co-recommends-web-video.html?%20 &scheme=%60full%60%5D%5D

[7] Cisco (2012). The Zettabyte Era. Retrieve December 12, 2012, from http://www. cisco.com/en/US/solutions/collateral/ns341/ns525/ns537/ns705/ns827/VNI_ Hyperconnectivity_WP.html

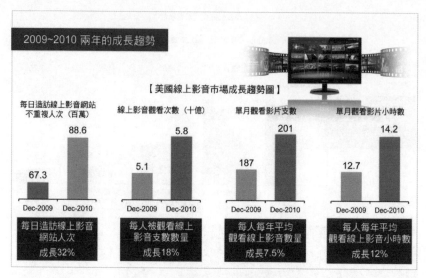

圖11-3 美國線上影音市場的成長

覽影音內容的重要載具。

　　國外各式影音視頻網站的崛起與民眾線上影音收視的成長，意味著這個市場的商機令人期待。反觀現今的國內，或許是網路影音媒體的廣告量成長仍不足威脅，或是電視主流媒體的影響力仍然強大，也或許是缺乏網路媒體經營的人才及資源，使得影音視頻網站的發展不若國外。但隨著寬頻的普及、多元化接收裝置的推陳出新、和年輕世代網路影音收視習慣的大幅成長，使得線上影音的新媒體的應用，如同世界潮流一般，漸漸崛起！而網路媒體地位對傳統主流媒體形成威脅，已是必然的趨勢，差別的只是時間的快慢。

二、手持裝置的興起

　　一句「科技始終來自於人性」的口號，打響了Nokia在全球手機市場的知名度與市占率。然而，霸主也會有交出龍頭寶座的一天，隨著蘋果iPhone與其他各式智慧手機的崛起，Nokia在手機市場的影

響力已經大不如前。其實蘋果的行動裝置（iPhone與iPad）衝擊的不只有Nokia，就連全球的筆記型電腦也受到相當大的波及。

　　Apple在2010年1月發布消息，公告即將推出iPad，但實際上是在4月的時候才推出，從**圖11-4**中可發現，因為Apple釋出的消息，使得美國的筆記型電腦的銷售量都是下滑的趨勢，Apple的力量影響了所有其他筆記型電腦廠牌的營業額，而iPad上市不到半年，更讓筆記型電腦的銷售出現負成長（**圖11-5**）[8]。

　　但是各家廠商也有應對決策，如Acer新推出的超薄筆電、快速開機等，或ASUS的變形手機，一機兩用，結合智慧型手機與平板電

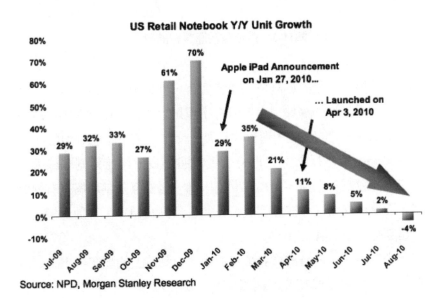

圖11-4　Apple帶來的衝擊

[8] Schroeder, S. (2010). Is the iPad Devouring the Notebook Market? Retrieve December 12, 2012, from http://mashable.com/2010/09/17/ipad-devouring-notebook-market/

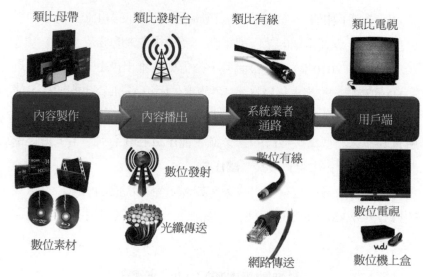

類比母帶　類比發射台　類比有線　類比電視

內容製作　內容播出　系統業者通路　用戶端

數位素材　數位發射　光纖傳送　數位有線　網路傳送　數位電視　數位機上盒

圖11-5　數位電視產業鏈的改變

腦雙重功能。但是對於許多上班族而言，其實筆記型電腦還是有其市場，因為工作的需要，有鍵盤打字還是會比較方便的。因此現在廠商會依據不同的功能，進行改良與新設計，讓產品更人性化。

另外，像是行動上網也將產生快速成長，目前預測有線網路在未來將會緩和上漲，因為空間的限制，無法無限制地擴充有線網路，而無線網路則會快速的成長，並且預測2014年，行動上網人口將超越有線的上網人口。

由於現在大部分消費者都是使用「吃到飽」的配套，不論是有在使用網路還是沒在使用網路，都會掛在線上，但是3G的資源有限，如果有太多使用量3G無法承載，其品質將會大受影響。對電信業者而言，使用WIFI可以降低3G的成本，因此WIFI與3G的自動切換認證技術，將會是未來舒緩3G壅塞的最佳方式之一。此外雖然無線網路傳輸不斷在進步，但有線網路暫時還不會消失，因為無線網路的使用目前還是搭載在有線網路上。

三、數位電視的發展與趨勢

(一)數位電視的定義

　　「數位電視」指的是將電視訊號目前所使用的「類比訊號」轉換成「數位訊號」，從拍攝、編輯、製作、播出、傳輸、接受等全過程都使用數位技術的電視系統。現在，只要能夠接收影視訊號的裝置，無論透過有線、無線或衛星都算是「數位電視」的一種，電視不再是只能在客廳觀賞的產品。

　　類比電視轉換為數位電視的過程中，帶動了一波周邊的產業。如內容製作，原本是用類比母帶，數位化後，新聞台、電視台等基本要求都會要HD。內容播出影音數位發射的更新，也帶動了光纖設備、數位設備等供應商。系統業者通路則是將類比有線換成數位有線及網路傳送。最後，用戶端的部分，數位機上盒也將會是各大市場。

　　影像數位化之後的好處，包括影響品質會更好及提供HD畫質的服務。無論在無線或有線的傳輸上，可以更省傳輸空間，也可以載運更多的訊號。HD的部分使家中電視的畫質變得更細膩，如MOD提供Full HD畫質1920×1080像素；DVD提供720×480像素；TV則是640×480像素；**圖11-6**則為全球推動數位電視與終結類比的時程。

(二)數位電視的趨勢

　　總括來說，數位電視具備高品質、高效率與高附加價值三大特色，並充分達成：(1)製作數位化；(2)播送數位化；(3)傳輸數位化；(4)內容多樣化；(5)服務多元化；(6)市場分眾化。數位電視可以為個別電視觀眾量身訂做的電視節目，亦即所謂電視觀看活動的「客製化」（customization）。

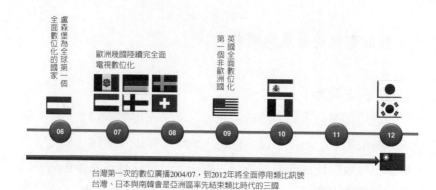

圖11-6　全球推動無線數位電視與終結類比時程

對內容提供者而言，長尾效應（The Long Tail）不但可套用於網路商品銷售，在數位電視時代，電視節目將走向分眾化與客製化；在廣告方面，數位電視的互動功能也間接提供廣告公司精準的市調，得知該客戶瀏覽節目的習慣後，廣告公司便可以依據客戶的需求提供商品，廣告形式也會逐漸轉向個人化與互動化。

(三)數位電視的特色

◆接收各種訊號

數位電視可以接收各種廣播技術如衛星、廣播、有線電視等等，但這些都屬單向性。接上網路線後，可成爲雙向性通訊，就能有互動。

◆互動式節目

數位電視能提供互動式電子節目表單（Electronic Program Guide, EPG）的服務，用戶除了可以輕鬆取得完整頻道內容與節目時間表之外，還可按照自己的觀看習慣，規劃屬於自己的收視時間表。另外，電子節目表單上也會呈現出近幾個小時內的節目表，同時還提供節目的介紹，讓收視者在觀賞前可先預覽內容大綱（**圖11-7**）。

圖11-7 互動式電子節目表

◆雙向互動功能

　　透過「回傳機制」，數位電視可進行雙向互動的功能，民眾可以透過電視來進行投票或是文字互動，讓看電視不再只是單純的「看電視」，雙向的互動服務讓民眾更能融入節目情境中（圖11-8）。此外，雙向互動還可以結合多螢雙向的互動功能，利用雲端技術開發行動包版廣告的觸媒平台，開啓市場的另一個眼球商機。

◆VOD-Video on Demand

　　有如看DVD一樣，可以快轉、暫停、倒轉等功能，還有書籤功能，也提供租片三天內可重複觀看，不另收費，影劇也是採用包套方式收費。另外也比租DVD更好，因爲不用出門租片、不用擔心換片而被罰錢，有HD高畫質影片，不用花錢買藍光機，也有中文搜尋功能，可快速尋找影片等。

圖11-8　現場投票

(四)台灣數位電視生態

　　台灣目前的數位電視可區分為數位無線、數位有線、中華電信MOD（Multimedia on Demand）等三類。目前無線電視已全面數位化，有線電視系統預計將於2014年全面數位化，至於中華電信MOD是屬於IPTV，是國內第一個全面數位化的影視平台。

◆數位無線

　　台視、中視、華視、民視、公視的數位頻道早在2004年起就已陸續開播，2012年7月1日零時結束無線電視類比訊號發送，台灣正式進入數位電視時代。為響應政府高畫質數位電視元年的政策，台視、中視、華視、民視的HD高畫質頻道則是在2012年倫敦奧運時開播，提供觀眾HD高畫質頻道的收視服務。

◆數位有線

　　台灣的無線電視已完成數位化，接下來就是有線電視的部分，

依照國家通訊傳播委員會（NCC）的規劃，希望台灣的有線電視系統能在2014年底前完成全面數位化。目前先進國家的有線電視數位化程度，日本、香港已全面數位化，美國約七成七，韓國接近三成，大陸近五成，台灣的數位化程度僅一成多，遠遠落後先進國家[9]。

台灣有線電視系統的經營權主要集中在五大MSO手上，分別為凱擘（前東森）、中嘉、台灣寬頻通訊、台固媒體及台灣數位光訊。五大MSO預計將在2012年底前將數位化普及率拉升到25%，並在2014年完成有線電視100%全面數位化[10]。

◆中華電信MOD

2005年中華電信推出IPTV業務，定名為「大電視」，強調互動與隨選視訊功能。隔年改名為「中華電信多媒體內容傳輸平台」，簡稱「中華電信MOD」。MOD為Multimedia on Demand的縮寫，顧名思義為多媒體隨選視訊。

MOD與傳統有線電視最大的不同在於傳輸的模式不同。有線電視是將每一個頻道一起送至客戶端，再由客戶自行切換頻道，故沒有互動功能。MOD則是讓觀眾自行選擇想看的內容，再由機房將該內容資訊傳送至客戶端。因為MOD是透過網路線傳輸，因此它具有互動的功能，消費者可以透過MOD來點選隨選視訊（VOD）、線上購物或是轉帳等服務，相當便利。

使用隨選視訊技術的MOD，可利用互動之功能，在影片播放時進行快轉、倒轉等互動機制。MOD藉由寬頻網路，將電視頻道、隨

---

[9] 黃晶琳（2012年6月28日）。〈NCC發豪語 3年後全面數位化〉，《經濟日報》。上網日期：2012年12月28日，取自http://udn.com/news/FINANCE/FIN9/7188758.shtml

[10] 林淑惠（2012年8月10日）。〈5大系統台 砸錢數位化〉，《工商時報》。上網日期：2012年12月28日，取自http://money.chinatimes.com/news/news-content.aspx?id=20120810000152&cid=1211

選視訊服務及互動資訊內容等各種多媒體服務傳送到客戶家中，讓客戶可以用遙控器從電視機上隨時點選使用這些服務，而不再受限於節目播出時間。另外，MOD是台灣第一個提供HD頻道的收視平台，愛爾達電視則是全台第一個HD家族頻道的媒體經營者。

(五)法規的限制與束縛

數位媒體平台不同，適用的法律規範也不同，前述三類數位電視平台適用之法令與定義及傳送差異，可參閱**表11-2**。

規範的法令不同，各數位電視平台的權利義務也不同，彼此的相互競爭上也會有期限制與束縛，分述如下：

◆跨區經營與經營規模

為保障收視多元化，避免單一系統業者獨大，《有線廣播電視法》針對系統業者的經營訂定許多規範，像是系統業者不得跨區經營、有線電視系統經營者的訂戶總數合計不得超過全國總訂戶數

表11-2 我國廣電法規管理現狀

	廣播電視法	有線廣播電視法	電信法
管理範圍	類比無線 數位無線	類比有線 數位有線	IPTV（MOD）
定義	稱廣播者，指以無線電或有線電傳播聲音，藉供公眾直接之收聽	有線廣播電視，指以設置纜線方式傳播影像、聲音供公眾直接視、聽	
數位傳輸方式	DVB-T	DVB-C	TCP/IP
傳輸媒介		HFC Coax Wire	xDSL/FTTx Twisted Pair
傳送差異	廣播式調頻	廣播式調頻	封包交換式

的三分之一；但同爲數位內容影音平台系統經營者的中華電信，卻不受上述的規範約束，主要因爲MOD受《電信法》監理，《電信法》對於數位影音內容的經營管理並無此限制。

　　爲加速有線電視數位化，國家通訊傳播委員會（NCC）已在2012年7月通過「有線電視經營區擴大與跨區經營」及「開放新經營者申請」，在新的規範下，新進業者或既有業者得以縣市爲單位決定經營區規模，打破過去劃分51區有規模過小或多數獨占的問題，擴大經濟規模，促使數位化升級並提升產業競爭力，以提供消費者更優質多元的服務。

◆無線電視台必載條款

　　因爲《有線廣播電視法》第三十七條規定系統經營者應同時轉播依法設立無線電視台之節目及廣告。這個「必載」條款讓無線電視台直接上架類比有線電視平台，但2012年7月1日起，無線電視台全面數位化，無線電視台除了原有主頻道外，還有三個副頻道，這些副頻道能否比照主頻道直接上架有線電視系統，特別是數位有線電視系統，成了法令未規範的灰色模糊地帶[11]。

　　反之，受《電信法》監理的MOD，因爲沒有必載條款的規範，所以無線電視台在MOD上架播出時，會因爲節目版權的緣故必須採「蓋台」的方式插播其他節目，嚴重影響訂戶的收視權益。

📶 第二節　新媒體的寵起與演進

　　《紐約時報》在2012年8月27日推出建立於Brightcove影音平台的影音播放器，頻道以11個新聞主題分類，同一天，《華爾街日

---

[11] 翁書婷（2012年）。〈愛爾達女董事長　槓上蔡明忠的凱擘〉。《今周刊》，809，60-62。

報》也推出新的影音平台WSJ WorldStream，內容主要是由《華爾街日報》和道瓊公司記者用智慧手機拍的短片。兩大主流媒體不約而同強化影音內容，等於宣告了一場新媒體影音大戰正式燃起戰火[12]。

2012年倫敦奧運，為因應行動裝置和跨平台趨勢以及搶搭熱門的社群媒體風潮，英美兩大媒體巨頭BBC（英國國家廣播公司）和NBC（全國廣播公司）不但大幅挹注資金，打造跨平台的互動收視體驗和網路直播服務，中國的騰訊、新浪、搜狐等網路公司也紛紛砸下重金購買賽事版權，結合社群媒體、視頻網站、通訊軟體等管道，展開激烈的「指尖奧運商戰」[13]。在台灣，則由愛爾達電視與中華電信共同合作，提供14個奧運直播頻道多螢一雲的影音收視服務，民眾可以透過電視、網路、行動裝置收看。賽事直播、賽況報導、精華回顧，讓民眾奧運隨手看，不會錯失賽事的精彩一瞬間。

現在全球人類的生活當中，手機成了很多人必不可少的隨身物品。根據《時代》雜誌與高通的調查發現，四分之一的人每隔三十分鐘就看一下手機，五分之一的人每隔十分鐘就要看一下。三分之一的人承認即使很短時間不用手機，他們就會感到焦慮。不知不覺中，我們的生活是如此地依賴手機，所有的東西都在跟著它快速變化，我們已經進入了「手機化」時代[14]。

[12] 田思怡（2012年8月30日）。〈紐時、華爾街日報　大打影音戰〉。《聯合報》，第A14版。

[13] 江美玲、蔡宛均（2012年）。〈未來媒體的樣貌：2012倫敦奧運收視行為〉。《凱絡媒體週報》第649期。上網日期：2012年12月28日，取自http://www.magazine.org.tw/ImagesUploaded/news/13454435633590.pdf

[14] 騰訊科技（2012年）。〈時代雜誌：人類已經進入手機化時代〉。《凱絡媒體週報》第651期。上網日期：2012年12月28日，取自http://www.magazine.org.tw/ImagesUploaded/news/13466424585930.pdf

一、多螢的時代來臨，改變資訊管道

　　我們的日常生活中，已出現各種電子裝置混搭的情境，根據資策會FIND（2012/Q2）調查發現，有三分之一以上的民眾經常性同時邊看電視邊使用電腦上網，但目前擁有智慧型手機或平板電腦者，已有八成以上消費者經常會同時與電視、電腦同時使用，跨裝置互動將成為吸引消費者注意力的應用情境[15]。

　　一般店家已成為消費者使用智慧型裝置三個重要的使用情境，例如有66.9%的使用者會在旅途中使用手機來查地圖、訂機票、30.8%的使用者會邊看電視邊使用手機或平板來查詢相關資訊、26.5%的使用者會在賣場購物的時候也透過智慧型行動裝置來搜尋價格或評價等。

　　多螢幕的趨勢對民眾與產業都帶來了衝擊，就如同十多年前網際網路一般，帶來新的科技應用與各種服務情境的想像。不僅改變了生活型態，也增加服務提供的模式。

二、新的裝置應用情境

　　美國有名的財經報紙*Financial Times*，在新媒體的運用上，發現使用手機與平板閱讀他們的文章，在早上與下班後，都高過於電腦的使用，使這些行動裝置帶給他們近100萬訂閱戶。

三、多螢媒體內容成熟

　　英國國家轉播公司BBC，在2012年倫敦奧運期間，透過非傳

---

[15] 資策會Find（2012），〈行動應用三大趨勢：打卡行動、多螢互動、虛實整合〉，《聯合新聞網》。上網日期：2012年12月28日，取自http://mag.udn.com/mag/digital/storypage.jsp?f_ART_ID=404076

統電視觀看奧運的觀眾,在尖峰時刻,占全部收視人口的22%(圖
11-9)[16]。另外,根據中華電信的資料,倫敦奧運期間,MOD所轉播
的多場比賽皆吸引超過20萬收視戶同時開機收看,在中華隊出賽時更
有高達30萬收視戶收看,這代表在奧運收視最高的賽事約可接觸到
一百多萬的收視人口,顯示MOD已是一個具影響力的電視新媒體。

以電腦為主要播放媒體的HiNet,在奧運期間的總收視人次已近
2千萬,其中莊智淵殺進男單銅牌戰,更吸引單日145萬人次瀏覽,
創下較平日收視人次成長4倍,而中華電信特別設置的奧運服務網
站,瀏覽人次也較2008北京奧運多2倍,顯示網友們逐漸習慣透過網

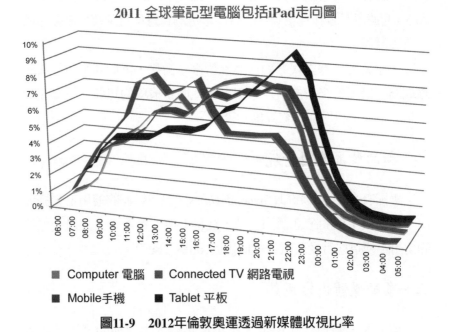

圖11-9　2012年倫敦奧運透過新媒體收視比率

[16] Hide, N. (2012). *BBC hails golden Olympics as half of UK hits its website*.
Retrieve December 12, 2012, from http://crave.cnet.co.uk/gadgets/bbc-hails-golden-
olympics-as-half-of-uk-hits-its-website-50008890/

路收看運動轉播獲取資訊。而在手機平台提供即時奧運轉播的Hami，在8月8日父親節晚上，適逢國人關注的楊淑君、魏辰洋等跆拳國手出賽，達奧運期間最大流量，顯示手機是用戶外出時（父親節晚上外出吃飯比例高），收看即時影音最佳的媒體。

第三節　OTT TV的發展現狀

在全球電信商推出IPTV服務後，透過雙向互動的網際網路架構，全球影音服務市場走出了新的發展方向；寬頻網路在先進國家的成熟，也以CE、STB、TV等裝置為核心，推出付費VOD服務。社群網路蓬勃發展，加上Hulu與BBC iPlayer短片網站推波助瀾下，與純網路影音服務商三股力量融合出有別傳統Walled Garden架構的OTT Video模式，讓收視戶透過網路取得更多元的資訊與內容，並迫使或帶動傳統影音服務商發展出OTT的概念，帶動了新型態OTT的發展與應用[17]。

IPTV發展趨勢可分為三個階段，封閉式的IPTV產品如IP-STB，在第二階段內容隨著開放網路更趨多元化。開放式的IPTV從原本用戶可上網觀賞影音之Internet TV，發展為能透過遙控器操作網路影音的Connected TV。而OTT IPTV則是結合第一、二階段影音內容和發展技術，達到封閉式和開放式以及有關資訊之服務匯流，並提供應用軟體商店（Apps Store）、多種裝置（手機、遊戲機、電視等）雲端瀏覽與個人化之控制影音服務。

OTT在這兩年內廣泛被應用，主要原因是因為各種科技與概念陸續成形，全球網路的頻寬與應用不斷在進步與成長，無線網路建

---

[17] MIC（2010）。〈圍牆外的圍圍：OTT影音服務發展評析〉。取自經濟部工業局全球資訊網http://www.moeaidb.gov.tw/external/view/tw/index.html

設的成長，可用頻寬也一直上升，行動裝置因為科技的進步，開始可以真正的上網，並且多元化的應用。預計2014年，全球行動上網用戶將超越一般有線上網。

目前國際上成功推廣OTT影音應用服務的，首推Netflix與Hulu。同為線上影音，Netflix與Hulu在經營方式、影片內容、收看方式上有很大的差異。但兩者皆是OTT影音運用服務的代表，不管是付費或是免費，他們都讓消費者在影音收視上多了更多的選擇，同時也創造出不一樣的新媒體經營模式。

一、新媒體通路的巨人——Netflix

Netflix是一家美國公司，在美國、加拿大提供互聯網隨選流媒體播放，DVD、藍光光碟線上出租業務。該公司成立於1997年，1999年開始訂閱服務。2009年，該公司可提供多達10萬部DVD電影，並有1,000萬的訂戶。2007年2月25日，Netflix宣布已經售出第10億份DVD。2011年3月，Neflix成為媒體通路用戶數第一名，超越了美國任何一家有線電視與衛星電視（圖11-10）[18]。

受惠於網路用戶對線上影音的強大需求，Netflix目前擁有超過2,400萬個訂閱者，也帶動它的營收成長。2010年總營收為21億美金，2011年更大幅成長至32億美金。曾經身為DVD影片出租業務的龍頭——Blockbuster（百視達），面對Netflix的挑戰全無招架之力。2009年，Netflix的營收超越Blockbuster；2010年，Blockbuster聲請破產保護（圖11-11）[19]。

[18] Frommer, D. (2011). *Netflix Now Has More Subscribers Than Comcast (And Every Other Cable Company)*. Retrieve December 12, 2012, from http://www.businessinsider.com/chart-of-the-day-netflix-cable-subscribers-2011-5

[19] Velauthapillai, S. (2012). *Evaluation of Netflix's Financials*. Retrieve December 12, 2012, from http://can-turtles-fly.blogspot.tw/2012/01/evaluation-of-netflixs-financials.html

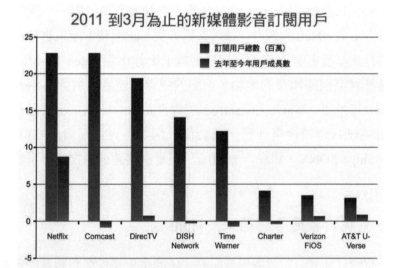

圖11-10　美國影音內容提供者訂閱戶比較

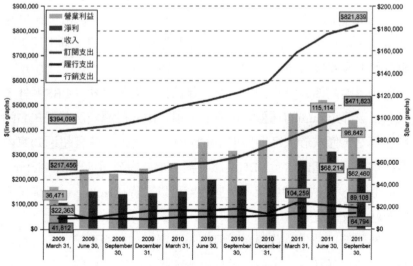

圖11-11　Netflix營收成長圖

　　Netflix與Blockbuster 營業性質沒有什麼不同，唯一不同的是通路的使用。Netflix利用「遞送」的方式，讓消費者能以更快速便利的方式享受影音服務。從初期的線上影片出租Video-by-Mail，但隨著網際網路頻寬的增加，電腦的運算處理能力增強，Netflix於2007年推出「Watch Instantly」的線上streaming videos的服務。現在Netflix也積極與硬體廠商合作，例如各大電視廠商如LG、Samsung、SONY、Vizio，Netflix已經是這些連網電視的必備「專欄」了。

二、電視內容通路新星——Hulu

　　有別於Netflix的付費影音服務，Hulu主要是採免費觀看的經營策略，但在長期經營，以及拓展更多營收來源的考量下，也推出Hulu Plus的收費電視服務。Hulu和全美許多著名電視台以及電影公司達成協議，透過授權點播模式向使用者提供視訊資源。由於各國對版權的法規有差異，其視訊節目目前只對美國本土使用者開放。

　　Hulu是由美國國家廣播公司（NBC Universal）和新聞集團（News Corp）在2007年3月共同出資成立。2009年4月，迪士尼集團旗下的美國廣播公司（ABC）也正式加盟Hulu，成為第三大股東。自此，美國的四大電視網中，除了哥倫比亞廣播公司（CBS）外，其餘三家都是Hulu的「強力後盾」。現在Hulu已經成為美國知名的影音網站，僅次於大名鼎鼎的YouTube。目前Hulu擁有超過90家內容提供方，包括FOX、NBC環球集團、米高梅公司、Sony Pictures Television、華納兄弟影業。這些內容可以同時在Hulu.com和提供方的網站播放和使用。

　　雖然節目都是免費觀看，但Hulu透過附加在視訊節目上各種優質廣告成功獲利——免費提供具有合法版權的影音內容，透過附加廣告賺取營收，Hulu是此類商業模式成功的代表，網站營運第一年

就開始獲利，2009年廣告收入達1億美元，到了2011年總營收更成長至4.2億美元，雖離原本預估的5億美元有點落差，但是比起前一年成長了約60%，而早三年成立的YouTube網站目前卻仍處虧損。

　　經營模式的不同，讓Hulu與Netflix在營收上有極大的落差，除此之外，雙方在影音內容上的主打項目與收視裝置也有極大的差異。Hulu的使用者偏重電視劇，Netflix則是偏好電影（**圖11-12**）[20]。

　　根據NewTeeVee分析，比較Hulu Plus與Netflix Instant服務發現，就當季影集內容來說，Hulu Plus明顯大勝於Netflix。因為Hulu有NBC、ABC、FOX等主流媒體的「富爸爸」，而在娛樂性節目方面，也是Hulu Plus勝出，因為這些節目都不會推出DVD影片。

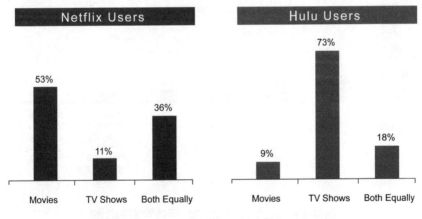

圖11-12　**Netflix與Hulu的訂戶觀看內容比較**

---

[20] Nielsenwire (2011). *What Netflix and Hulu Users are Watching... and How*. Retrieve December 12, 2012, from http://blog.nielsen.com/nielsenwire/online_mobile/what-netflix-and-hulu-users-are-watching-and-how/

但從整體舊電視影集來看，Netflix超過2萬部影集，比起Hulu Plus就來得好！另外，Hulu Plus沒有太多的電影影片，而Netflix卻有很多的電影可以欣賞。有分析師就認為，Hulu Plus很像以前消費者欣賞電視節目一樣，而Netflix比較像消費者租影片來看的模式，兩者營運模式還是有差距的[21]。

另外，Hulu與Netflix在主要使用收視裝置也有所不同，Hulu大多是直接在電腦上觀看，Netflix的收看方式相對而言，就較為多元化，包括了電腦、聯網電視、電視遊戲機等（**圖11-13**）[22]。

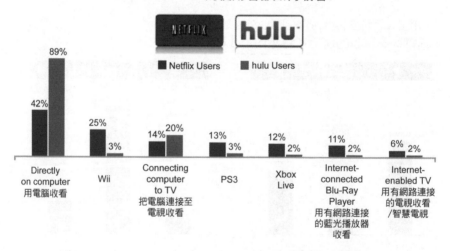

圖11-13　Netflix與Hulu的訂戶收視載具比較

---

[21] 科技產業資訊室（2010）。〈線上影音網站Hulu開始收費囉！〉。上網日期：2012年12月28日，取自http://cdnet.stpi.org.tw/techroom/market/eegame/2010/eegame_10_008.htm
[22] 同註19。

三、線上影音收視──中外大不同

　　Netflix的業績大幅成長、Hulu提供付費收視服務，這都意味著就美國的線上影音收視市場來說，付費市場還是比較受歡迎，這跟中國市場消費模式是截然不同的。但隨著土豆網赴美國在納斯達克上市[23]，開始採買正版的影音內容並撤除有版權爭議的內容、百度引進私募基金成立愛奇藝視頻網，以免費、正版、高清視頻作爲網站的特點，顯見版權意識逐漸在抬頭。

　　然而，購買合法版權節目所費不貲，網站業者勢必得靠廣告來增加營收，或是以購買非當季節目來降低成本。但隨著消費者對於線上

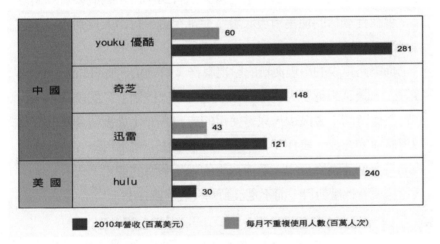

圖11-14　美國與中國線上影音收視比較[24]

---

[23] 2012年3月12日，優酷與土豆網宣布以換股方式合併，新公司命名爲「優酷土豆股份有限公司」。

[24] Lim, J. (2011). *Why it's Difficult to Make Money from Chinese Users - Online Video Example*. Retrieve December 12, 2012, from http://technode.com/2011/07/06/why-its-difficult-to-make-money-from-chinese-users-%E2%80%93-online-video-example/

影音收視的需求越來越高，影音內容提供者或是網站業者必然會推出收費服務，來滿足消費者的需求，並爲自身創造更多更大的利潤。

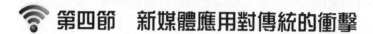 第四節　新媒體應用對傳統的衝擊

一、對傳統電視的影響

隨著科技的進步，閱聽衆有越來越多的新媒體供參考選擇，如電視不再只是家中客廳的黑盒子，手機也可以是電視、電腦也可以是電視、平板也可以是電視。因此，消費者的眼球與螢幕的選擇多元了，假設每個人有一對眼睛，每天只有24小時，到底要看哪個螢幕？會在什麼樣的使用情境收看？從電視台、行銷人員到內容產製者，都必須好好思考。

而網路電視的出現與新的影視服務（如VOD、Timeshift、TiVO等等），讓越來越多人脫離「被頻道時間表控制」。閱聽衆看電視的行爲與時間不會減少，只是使用的方式多元化之後，會降低依賴頻道廣播的方式（**表11-3**）[25]。經過多國的統計都顯示，Y世代看電視的時間都逐漸降低中，取而代之的就是網路的使用。未來是閱聽衆選擇要看什麼節目，而不是被動的接收（**圖11-15**）[26]。

[25] Seidman, R. (2010). *Nielsen: Time Spent Watching TV Dropped Slightly in Q2; DVR Viewing on the Rise*. Retrieve December 12, 2012, from http://tvbythenumbers.zap2it.com/2010/11/18/nielsen-time-spent-watching-tv-dropped-slightly-in-q2-dvr-viewing-on-the-rise/72594/

[26] Lewin, J. (2010). *Internet Video To Surpass Broadcast Video Within 10 Years*. Retrieve December 12, 2012, from http://www.podcastingnews.com/content/2010/05/internet-video-to-surpass-broadcast-video-within-10-years/

表11-3　每月影音收視模式時間比較

每人每月平均觀看時數				
	Q2 2010	Q1 2010	Q2 2009	% Diff Yr to Yr	Hrs:Min Diff Yr to Yr
觀看傳統電視	143:37	158:25	143:51	-0.2%	-0:14
觀看時間位移電視服務(VOD)	9:27	9:26	8:02	**17.7%**	1:25
使用DVR TiVo.PVR	24:27	25:48	24:11	1.1%	0:16

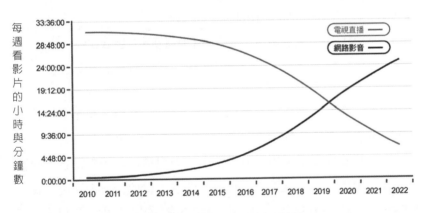

圖11-15　新影視方式的成長

二、對廣告市場的影響

據尼爾森統計，2009年台灣總廣告量為新台幣993.44億元，其中四大傳統媒體的廣告量從2008年的46%降到43%，而網路、手機、戶外交通等數位媒體卻呈現二位數的成長，顯示企業主的廣告

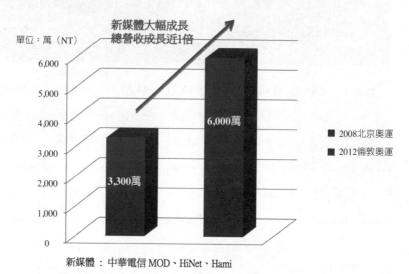

圖11-16　北京奧運、倫敦奧運新媒體廣告營收比較
資料來源：中華電信北區電信分公司。

投放行為已和過去不同，而數位媒體的興起更改變了企業與消費者
溝通的模式，進而影響媒體預算的分配和新媒體價值鏈的樣貌[27]。以
北京奧運及倫敦奧運兩相比較為例，倫敦奧運時中華電信在新媒體
（MOD、HiNet、Hami手機電視等）的廣告營收成長近一倍，總金
額約為新台幣6,000萬元，當中又以MOD成長幅度最大，是以逾10倍
的倍數增長。MOD會有如此的好成績一方面是因為收視戶的增加，
讓廣告主不敢忽視這塊市場，另一方面則是數位化後讓電視廣告可
以更多元化，不論是3D廣告或是互動廣告，都讓新媒體的未來發展

---

[27] 資策會Find（2010），〈2010台灣企業主新媒體廣告需求分析報告〉。上網
日期：2012年12月28日，取自http://books.find.org.tw/newbook_disp.asp?book_
id=160

增添不少動能與潛力。

　　2011年，IAMA指出，台灣整體網路廣告營收市場規模達到102.15億新台幣左右，較2010年成長19.46%，其中網站廣告部分為63.05億，成長19.66%，占整體網路廣告市場總額的61.70%（**表11-4**）[27]；此外，付費關鍵字廣告也持續穩定成長15.44%，達到新台幣30.74億，占整體網路廣告總額的30.01%。社群媒體在各年齡族群經常造訪率皆率居冠，口碑行銷影響力之大，已成為其他媒體重要取材來源，其廣告量有35.06%最高幅度成長率，金額為8.36億，占

表11-4　2011台灣媒體廣告量調查　　　　單位：新台幣億元

媒體	2011年廣告量	2010年廣告量	成長率（%）	市場占有率（%）
傳統媒體	482.22	493.12	-2.21%	42.2%
無線電視	52.50	54.83	-4.25%	
有線電視	212.31	206.13	3.00%	
報紙	107.60	119.56	-10.00%	
雜誌	69.46	67.77	2.50%	
廣播	40.35	44.83	-10.00%	
新媒體（網路）	102.15	85.51	19.46%	8.99%
網站廣告	63.05	52.68	19.66%	
關鍵字廣告	30.74	26.64	15.44%	
社群口碑行銷	8.36	6.19	35.06%	

[28] 台北市網際網路廣告暨媒體經營協會（2012）。〈台灣網路廣告市場破百億，再登五大媒體成長之冠〉。上網日期：2012年12月28日，取自http://www.bnext.com.tw/article/view/cid/146/id/22511
動腦雜誌編輯部（2011）。〈2011年台灣總廣告量微幅成長〉。上網日期：2012年12月28日，取自http://www.brain.com.tw/News/NewsContent.aspx?ID=16676

整體網路廣告總額的8.20%[28]。

　　從圖**11-17**可看出，雖然全球電視廣告市場還是比網路市場大，但是網路廣告市場不斷的在成長中，成長的幅度與力道遠勝於電視廣告，種種的案例都在告訴我們——新媒體市場「錢景」相當誘人[30]！

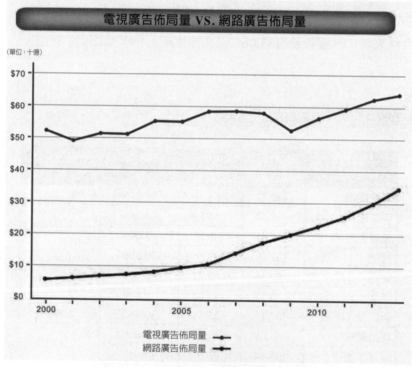

圖**11-17**　電視廣告與網路廣告的比較

---

[29] 〈統計：2011台灣網路廣告市場102.15億新台幣成長19.46%〉，《Nownews》。上網日期：2012年12月28日，取自http://www.nownews.com/2012/03/19/339-2796109.htm

[30] Terry, J. (2011). *TV v. Internet Ad Spending*, 2000-Present. Retrieve December 12, 2012, from http://blog.stonestreetadvisors.com/2011/04/17/tv-v-internet-ad-spending-2000-present/

三、版權跨界

傳統電視的版權劃界明確，收看有線台就必須繳費，但是數位匯流趨勢衝擊下，網路與電視版權的界線已開始模糊——網路電視的版權是歸網路版權，還是電視版權，更或者如果是用行動裝置收看，是要收取網路版權還是行動版權？

隨著科技的進步，雲端運算的服務也漸趨普及，App的雲端服務或是多螢一雲的影音收視服務將成為未來經營媒體的趨勢，可想見：影音收視將會是數位匯流的必要服務！在此種潮流下，各式收視裝置的界線會越來越模糊，特別是在一次性的登入，多螢裝置統一介面登入的服務（Single Sign On, SSO）運用層面，版權的劃分與取捨會越來越複雜。

在影音服務的完整性與版權分界模糊的考量下，未來影音內容版權的販售也許有可能會走向ALL RIGHTS販售。另外，國際邊界在網路世界也不容易管制，往後更可能出現版權擁有者走向一次性的全球通路或服務方式。

📶 第五節 新媒體的經營之道——以愛爾達電視為例

2000年，愛爾達科技股份有限公司成立，原本的路線設定在電腦與手機平台的影音內容，然而，2008年因配合廣電法中的「黨政軍退出媒體」條款，因緣際會下成立了「愛爾達電視」，成為台灣首創HD高畫質家族頻道，開啟台灣第一個3D頻道、多螢一雲的影視服務，可說是台灣新媒體創新的領航者。

新媒體市場，是一個由幾個重要因素而產生的新興市場，如

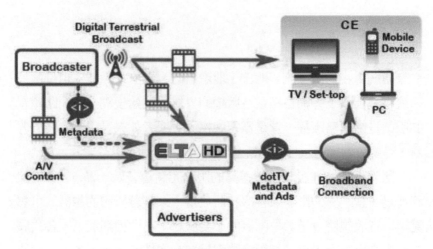

圖11-18 愛爾達在數位影音整合上的角色

家用寬頻的增長、無線寬頻的普及和媒體科技的進步。因以上因素在生活上的變化，增進了一些新興的市場需求，像是網路影音（電腦透過網路觀看影音內容）、IPTV（電視透過封閉式IP網路觀看影音內容）以及手機影音（智慧型手機透過無線傳輸技術觀看影音內容）等等；在媒體新興市場的架構下，愛爾達目前已完成雲端運算基礎架構服務（IaaS）中的影音倉儲系統（ABYSS），未來並將提供新的商業模式與新的影音科技平台（PaaS）。為了因應市場變化，愛爾達在2008年轉變成台灣第一個「一雲多螢」的數位媒體公司。

愛爾達是網路起家的公司，具有科技人的基因與精神。在愛爾達，永遠沒有理所當然的事，我們是一個很愛彼此衝撞的團隊，不會認為衝撞是一種傷害。透過衝撞，愛爾達得到創新的養分，成為愛爾達持續突破的關鍵。

相較於傳統的媒體，愛爾達善用科技的力量來彌補資源的不足，利用IT建構起跨平台的數位整合服務，打造獨特的經營模式，

安然度過網路泡沫化的衝擊，從創始的數十人的小公司到現今約150人的規模，憑藉的就是勇敢、創新與科技，勇於突破框架與限制，一路成長茁壯。然而，面對越來越多變複雜的媒體演進，如何應用新媒介，結合商業模式，是愛爾達一直追逐的目標。面對瞬息萬變的媒體市場，新媒體的經營之路又該怎麼走？藉由本篇文章，筆者從愛爾達的成長經驗入手，從人才、資源及商機三個面向來討論，希望能帶給大家一些啓發。

一、人才

(一)人才──企業的基石

　　人才是企業成功的基石，尋找人才、培養人才、用對人才則是企業經營者的重要課題。不過，因爲人才的養成與尋找需要內外在環境的配合，而台灣的新媒體企業相較於傳統產業大部分都屬於中小型規模，在這樣的情況下，人才的尋找與使用會比較局限。以筆者個人的經驗來說，公司規模大約150人時，是企業成長突破的關鍵點，在這個關鍵點如果能找到適合的人才，將有助於企業的成長茁壯，反之則是停滯不前。

　　以國內知名的企業台達電子來說，從草創時的15位員工到現今全球逾8萬名員工，它的成長茁壯所憑藉的就是「人才」。像是前執行副總裁李健民先生就是在台達電創辦前期加入的，主要負責業務，他是台達電從初創到壯大的主力幹部。隨著業務不斷成長，台達電從1982年之後，大量引進外部人才及拔擢內部人才，不管是產品研發人員、業務人員或是專業經理人等，像是現任的董事長海英俊先生，是創辦人鄭崇華先生從GE Capital（奇異融資）挖角而來的，執行長鄭平先生，雖然是創辦人鄭崇華的長子，但靠著這二十多年的努力，已在台達電集團內位居要職。鄭崇華先生在2012年6月

交棒給海英俊、鄭平等團隊，這樣的接班布局同時具有西方百年企業傳賢不傳子、東方企業家族負責到底的優點，是融合東西雙方優點的新型態接班梯隊，也為國內企業接班布局寫下新的一頁。豐沛的人才資源不但讓台達電的事業版圖持續擴大，也讓企業得以永續經營。

(二)人才養成——「養馬」與「賽馬」

企業的發展有不同的階段，每個階段會依其重點需要不一樣的人才，就像登陸搶灘作戰，先是空軍從空中轟炸敵軍陣地，之後才是海軍陸戰隊搶灘登陸。

筆者自己特別服膺鄭崇華先生對於人才培養的觀點：鄭先生認為，企業的人才管理機制要用「養馬」與「賽馬」兩種機制來進行。「養馬」簡單的說就是養才，透過學習的環境、容錯的空間、公平的機制、外部的尋才，來建立培養自己的人才庫；而「賽馬」就是競爭，透過內部的競爭讓人才成長茁壯，挑選出適合的人才將其安排至適合的職位。

筆者自己也將「養馬」與「賽馬」的人才學運用在愛爾達科技公司內，愛爾達科技創建初期是以網路科技、程式人員及業務人員為主，2008年轉播北京奧運，愛爾達科技需要影音內容的製播人才，大舉網羅媒體圈的人員加入；在外部尋才的同時，我們也鼓勵同仁進行內部輪調轉職，培養第二專長。除此之外，我們也塑造內部的競爭環境，透過專案編組分派的方式，讓員工擔任專案負責人，讓他們有機會展現自己，並與其他同仁相互學習交流。

二、資源

資源是指潛在或實際影響企業價值創造的所有事項，不僅包括企業擁有或能夠控制的資源，還包括那些不能或不易為企業所控制

的資源；既包括企業內部資源，也包括企業外部資源。

　　企業的經營，簡單說就是一門資源配置的學問，每個企業都有「瘦狗」、「金牛」、「明星」的部門，彼此都需資源共享、相互支援，企業才能穩健成長。

(一)資源配置符合有效生產原則

　　一般來說，企業的資源配置不外乎以下兩個原則，一是資源定位，即確定企業資源的分配方向，二是資源整合，即按一定規則使相關資源有效統合，創造最有效的生產力。

　　企業資源的配置絕非以機會均等方式分配，而是依照管理學所謂的「80/20」法則，在不對稱的資源分配過程中，尋求效益最高的均衡點。「很多事情必須決心不要做」，說來容易但卻不容易執行，一般來說，經營者多以加法思維經營企業，拓展業務範圍、增加客戶數，藉此提升企業利潤或營收。但在有限的企業資源下，企業主必須要能用「減法思維」來作資源定位的規劃，將較多資源配置到可以創造較高價值的企業活動上，必要時可放棄不需要的部分，改變過去均等的資源分配模式。

(二)善用科技幫企業經營補位

　　公司的經營就像是一支球隊，主管隨時都要掌握補位的哲學，而IT就是最好的幫手！拜科技進步之賜，企業可透過IT技術來彌補資源與人力的不足，透過標準作業流程來落實企業的管理。

　　以愛爾達來說，原本只有體育台、影劇台、綜合台3個頻道，但在倫敦奧運期間擴充到15個頻道之多，15個頻道並即時播出不同的賽事節目，要如何掌控15個頻道賽事與廣告等商品播出的順暢度，是一個相當大的挑戰。愛爾達科技的IT單位因此建構出一個系統平台，將相關資源統整到平台上，讓各部門依其任務與需求到平台上作業或截取所需資源，讓奧運轉播得以在標準化的作業流程中，用

最少的人力需求來順利完成。

又譬如說，收視率是媒體經營的重要指標，愛爾達科技的IT團隊開發一個收視率資訊的平台，每天固定產出前一日的收視資料供同日抓取，頻道經營的同仁不但可以看到最新的收視資料，也可以將新舊資料交叉比對，研究觀眾的收視行為，利用這些第一手資料來規劃與調整頻道節目的走向，掌握觀眾的「眼球商機」。

以新媒體產業來說，善用科技的力量不但能降低資源的需求，同時還能提升企業經營的效率。就以媒體業的產品——影音內容為例，在過往媒體業需要大量的儲藏空間當作片庫使用，並需要多位人員來管理片庫。現在影音內容數位化後，透過大型的數位影音倉儲系統，便可將所有的影音內容儲存在內，不但節省空間也減少了片庫人員的數量，更重要的是，數位影音內容的使用會更加便利，只要透過網路就可將所需的影音內容抓取使用，增加企業經營效率。

三、商機

在媒體的市場中，有眼球就有商機，不管是新媒體或是傳統媒體，誰能抓住觀眾的目光，誰就掌握住商機。

本章節一開始就將新媒體定義為泛指相對於印刷、廣播、電影、電視等傳統媒體的新興媒體，通常是指電腦、網路與手機等新科技媒體。而在新媒體的架構中並不是把傳統媒體的服務搬到新媒體就能招來商機，必須還是針對自身的特色與特性去構思屬於自身的服務與產品。

著眼於未來，新媒體的商機無限，不管是硬體的佈建或是軟體的產製，都有其一片天，茲就數位新媒體普及後所產生的契機分述如下：

(一)影視內容快速全球化

由於新媒體具有「跨界」的特質，它可以跨平台、多螢幕收視，也可以跨地區、跨國界的觀賞，台灣偶像劇可直接服務到海外華人市場就是最好的例子。影視內容從實體邁入數位，其所造成的衝擊超乎想像。在過去，影視節目僅能透過電視提供給當地的民眾觀看；透過新媒體的傳播，節目可以傳送給全球的觀眾欣賞，影視節目進軍海外將不再局限於傳統的代理模式。

(二)IPTV與OTT跨業合作

俗諺說得好：「喝牛奶不需要養一頭牛。」結合數位匯流商機，電信業者跨界經營影視產業，然而，一個具有經濟規模且成熟的影視平台需要大量的影音內容來做支撐，影音內容產製與洽購所涵蓋的範圍甚廣，電信業者難以獨立完成，因此大多透過合作的方式，建構平台通路的電信業者與擁有數位內容的OTT服務公司相互合作，各取所需。數位內容有平台通路可供播放露出，平台有豐富多元的數位內容吸引消費者，雙方相互合作創造雙贏之局面。

(三)服務平台產業興起

影音內容數位化之後，收視行為已不再只是單純的看「電視」，消費者對電視內容握有更多元的選擇權。只要透過手中的遙控器或是滑鼠，就可以在電視上進行搜尋的動作，主動找到想要看到的內容，包括各種電視頻道內容、網路串流影片、線上收費及試看的影音內容（如線上租片服務）；另外，也能夠瀏覽網頁、聆聽線上音樂或者是使用網路相簿，如Google TV或是iTunes TV都是這類服務平台的代表。

(四)數位內容與相關技術產業

數位內容產業與相關技術產業主要包括：數位通路的技術與布

局、數位化生產與內容保護技術以及收費機制的全球化等面向。

拜科技進步之賜，各式影音內容數位化後不但可以讓消費者跨界欣賞，隨之而來的收費機制與內容保護技術也會跟著有所改變與升級。以風靡全球的「Angry Birds憤怒鳥」為例，App下載量逾10億次，使用者遍布全球。內容提供者或是發行商面對的已不再是所在地的本土市場，而是真正的全球市場，各國的消費者只要移動手指點選下載或購買，商家的營收就滾滾而來！

為保護創作者的權益，數位內容的保護技術勢必也會有所升級。如東芝、三星電子（Samsung Electronics）、Sony、SanDisk、Panasonic等企業將推出新一代安全儲存解決方案（Next Generation Secure Memory Solution），藉此推動HD高畫質數位內容應用與保護模式，透過快閃記憶體（Flash Memory）唯一識別碼（Unique ID）技術、公開金鑰基礎建設（Public Key Infrastructure, PKI）使用的防拷技術等，讓HD高畫質數位內容能以安全度更高的方式儲存於SD記憶卡或其他快閃記憶體記憶卡，以及如平板電腦等內建快閃記憶體之產品，藉此阻擋盜版、複製、重製等問題[31]。

隨著Google、微軟、蘋果等大企業投入雲端產業，他們對於相關的防護措施的要求會更加嚴苛，因為唯有安全的「雲」，企業才能將「雲」的商業模式發揮到最大化，保持持續創新能力與經營成長。

(五)多類裝置服務平台

在數位匯流趨勢下，「多螢收視」已成必然的收視行為，各類型的收視裝置接連問世，顛覆了我們的收視行為。像是：等公車

---

[31] 張嵐霆（2011），〈東芝等5社開發HD數位內容專用快閃記憶體防拷技術〉。上網日期：2012年12月28日，取自http://www.ithome.com.tw/itadm/article.php?c=71382

時，透過手機瀏覽影音內容，或是在火車上利用iPad觀賞最新的電視影集。

因應新型收視裝置，內容提供者需要能整合各式收視服務的平台，以愛爾達體育台為例，透過與中華電信的合作，讓美國大聯盟（MLB）的賽事可以透過MOD（電視）、hiChannel（網路）、Hami（手機）不同的收視裝置觀賞。日後若相關的保護技術更加精進，消費者也可以透過平台上進行一次性登入，享受跨平台的無縫接軌收視。

(六)雲端運算與布署服務

雲端運算的使用無所不在、便利、隨需應變的網路，共享廣大的運算資源（如網絡、伺服器、儲存、應用程式、服務），可透過最少的管理工作及服務供應者互動，快速提供各項服務[32]。內容只要一次丟進雲端中，經過運算處理後，可以提供各類服務，也就是一雲多螢的概念與實現。

在數位內容產業中，雲端運算可以提供多樣的影音服務，像是多螢收視、線上回看、線上隨選等，像是福斯電視網將推出的「FOX PLAY」雲端服務，只要是FOX電視在台灣數位平台的客戶，都可以透過網路收看漏看或錯過播出時間的節目，且完全免費，這項服務可說網路與雲端技術運用一大進步，同時也改變觀眾看電視的選擇。

(七)雲端影音服務平台

對數位內容產業來說，由於多媒體內容服務有極高的主機運算、資料儲存、網路傳輸等需求，因此眾人莫不引頸期待，透過

---

[32] 〈雲端簡介〉，《資策會》。上網日期：2012年12月28日，取自http://www.cloudopenlab.org.tw/cloudIntroduction.do

雲端運算的架構，替業者節省大量的資訊設備建置成本，以利數位內容業者透過更彈性、更有效率的方式，提供用戶更優質的服務品質。

以愛爾達雲端影音服務來說，三個主要元件分別為：編碼、儲存與串流。編碼，就是轉檔，影音編碼雲端服務為數位媒體提供了強大的轉檔技術，把多媒體影音檔分成不同大小、不同裝置的多媒體檔案來傳送；儲存，則是影音檔案的儲存，有鑑於影音內容規格的多元化，低廉又大量儲存量的影音倉儲系統將會是內容製造商和影像服務商的好幫手。串流技術（Streaming Media），指將一連串的媒體資料壓縮後，經過網路分段傳送資料，在網路上即時傳輸影音以供觀賞的一種技術與過程。

在雲端的時代，「多螢」將會是普遍的收視行為，愛爾達電視已經做到透過雲端串流服務，讓消費者隨時隨地收視各式影音內容，滿足各式各樣的收視需求。

📶 第六節　應用範例──2008年北京奧運及2012年倫敦奧運

一、2008年北京奧運

2008年國際奧委會首次進行新媒體的轉播授權，愛爾達很榮幸成為世界上第一家取得新媒體轉播權的業者，第二、第三間分別是香港iCable與中國CCTV，但因為當年行動市場尚未成熟，因此國際奧委會只同意IPTV與Internet進行奧運直播，行動載具只能用Video Clip方式進行服務，愛爾達對於首次加入奧運家族，本著新媒體的創新應用，在當時與中華電信合作率先全台推出HD高畫質頻道，也

將所有奧運比賽節目零時差引進台灣，於網路上提供多元化的收看
服務：

1. IPTV：包括2個HD頻道、3個SD頻道，總共轉播超過1,000小
   時以上賽事。並有1,000小時VOD，賽後一小時VOD快速上
   架，提供觀眾可免費一看再看。
2. Internet：網路上共有5個中英文雙語頻道，另有40個英語頻
   道，所有北奧運賽事全都可透過網路收看。4,000小時VOD，
   讓錯過或想回顧賽事的觀眾可免費一看再看。
3. Mobile：4,000支精彩短片，三分鐘內完成上架，數量遠比國
   際奧委會提供給部分國家的500支影片高7倍。

二、2012年倫敦奧運

　　2012年倫敦奧運，愛爾達很榮幸成為全世界第一家以新媒體身
分取得台灣地區的總代理的公司。以新媒體身分作為台灣地區總代
理，在同時要配合政府數位元年政策以及兼顧商業考量的狀況下，
花了超過一年的時間與無線電視頻道進行授權談判，目標是希望提
供給台灣觀眾有史以來最豐富的奧運轉播。

　　在取得倫敦奧運台灣區總代理的資格之前，筆者就針對奧運授
權的情形做沙盤推演，模擬出最好與最壞的情況，在最好的情形之
下，愛爾達能獲得什麼好處，對未來的發展的助益為何；而發生最
壞的情況時，愛爾達需要承擔多少損失，愛爾達能否擔負這樣的損
失。在取得大股東們的增資同意後，愛爾達才敢放手一搏，爭取倫
敦奧運的代理權。

　　爭取代理權是一項大挑戰，之後的轉授權談判更是一個複雜
艱辛的大工程。筆者最初的構想是將無線電視與有線電視的版權切
割，再依照市場商業機制，由價高者得。但這樣的構想並不被無線

電視台業者接受，因為在現行有線電視法的必載條款下，無線電視與有線電視是在同一平台上競爭，為了保障自身的利益，無線電視台業者希望依照慣例一併取得有線電視的版權，在沒有交集的情況下，雙方只能不斷的談判與協商。加上數位匯流之後，無線數位台能否比照無線台主頻道必載於數位有線電視平台，成了一個灰色地帶，更增添談判的複雜度。

在當時的情況下，每個人都在思考是否要先出手，由於無線電視台業者是策略聯盟，有人要先出手也有人想按兵不動，在未有共識的情況下整個談判陷入僵局。對於愛爾達來說，由於早在一年半前就已獲得大股東的增資同意，解決了資金周轉的壓力，加上少輸為贏的原則，讓愛爾達在這場複雜的賽局中搶得相對有利的位置。隨著奧運比賽日期接近，時間壓力成了各家業者談判的變數或籌碼，最後在政府單位出面協助與協調下，愛爾達與無線電視台業者達成共識，順利進行奧運轉播轉授權的簽約合作。

為了提供給台灣觀眾高品質的奧運服務，愛爾達特別向NCC申請了12個境外頻道執照，期間感謝政府相關單位的協助（包含行政院、新聞局、NCC等單位），能夠快速審核通過，讓全台觀眾有福看到超過2,700小時的奧運賽事。愛爾達在倫敦奧運轉播的辛勤付出，也獲得觀眾的肯定。根據數位匯流發展協會所公布的「2012年第二季數位匯流大調查」顯示，透過MOD收看奧運的民眾，94.8%對MOD提供的奧運轉播服務感到滿意，僅3.4%不滿意[33]，近九成五的滿意度讓愛爾達全體同仁感到欣慰，並自我期許再接再厲提供更優質的服務，滿足觀眾的需求。

此次愛爾達推出的奧運轉播服務，不但是台灣的創舉，更讓台

---

[33] 何易霖（2012年10月12日）。〈MOD滿意度　追上有線TV〉。《經濟日報》，第A19版。

灣躋身世界先進媒體之一。除了推出14個頻道多螢服務外，2012年倫敦奧運也是奧運史上首次採用3D製作技術進行一些賽事的轉播，製作小時數約188小時左右。雖然全球能夠看到3D影像的家庭不多，但是在歐美國家都已屬於中上級玩家的範圍。愛爾達也領先全台推出第一個24小時的3D頻道，成功讓台灣與世界接軌，於3D奧運上不缺席，成為全世界約22個轉播3D的國家（地區）之一，讓台灣的一些影音玩家透過MOD觀看3D奧運內容，體驗一次3D的視覺享受，不但如此，錯過直播賽事的觀眾還可享有免費逾600小時HD高畫質的VOD服務，所有的影音內容跨平台多螢幕播出，讓觀眾走到哪就可以看到哪，都是本次奧運的創舉。成果如下：

1. IPTV：其中共有14個HD頻道，轉播超過2,700小時以上賽事，首次推出1個3D頻道，共轉播超過188小時以上賽事，另有600小時VOD，並在賽後一小時VOD快速上架，觀眾可免費一看再看。
2. Internet：網路上有14個奧運頻道，轉播超過2,700小時以上賽事，另外還有2,700小時VOD，讓觀眾可免費一看再看。
3. Mobile：14個奧運頻道，共轉播超過2,700小時以上賽事。

結　語

在愛爾達創立的當時，網路、環境、設備都還未成熟，要推動網路電視服務並不容易，即使是現在，台灣MOD市場也才剛破百萬大關，網路電視、3G行動通信等傳播科技與市場觀念正起步；筆者認為，只有在規模經濟的架構下，擁有成熟的市場才能讓「Content is king」原則落實，使數位內容產業生生不息。

身為數位媒體產業的決策者，自身的分寸力道必須要算得精

準，如同賽車一樣，隨時把自己調整在最完備、充足的狀態，去
面對每一個賽道和其他車手！對於一個新媒體產業的CEO來說，市
場上不變的法則就是「變」，做好準備接受變化，是CEO該有的認
知；筆者認為，在這多變的市場環境中，企業的經營管理應該要做
到快速判斷情勢、狠心以退為進、精準計算深度的「快狠準」境
界，勇往直前開創新媒體的美麗新世界！

附　錄

愛爾達科技公司簡介

全台第一家進入多螢影視服務
・2008年美國職棒直播於MOD、PC、手機
・2004年第一家進入手機電視

全台第一家成功整合數位影視內容的播放平台
・hiChannel：無線四台、三立、八大等國內電視公司
・第一家引進合法的韓劇網路播放權

全台第一家轉播HD與3D
・2008年：MLB高畫質轉播、北京奧運、中華職棒
・2010年：世界杯足球賽HD/3D轉播
・2012年：倫敦奧運，設立國內第一個3D頻道

專業企業影音平台
・民間企業：奇美電子、友達電子、永慶房屋、中國電視公司
・政府單位：總統府影音園地、E政府入口網

ABYSS儲存雲
・2012年成功開發ABYSS儲存雲，並打造數位匯流多螢發行
　平台

12

網路媒體的經營策略

Yahoo!奇摩董事總經理　陳建銘

經營哲學

　　P&L（Passion & Logic）熱情與邏輯，是我在用人、做事與領導團隊時的基本準則，也是一個企業成功經營的核心觀念。熱情，能使人產生強大的行動力，而擁有清楚的思考邏輯，才能將動力發揮為完美的執行。所以，找出激發熱情的關鍵，掌握清楚客觀的邏輯，才能夠「將事情做對，也做對的事」！

作者簡歷

　　陳建銘於2005年7月加入Yahoo!奇摩，於2010年升任Yahoo!奇摩董事總經理，透過跨部門領導的專長，帶領團隊持續深耕台灣，將內容、數位行銷及電子商務做更緊密的整合；同時積極以開放創新與策略合作為發展方向，擴展市場版圖，提供消費者和客戶創新且多元的產品和服務。因成功掌握數位匯流趨勢，深化企業核心競爭優勢的經營理念與優異表現，曾獲《經理人》雜誌評選為2011年「台灣百大經理人」與「前十大最有價值經理人」。

前　言

　　隨著Web 2.0的普及，使用者創造內容（user generated contents）至今已成為普遍性的網路使用行為，企業若要掌握新時代的行銷手法，除了必須協助廣告主精準連結目標族群，還必須善加運用互動式、專案式的廣告行銷策略，讓消費者透過使用體驗，不自覺中便主動為廣告和商品進行宣傳，這樣才能在新數位時代成功行銷[1]。

第一節　網路媒體與傳統媒體之異同

　　在現今的數位科技時代，各式各樣的網路媒體群雄並起，而網路使用也成為現代人生活中的重要部分。對於既有的商業活動與經濟法則，近年興盛發展的網路媒體可說發揮了相當大的影響力，因此也導致許多企業將網路媒體視為商業經營模式中的重要環節。

　　以收入來源來看，網路媒體的主要收入來源是廣告收入，且近年來，越來越多廣告主將網路媒體視為行銷投資標的，網路平台成為各路兵家必爭之地。

　　德國學者Hans Enzensberger在1986年提出了著名的「媒體解放理論」，從整合性的觀點來分析媒體性質與功能。Enzensberger認為：媒體的解放與使用，是人類脫離意識形態國家機器控制的最佳法門，而新媒介的出現更提升了媒介的解放性與開放性。

---

[1] 數位時代（2007）。〈網路廣告新手積極挑戰龍頭團隊〉。《數位時代網站》。上網日期：2012年9月10日，取自http://www.bnext.com.tw/article/view/cid/0/id/9675

Enzensberger的解放性媒體觀點，在實際運作與目的層面相同於「媒體使用權」[2]。以下，引述Enzensberger對於媒體解放性使用觀點的分析與比較（**表12-1**）：

美國學者M. Rogers在1986年提出其傳播理論，他認為：以電腦傳播為主軸的新興媒介，具有高度互動性（interactive）、客製化（customizes）與非同步性（asynchronism）三大項新特質。所謂的「高互動性」，意指傳播者可以透過電腦網路立即給予及接受資訊，而接受者也可以即時性給予回應；「客製化」意指傳播者能夠根據不同的接受者與需求，而即時給予不同的資訊內容；「非同步性」，則指當接受者接收資訊時，沒有同步給予回應的必要[3]。

以「Yahoo!奇摩無名小站」及「Yahoo!奇摩知識+」等網路平台為例，透過網路媒介，能讓不同的使用者產生、傳送與接收多元化資訊內容，許多的資訊內容透過使用者共同產生，再傳遞給更多的

表12-1　媒體解放性使用觀點比較

媒介的壓制性使用	媒介的解放性使用
・高度中心化訊息（一元化） ・一對多的傳播 ・無法動員孤立的個人 ・去政治化 ・專人生產訊息 ・官僚或資本家的控制	・分化的訊息（多元化） ・多對多的傳播 ・動員每一個人 ・廣泛而自主的政治學習過程 ・集體（共同）生產訊息 ・自我組織（self-organization）自動自發的社會控制

[2] 翁秀琪（1993）。《大眾傳播理論與實證》。台北：三民。

[3] Rogers, E. M. (1986). Communication Technology: The New Media in Society. Free Press.

使用者，產生「多對多傳播」的傳播循環；而在資訊內容產製與消費的過程中，使用者通常也會在特定的平台或網路社群中，產生共同的默契與規範，意即所謂的「自我組織」。

Yahoo!奇摩的經營核心之一，主要是提供一個數位媒體（digital media）網路平台與資訊內容服務，數位媒體網路平台的功用在於，透過各式各樣的管道取得所需資訊內容後，經過編輯、擷取、篩選與編排等專業的展集（curation）[4]流程，再透過各式管道（channel）把整理後的資訊內容傳送出去，這樣的運作方式為網路媒體的主要特質。然而必須注意的是：在過程中，網路媒體必須從中發掘出營收來源，作為長遠的經營資本（**圖12-1**）。

相較於傳統媒體，網路媒體具有更加多元活潑、靈活彈性的特質，下面將分別針對內容、展集、管道、廣告與策略合作五大層面，來進一步分析、解釋並展現網路媒體的特質。

一、內容

在內容（content）層面上，網路媒體擁有大量不同形式與性質的內容呈現方式，除了傳統的文章（article）與影像（video）之外，還有目錄（index）、排序（listing）及論壇（forum）等，有關

---

[4] curation原意是指保存、保護或是治療。Rohit Bhargava指出：A Content Curator is someone who continually finds, groups, organizes and shares the best and most relevant content on a specific issue online。也就是某些人持續的尋找、組織並且分享相關且有用的特定訊息於網路上。如同從1997年起，一直在撰寫網路行銷相關的文章一樣，這個就是Content Curation的意思。Content Curation就是指對於某領域知識，以中立的角度，持續的尋找、組織，並且分享相關且有用的特定訊息於網路上。因此，Content Curation翻譯成「內容保存」或是「內容典藏」應該都可以。台灣搜尋引擎優化與行銷研究院（2011）。〈什麼是Content Curation?〉。上網日期：2012年6月12日，取自http://www.dns.com.tw/seo/?p=3389

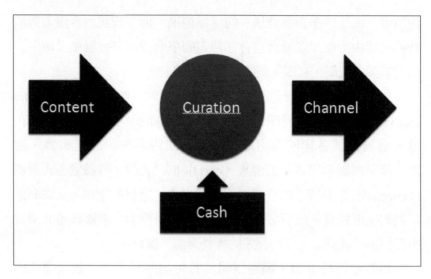

圖12-1　網路媒體經營模式

這幾項呈現管道，簡單分述如下：

1.文章：意指在網路媒體上以文章形式呈現的內容，通常透過文字與圖片的雙重搭配來呈現在使用者面前，如網路新聞就是以圖文形式作為主要傳播方式。

2.影像：意指影視節目內容，像是Yahoo!奇摩製作的「姐妹愛漂亮」，就是以提供美容資訊內容為主的傳播方式（**圖12-2**）。

3.目錄：意指資訊內容經過展集流程後所呈現出的共同集合目錄，如Yahoo!奇摩首頁便是一個經過內容展集後的大型目錄，各大型目錄下又細分為各個子目錄，方便使用者快速瀏覽並搜尋資訊。

4.排行榜、排序：排序是網路媒體相較於傳統媒體，更常出現的文本型態，除了人工內容展集之外，內容排序則常以大量

圖12-2　網路內容以影像方式呈現

　　的眾包——又稱群眾智慧（crowd sourcing）——作為排序準
　　則，或者透過機器排序，如Yahoo!奇摩的電影排行榜便是透
　　過使用者的投票計算結果，排序陳列其內容。

5.論壇：網路媒體另一個重大特質，是匯集了大量訊息內容的
　　論壇平台，如「Yahoo!奇摩知識+」、BBS站「PTT」，都是
　　資訊匯集傳播的大眾論壇。論壇的成立，主要依靠使用者相
　　互提供訊息，藉由群眾智慧來索取資訊並回應資訊，透過不
　　斷回應的產製循環，來產生更多的訊息內容；這樣的形式若
　　再經過人工編輯、審查，可以發展出像「維基百科」這樣的
　　專業資訊檢索網站。

　　至於資訊內容來源，因網路媒體的內容形式相當多元，其資
訊內容可能來自於使用群眾、專業內容提供者，或是「專業的業餘
者」（professional amateur），而使用者也同時扮演了內容提供者，
是網路媒體的重要特色。關於網路媒體的內容提供來源，可分為：

群眾智慧（crowd sourcing）、使用者產製（user generating）及專業提供（professional）三類，初步簡要分述如下：

1. 群眾智慧：其呈現方式如Yahoo!奇摩無名小站的「無名美食王」，有計畫地邀請眾多美食部落客來產製美食相關的圖文內容[5]，所產生的內容也就是群眾智慧的成果。
2. 使用者產製：同樣以Yahoo!奇摩無名小站為例，平台本身雖未邀請使用者產製特定訊息，而經由每位使用者從自主性觀點出發而產生的圖文，都屬於使用者產製的內容。
3. 專業提供：在專業提供的部分，網路媒體與傳統媒體大致上並無太大差異，其運作流程均由媒體主動邀請或聘用專業的內容產生者，來產製資訊內容。

二、展集

展集（curation）的產生原因，來自於任何使用者經過網路媒體均能自行產生資訊內容而形成的一種需求。透過內容展集，巨量的文本資訊將經由特定的邏輯、規則，篩選與整理，而成為新的資訊內容。

展集的概念來自於傳統的策展（curate）概念，但並非全新，包括：電話簿、讀者文摘、唱片精選集或套書，只要是文本資料，經過了有意義、有邏輯的處理流程後，重新再被匯集、展出，都在展集的定義之內。

以往在內容有價的時代，文本占據了內容的全部，讀者可以自己擔任展集者的角色，選擇自己需要的內容；而在網路媒體時代，當文本資訊被大量產出，資訊彼此間的區隔性日漸消失，再加上展

---

[5] Yahoo!奇摩將這些特定的部落客定稱為「摩人」。

集工具快速增加，在此情況下，讀者難以獨立擔任內容展集者，展集變得越來越重要。

　　在展集呈現的方式層面，網路媒體應該處理、擷取、彙整消息來源與資訊內容的方法大致上可分為兩種：演算法（algorithm）與人工編輯（professional）。演算法的運作是依靠計算數據結果，又可細分為：行為（behavior）、地點（local）與社交（social）等不同方式，並隨著科技進步日漸增加其廣度與深度。舉例來說，在Yahoo!美國的網站首頁上，每5分鐘便會產生出45,000種不同的首頁樣式呈現在使用者面前，這樣的方式是立基於使用者習慣與偏好來設定內容，根據每位使用者的使用偏好提供切合其喜好的資訊內容類型，如男性使用者將收到較多運動新聞資訊，而女性使用者則可能會獲得較多娛樂相關資訊，此即為「行為的展集」。

　　另一個展集相關概念則是「社交的展集」，如近年快速發展的臉書（Facebook）就是一個很好的例子，因Facebook的塗鴉牆頁面是以使用者的社交圈（social graph）來作為篩選與建立的基準，因此每個使用者可以看到的訊息皆不相同。

　　至於在展集的人工編輯方面，由於網路上的資訊內容需要大量人工協助篩選，但與傳統媒體不同的是：網路媒體的編輯有機會可取得即時的數據與資訊，能快速、即時地掌握使用者的喜好，大量節省了回應與傳播的時間。

三、管道

　　管道的種類相當多元，可區分為許多類型，如：社交網站（social）、入口網站（portal）、搜尋引擎（search）、RSS（Really Simple Syndication）以及行動通訊（mobile）等。

(一)社交網站

現在使用者大多透過社交網站，訂閱喜好的頁面或是加入粉絲專頁，像是新聞或特定議題、知名藝人動態、企業粉絲團等；經由訂閱行為，使用者便可以收到自己想關心的資訊內容。

但以目前社交網站的情況，「訂閱」此一行為可提供給使用者的效益卻未必完全有效，主因是資訊量過剩，訊息更新快速，許多尚未被閱讀的訊息往往會被大量的更新訊息掩蓋過去。

(二)入口網站

入口網站提供使用者所需的各項內容服務，如目前台灣最大的入口網站Yahoo!奇摩。

(三)搜尋引擎

不論是Yahoo!奇摩或是Google的搜尋引擎，都是現今網路媒體重要的內容管道。

若企業希望能夠在搜尋引擎上被有效搜尋，便需要投資「搜尋引擎優化」（Search Engine Optimization, SEO），但在資訊來源、搜尋引擎的演算法仍持續變動與演進的情況下，要達到「搜尋引擎優化」並非易事。

(四)RSS

屬於滿早期便出現的網路媒體管道，透過使用者的訂閱，再藉由「RSS reader」來閱讀相關資訊。

(五)行動通訊

行動載具可說是未來最具潛力的數位媒介，具有高度的行動力與資訊承載量，使用者除了可以透過行動載具瀏覽網路內容，也有各式各樣的應用程式（Application, App）可供選擇使用。

隨著智慧型手機越來越普及後，使用者上網與取得資訊的方式也已改變，越來越多使用者利用行動裝置上網，針對行動載具所研發、產出的內容也會越來越多，最終將澈底扭轉整體的媒體生態與環境。

四、廣告

廣告（advertisement）對任何媒體公司都是相當重要的收益來源。從2011年開始，媒體投資重新分配的趨勢加遽演進，越來越多廣告主指名購買網路廣告，而傳統媒體也都積極擁抱網路媒介。根據《*Advertising Age*》報導，因傳統媒體已無法如以往般簡單而直接地將訊息傳遞給大眾，大眾媒體漸趨於分眾化與小眾化，使得美國的行銷人員越來越難與日益區隔化的消費者溝通，因此產生傳統媒體對數位媒體的倚重趨勢。根據2011年的統計數據，網路廣告的支出較前年（2010年）增加了23%，總值高達約230億美元，而IDC與Forrester Research等研究機構，也預測網路廣告在2012年將持續20%的成長率。根據eMarketer 2011年所提出，未來從2012~2016年五年間的媒體分配調查，全國性報紙和紙本雜誌廣告預算將縮減或持平，但有線電視、網路和行動通訊的投資將會增加，其中，68%的廣告主將會加碼投資網路媒介，而51%的廣告主則將加強行動通訊的投資[6]。

反觀台灣，根據台北市數位行銷經營協會（DMA）[7]的統計，

---

[6] Bush, M. (2008). Marketers to up spending in cable, online, mobile in next 6 months. Advertising Age, Retrieved November 20, 2008, from: http://adage.com/abstract.php?article_id=132685

[7] 台北市數位行銷經營協會（DMA）創立於2006年，由台灣主要網路媒體及入口網站、網路行銷公司、廣告代理商及媒體購買公司共同組成，是台灣地區重要的網路產業協會。

2011年，台灣整體網路廣告營收約102.15億新台幣，比2010年成長了19.46%，幅度遠超過其他媒體；其中，網站廣告營收為63.05億，成長率為19.66%，占了整體網路廣告市場的61.70%，而付費關鍵字廣告則持續穩定成長15.44%，營收約為30.74億。根據IDC統計結果，2011年台灣網路廣告已占了整體行銷預算之17%，顯示出網路廣告已成為廣告行銷策略不可或缺的一環，相較於傳統媒體廣告量連年下滑，網路媒體勢必對傳統媒體廣告營收造成極大衝擊，也將對整體的廣告媒體產業生態產生重大影響。

目前，網路廣告可分為兩類：搜尋廣告（search ad，關鍵字廣告）以及展示型廣告（display ad），其中以展示型廣告的樣貌更為豐富多變。

從廣告的「遞送邏輯」來看，廣告主可根據自主選擇目標族群（targeting）來遞送廣告，如針對商品興趣而遞送的準買家廣告（behavior targeting）、鎖定性別、年齡遞送的廣告（demographic targeting）、鎖定地區別遞送的廣告（geographic targeting）等等。

從廣告的「表現型式」來看，除了標準規格的網路廣告（banner）以外，廣告主還可選擇更吸睛的多媒體廣告（rich media），甚至是鑲嵌影片的視頻廣告（in-stream，串流或影音廣告），而網路媒體則能善用自身的彈性應變能力，因應不同的行銷目的、內容形式，會配合不同的廣告表現型式。

不可忽視，網路媒體也會產生「置入性行銷」效應，對廣告商來說，置入性行銷具有極佳的說服力，如在電影中置入特定品牌或商品，便能透過電影的全球放送，對全球市場廣為宣傳；再來，置入性行銷能有效提高名人背書效果。有關置入性行銷在傳播媒體中的普遍運用現象，對影視產業的製作來說可以節省成本，就廣告贊助商而言則是為了廣為行銷，當其內容結合適當的廣告形式，便會對消費者產生吸引力與便利性，如Yahoo!奇摩將置入性行銷結合電

子商務的做法，讓使用者同時獲得所需內容與產品資訊，提升使用
者點閱廣告的動機。

五、策略合作（strategic cooperation）

　　開放創新與策略合作（Open & Partnership）是網路媒體重要的
經營策略，善用策略合作除了創造領導數位匯流趨勢之可能性，也
可透過策略夥伴合作延伸網路媒體平台的影響力，如「Yahoo!奇摩
社群遊戲」與遊戲新幹線合作，「Yahoo!奇摩交友」與愛情公寓結
盟，可以提供給使用者更豐富的資訊內容，同時也為合作夥伴創造
了新的曝光機會與表現平台。

　　網路媒體從過去的特定媒介，如今成為所有媒體與企業都必
須倚賴、借重的關鍵資本，與此同時，越來越多的素材、資訊，皆
能隨時透過網路呈現，使得各類媒體之間的界線逐漸模糊、消失，
加速了跨領域與跨產業的結盟趨勢。如Yahoo!與澳洲最大電視公司
SEVEN合作，推出「Yahoo!7 News」，同樣的新聞內容，可透過電
視與網路平台同步播出，而Yahoo!的網路編輯則可將最新消息編入
「Yahoo!7 News」。

　　再舉報紙為例，各家報紙的副刊向來掌握了文學傳播的樞紐，
是文學場域及遊戲規則的主導者，也是文化霸權的擁有者。在網路
尚未出現的1970~80年代，副刊對社會變遷、主導文壇風潮扮演了呼
風喚雨的角色；而90年代之後，陷入傳播困境的報紙副刊因為網路
媒體的出現，使其得以跨出平面紙本來延伸生機[8]，並同步累積實體
的文化資本與資訊資本（informational capital）（http://tea.ntue.edu.
tw/~xiangyang/chiyang/litcom5.htm - _ftn29），同時也強化了數位場

---

[8] 林淇瀁（2001）。〈春花「望露」：在網路中閃爍寒光的文學〉。上網日期：
2012年6月12日。取自http://sunmoonstar.myweb.hinet.net/crib_7.htm

域的傳播權力。

　　另一種跨媒介現象則表現於生產者的網站建構上，早期的網路電子布告欄幾乎不見成名作家的蹤跡，而1997年後，規模龐大的作家網頁紛紛設立，網站中不但有詳實的個人經歷，同時提供作品發表與創作內容，使網路媒體成為文學的重要表演舞台[9]。網路媒體使作家有能力跨出平面發表媒介，進入數位場域來發表作品與相關言論，有助於作家快速累積文化資本，取得場域最佳位置。

　　1997年來，報章雜誌、平面出版乃至實體書店相繼進入網路媒體，從平面到數位，從實體到虛擬，呈現出跨媒介的具體表徵；從目前的各種發展現象看來，網路媒體勢必擔任未來的主流資訊來源平台，成為廣告商、媒體代理商的兵家必爭之地！

第二節　網路媒體經營策略：Yahoo!奇摩的經營之道

　　網路平台的資訊內容量大，形式也極為變化多端，面對大量多元的資訊內容，Yahoo!奇摩設計了不同的平台管道來傳遞訊息，透過大量的展集[10] 行為，將各類資訊分類篩選後，依其性質適當分配到各網路頻道。而Yahoo!奇摩與一般平台式、長尾式的內容平台最大的不同，在於Yahoo!奇摩擁有大量的編輯，經由完整的研究記錄與長期的追蹤觀察，更能提早並精準地掌握每天使用者所關心的焦點，以提供相關資訊內容。

　　下文中，將從Yahoo!奇摩的經營策略切入，從各個實例面向，呈現出當今網路媒體經營方法的多元靈活性。

---

[9] 須文蔚（2003）。《台灣數位文學論》。台北：二魚文化。
[10] 同註1

一、在地洞察創造新機

在頻道經營面向上，Yahoo!奇摩擁有某些既有的內容平台，如：股市、新聞，此外，也積極產製新頻道來因應新內容。Yahoo!奇摩在全球的發展過程中，大多倚賴當地經營團隊思考開發新的頻道，例如台灣的新聞頻道在2006年發現重度運動新聞使用者無法滿足於原本新聞內的運動新聞，所以在2007年開設了新的運動頻道來滿足網友對其資訊的需求。

除了考慮使用者需求，Yahoo!奇摩也將廣告客戶的潛力價值納入考量，並同時評估科技與技術發展程度，作為研發創新頻道的依據。通常，新的頻道是由內容經營單位提出建議，透過「市場需求」與「產品需求」兩個審核階段，才正式推出上架。

除了在地化頻道，Yahoo!也擁有全球化頻道，如Yahoo!奇摩名人娛樂源自於美國Yahoo! omg!；過去，Yahoo!奇摩並沒有自家專屬的娛樂頻道，為了容納、因應大量的娛樂資訊內容，而使娛樂頻道得以產生，而不同於《蘋果日報》等媒體，Yahoo!奇摩名人娛樂除了提供自行產製的資訊內容，也大量彙整了來自其他新聞來源的資訊內容，最後透過展集的方式，呈現在閱聽人的面前，以求創造優質的使用者經驗。

在早期，Yahoo!是最早採取大量展集來經營內容的網站平台，這種經營模式如今已普遍，如《聯合報》、《中時電子報》等，也都另外購買了其他新聞來源資料，促使內容產業的重點從傳統的產製端轉移到加值端，透過有意的編輯與展集行為，同樣的資訊內容，能夠組合成不同的專輯、版面或者頻道，使用者不需要自行選擇媒體，而只要針對頻道來挑選資訊即可。

二、強化特色頻道內容

除了頻道內容豐富度外，頻道特色也是頻道經營的重要元素，擁有自身特色的頻道，才得以與市面上其他相同類型的頻道差異化。以下列舉出幾項Yahoo!奇摩的頻道特色，呈現網路媒體經營策略的另一種面貌。

(一)Yahoo!奇摩股市

Yahoo!奇摩股市是台灣最具歷史的網路服務之一，使用者的年齡結構較偏年長，但針對年輕族群的需求，Yahoo!奇摩在2011年製作出一套模擬股市交易的內容，讓年輕族群藉由網路便可輕鬆學會股市操作方法；另外，Yahoo!奇摩股市也與專業財經部落客合作，出版《法意教你Y!選股獲利秘技》，大量吸引想提早投資理財的學生族群與年輕上班族，瀏覽Yahoo!奇摩股市與理財服務。

(二)Yahoo!奇摩無名小站

雖然現在Yahoo!奇摩無名小站許多社交功能已被Facebook取代，然而，根據創市際市場研究顧問公司（InsightXplorer）於2011年11月所進行的社群網站使用行為調查結果顯示，高達九成的網路使用者有同時使用多個社交平台與部落格的行為。從使用行為上來看，社交平台以即時性的「社交」及「分享」功能見長，而部落格則著重於深度累積資訊與提供長篇資訊內容，兩者各異其趣，顯示出社群使用的分流趨勢已然成形；而社交平台即時分享的特性，結合部落格深度內容，兩者相互連動更加速了內容傳播速度，使用心經營的優質部落格更能發揮群眾影響力，甚至成為「個人媒體」，進而擴張社群經濟效應。

因此，創造差異化的經營策略是Yahoo!奇摩無名小站的主要走向，如Yahoo!奇摩的「摩人計畫」，便將無名小站與知名部落客

轉變為Yahoo!奇摩內部的供稿平台與資訊來源，透過邀請與篩選機制，這些專業的部落客可以透過Yahoo!奇摩傳播資訊內容，提升本身知名度與部落格口碑，同時也大幅提高瀏覽量與曝光率。

(三)Yahoo!奇摩知識+

Yahoo!奇摩知識+為全台最大的「群眾智慧」平台之一，每個月不重複瀏覽人次上達千萬，目前已累積超過2,000萬則知識；Yahoo!奇摩知識+是台灣最早採取群眾智慧的網路平台之一，每個問題可開放不同的答案，由提問者選出最佳答案；而這些答案不論是使用者的原創思想，或是引用的「內容展集」，正確度將比直接使用搜尋引擎所得的資訊更高。

(四)Yahoo!奇摩公益

每當網路媒體討論「crowd sourcing」（群眾智慧），通常也會將「資源」納入此議題的範圍之內，而Yahoo!奇摩公益正是一個公共資源的流通平台。當初，Yahoo!奇摩公益的成立，是考量非營利團體組織對網路募款的高度需求，但卻缺乏架構募款網站與串接金流服務等能力的情況下，即便架構了網站，因為缺乏流量，也難以收到捐款。

有鑑於此，Yahoo!奇摩考量了公益團體需求與Yahoo!既有之資源，在2009年成立Yahoo!奇摩公益，至今已協助七十個公益團體募款，總金額超過4.9億新台幣。

(五)Yahoo!奇摩電子商務

近十幾年來，國內各類電子商務網站紛紛成立，各種創新販售、創意經營的電子商務網站如雨後春筍般冒出頭來，有的從國外引進相同概念，有的則自行創建、研發新興網站，有的曇花一現，也有的持續經營迄今；無論是販售實體商品、提供虛擬服務、經營

虛擬商店，或是從實體通路跨足網路電子商務，都顯示出電子商務至今仍然擁有蓬勃的生命力。

學者Zwass（1996）對電子商務提出如下定義：「電子商務是透過電傳通訊網絡，從事企業資訊分享、維持企業間的關係，以及進行企業之間的交易行為。」[11] 此處的電子商務仍為廣泛義；而Arie Segev, Dadong Wan & Carrie Beam（1995）則定義道：「電子商務乃是藉由公共或私人的數位網路，運用於提供產品購買、銷售與服務，及資金交易。」[12] 早期，電子商務乃指藉由網路媒體，在虛擬網路上進行交易的行為泛稱，主要運用於企業與企業間所使用的資訊交換系統，後來，當各種電子商務的商業模式已臻成熟後，「電子商務」一詞才擁有獨立、特定的內涵定義。

根據資策會調查，2006年台灣的網購市場規模約為新台幣1,341億元，至2010年，其規模約高達3,583億元，成長頗為可觀；而資策會預估：2011年台灣網購市場將成長20%，達到4,300億元規模，並將於2013年突破5,000億，達到5,088億元，每年20%以上的快速成長，顯示出網購市場巨大的發展潛力！以下舉出Yahoo!奇摩的三項主要電子商務服務，初步說明網路交易的基本商業模式：

1. 網路拍賣（customer to customer, C2C）：C2C是網路交易方式之一，主要指個別使用者與個別使用者之間的交易模式，國外著名的eBay等網站即是使用C2C為主要經營模式。而身為台灣最大拍賣平台，Yahoo!奇摩拍賣除了提供使用者之間的

---

[11] Zwass, V. (1996). Electronic commerce: Structures and issues. International Journal of Electronic Commerce, 1(1), 3-23.

[12] Segev, A., Wan, D., & Beam, C. (1995). Designing Electronic Catalogs for Business Value: Results of thee CommerceNet Pilot. The Fisher Center for Information Technology & Management Haas School of Business University of California, Berkeley.

交易管道，也致力投資網路安全教育，與使用者共同維護、建立拍賣交易的安全性。

2.購物中心（business to customer, B2C）：購物中心與網路拍賣的不同處，在於購物中心的架構型態與網路百貨公司較爲相似，使用者不用一個點一個點地搜尋，而可以在一個網路平台中，一站購足所有商品。

3.超級商城（business to business to customer, B2B2C）：超級商城是以商品爲核心來進行經營，同時也邀請許多實體店面跨足共同經營，如Yahoo!奇摩超級商城，便提供網路開店平台，使實體店面得以迅速建立起虛擬通路。

三、行動化服務

Yahoo!奇摩目前大部分的服務模式，都是針對電腦螢幕使用者而設計的，由於行動載具日益普遍，Yahoo!奇摩也開始針對行動載具特色與使用者行爲，設計新的產品與內容；目前，Yahoo!奇摩已推出全新改版的行動版首頁、新聞、拍賣與知識+等服務，雖名稱相同，在使用介面與資訊內容上，均是配合行動上網的使用者習慣而研發設計之。

第三節　網路媒體的商業模式：Yahoo!奇摩的實際操作

Yahoo!奇摩的定位，乃是偏向以日常生活爲導向的數位媒體，不同於Google的定位爲專業的搜尋引擎或Facebook的人際社交平台，Yahoo!奇摩致力於讓網友每日慣性造訪都充滿驚喜與愉悅。

目前，Yahoo!奇摩的收入主要來源以廣告業務與電子商務爲

主，在下文中，除了分析主要收益來源，也將分享Yahoo!奇摩重要的商業活動操作策略。

一、併購策略

以Yahoo!的經驗而言，在各項併購活動背後，企業主最需要注意的是併購是否符合企業成長目標與獲利目標，透過詳細的評估，才能進行併購。從Yahoo!的經驗切入：1998年，Yahoo!進入台灣市場，推出Yahoo!中文版及電子信箱服務。當時，台灣共有三大入口網站：奇摩、PChome與蕃薯藤，而Yahoo!在2001年併購了奇摩網站，以雙品牌方式進行經營，同時改稱為「Yahoo!奇摩」。

併購成功後的Yahoo!奇摩，強化了信箱、即時通、家族、聊天室、交友等社群（community）類型的功能，來提高網友的使用「黏度」，在當時堪稱創新之舉。2001年9月，Yahoo!奇摩開始經營拍賣，並於2004年與興奇科技合作，建立了Yahoo!奇摩購物中心；2007年，Yahoo!奇摩併購了當時最大的部落格與社群平台無名小站，跨足部落格領域；2008年，Yahoo!奇摩再次採取併購策略，併購了合作廠商興奇科技，完成了電子商務的整合服務模式。

二、異業結盟及策略合作

透過異業結盟，能使網路平台呈現更多不同的資訊內容，如Yahoo!在美國與ABC新聞網合作，ABC的新聞可以提供給Yahoo!作為資訊內容來源，而Yahoo!的原生網路內容也能在ABC新聞網中播放；透過異業結盟，雙方得以共同降低內容產製成本，並吸收更多的閱聽群眾。

2011年7月，Yahoo!奇摩與遊戲業龍頭「遊戲新幹線」進行結盟，共同推出「Yahoo!奇摩社群遊戲」，首開台灣國內網路遊戲產

業與網路媒體的合作先例！藉由異業結盟策略，Yahoo!奇摩與遊戲新幹線各自發揮雙方的產業優勢，減輕社群遊戲開發商在通路上架與經營方面的負擔，協助開發商專注研發中文化社群遊戲，帶給玩家豐富多元的遊戲體驗。

　　2012年5月，Yahoo!奇摩再度運用結盟合作策略，與網路社群「愛評網」合作，透過「愛評網」在生活、美食、旅遊領域的豐富資料，以及深耕美食旅遊社群的運作經驗，搭配Yahoo!奇摩跨頻道內容整合與搜尋導覽的優勢，透過資源整合，即時而深入掌握使用者的多元需求，提供兼具深度與廣度的在地化生活休閒旅遊資訊，「Yahoo!奇摩生活+」亦因此成為國內最具影響力的生活休閒資訊平台。

　　Yahoo!奇摩在台灣深耕已久，擁有多元化經營策略與實作營運經驗，若要說到競爭對手，一時之間實在難以找到與Yahoo!奇摩相稱的對手；然而，如果從使用者注意力的角度切入，目前，Facebook已經占據網路閱聽人相當大量的時間，對於Yahoo!奇摩來說，Facebook就是在消費者使用時間這個領域上的競爭者。

📶 第四節　網路媒體的經營策略與發展趨勢

　　最近，網路界出現了一個新的名詞：「SoLoMo」，這個名詞來自於KPCB[13]合夥人John Doerr與Mary Meeker，兩人出席Google舉辦的「Think Mobile Conference」的演講「10個行動網路趨勢」中所提出；而新浪微博CEO曹國偉也曾提到，「SoLoMo」將是未來網路產業的趨勢。

---

[13]KPCB公司（Kleiner Perkins Caufield & Byers）成立於1972年，是美國最大的風險基金，主要是承擔各大名校產投資業務。

　　然而，究竟什麼是「SoLoMo」？以下將從網路媒體的經營策略面著眼，來分析並解釋「SoLoMo」的定義、內涵與應用層面。

一、何謂「SoLoMo」

　　《紐約時報》中Schott's Vocab專欄對「SoLoMo」的解釋如下：「SoLoMo是三種概念混合的產物，即社交（social）、適地（local）、行動（mobile），三者串連起來，就構成了SoLoMo的內涵」。Schott特地引用專業分析師Michael Boland在Huffington Post網站中的描述，以更加具體說明「SoLoMo」的定義，有如早期汽車的設計繼承了馬車形式的特徵，行動媒體應用也正繼承電腦特徵而持續發展；此外，這三個概念也正在彼此碰撞，來產生出自己專屬的特徵。比如：Foursquare[14]、Gowalla[15]、SCVNGR[16] 等著名的國外社群網站，及其相關行動應用服務之開發，都是基於此概念而產生[17]。

　　社交（social）、適地（local）、行動（mobile）這三個概念經過彼此碰撞、磨合階段，而產生了一種新概念：「SoLoMo」；SoLoMo既繼承了電腦的某些特性，也具備了行動化與數位化的特色，智慧行動裝置的快速普及，也加速了SoLoMo時代的到來！以Foursquare網站為例，使用者透過行動裝置（mobile），選擇定位

---

[14] 國外社群媒體網站，與Foursquare類似，透過LBS定位服務讓使用者自主建立網路社群。2012年被Facebook所併購。

[15] LBS應用程式開發廠商，重心為從LBS概念出發，結合現實生活資訊，研發網路社群遊戲。

[16] 透過使用者所在位置來連結地標、分享資訊的應用軟體開發商。董福興（2010）。〈叫我地頭王，用Foursquare地標交朋友〉。上網日期：2012年6月12日，取自http://www.techbang.com/posts/2758-equestrian-city-with-friends-enjoy-the-pleasure-of-covering-for-the-king-foursquare

[17] 創業現場（2011）。〈未來新趨勢-SoLoMo（社交+適地+行動）〉。上網日期：2012年1月17日，取自http://justaple.com/stapleViewer.html?id=f5d86475371011e2b9be40404112cf76

（local）功能後，就可以看到其他朋友（social）距離此地多遠，而
自己身處位置附近，有哪些餐廳或景點曾被朋友推薦、消費過；透
過這種操作模式，社群行為得以在同一地點，進行超越時空的串連
與延續，而虛擬社群也透過在地的共同實體行為，與現實生活緊密
結合。

　　根據IDC、Gartner、摩根史坦利網站於2010年11月的報
告（Global Unit Shipments of Desktop PCs+Notebook PCs vs.
Smartphones, 2005-2013E），指出2012年智慧型手機的預估出貨量
將超越電腦出貨量（包括桌上型電腦與筆記型電腦）（**圖12-3**）；
實際上，根據2010年第四季的報告（**圖12-4**），這種情況已然發
生，有如宣布了日後將是SoLoMo的時代！

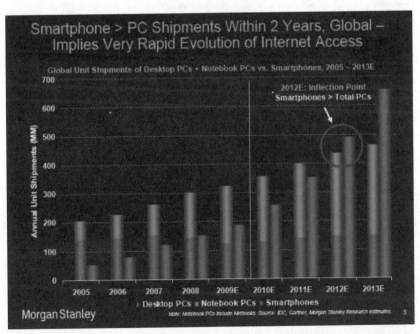

**圖12-3　Global Unit Shipments of Desktop PCs + Notebook PCs vs.
Smartphones, 2005-2013E**

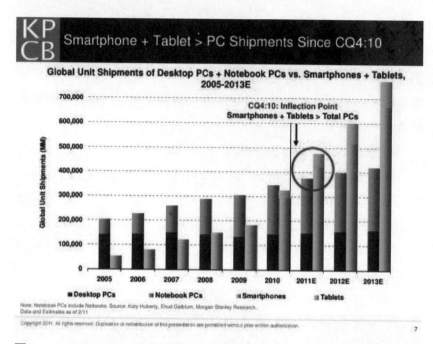

圖12-4　**Global Unit Shipments of Desktop PCs + Notebook PCs vs. Smartphones + Tablets, 2005-2013E**

　　隨著SoLoMo時代的來臨，消費者對於訊息、通訊的使用方法和觀點將逐漸改變，加上由電腦網路移動到行動網路的使用者為數日多，如何觀察、預測並掌握消費者的需求，與之對應來創造適切的行動服務及應用功能，將是許多產業所面臨的一大挑戰。

📶 第五節　管理理論及領導風格

　　身為大型網路媒體企業的管理人，我不認為只需要穩坐在總經理辦公室裡，就能夠發揮「領導」能力。以我為例，我絕大部分的時間都花在與各部門開會與討論上，瞭解同仁與員工正在做什麼，正在想什麼。

　　除了努力創造好的企業環境，延攬優秀人才加入，更重要的是，管理者必須勾勒明確的目標，營造可發揮的環境，讓每個人打開心胸說眞話，讓他們覺得所提出的想法可被充分討論與尊重，並提供人才足夠的舞台與機會。如果企業本身有這麼多優秀人才和聰明腦袋，我的任務，就是讓人們把腦袋裡的東西講出來，並精確執行以達到目標，讓這群優秀的人才成爲企業經營的種苗。

　　管理學裡有許多的學理和理論，但我認爲，若要成功扮演CEO的角色，關鍵能力在於「傾聽」的功夫，包括傾聽員工想法、傾聽部門意見、傾聽企業目標，最重要的，莫過於傾聽使用者的眞正需求！

　　過往的工作經歷，使我能夠傾聽不同的意見，包容不一樣的聲音。因此，當我接下Yahoo!奇摩的總經理職位，上任後的一百天內，我並沒有急著說話或下達指令，而是打開耳朵與心，傾聽來自各方的聲音，並思考該如何有效整合企業內部的資源與優勢[18]。

　　「衝勁高，有活力。」是大多數人對我的評價，但一味只是向前直衝，並不是我的領導風格；身爲網路媒體企業的管理者（及領導者），必須具備洞悉事物本質的能力，並具備嘗試創新與承擔風險的勇氣，所以，我經常提醒自己多往前跑一點，並具有危機感，若無產生新的想法、新的創意，將隨時有可能被競爭對手追趕過去，甚至被市場淘汰。

　　簡而言之，我在管理與領導面的著力點，在於「傾聽」與「創新」。除了努力推出新商品、新服務、新功能，我也會與同仁、員工們一起反省與思索——還有什麼是我們能夠做而沒有做到的[19]。

---

[18] Cheers快樂工作人（2010）。〈YAHOO!奇摩台灣區董事總經理陳建銘：從創業輸家到第1大入口網站舵手〉。上網日期：2010年9月1日，取自http://www.cheers.com.tw/article/article.action?id=5027239&page=5

[19] 同註1

結　論

　　網際網路媒體是藉由技術的推進，觸發內容、形式的發展與改變，此點與其他媒體型態並無二致；然而，與報紙、廣播、電視等媒體相較，網路媒體的變化速度瞬息萬變，產業的挑戰與變動也更為劇烈。

　　透過網路媒體，使用者可以第一手直接運用媒體自行產生內容，而由使用者大量產生的資訊內容，大幅度改變了閱聽群眾對於「內容」的觀點與定義，也使傳統的編輯角色轉變為內容展集者，當邀稿、寫稿、審稿的必要性逐漸淡化，匯集並加值的展集行為卻日益重要；近年來，Yahoo!奇摩透過群眾外包的策略模式，大量採用使用者產生的內容（User Generated Content, UGC），經由專業編輯進行內容展集，成功打造了台灣網路媒體的重鎮！如：新聞、股市、公益、名人娛樂、知識＋、購物中心、拍賣等服務，都是Yahoo!奇摩的首創之舉。

　　不可忽視的是：因網際網路的技術進步極為迅速，使用者的網路使用載具，從桌面電腦轉變為行動裝置，而內容展集者從專業工作者，分散、移轉至「社群展集」（social curation）、行動展集與行為展集等面向。如何面對新一波的時代趨勢，從中發揮、整合既有優勢，善用適當的經營策略，提供使用者更好的服務，是Yahoo!奇摩以及所有網路媒體均須正視的課題！

參考資料

楊東點（1999）。《網路媒體經營策略之研究》。國立政治大學科技管理所碩士論文。

吳思華（2000）。《策略九說》。台北：臉譜。

林淇瀁（2004）。〈超文本‧跨媒介與全球化：網路科技衝擊下的台灣文學傳播〉。《中外文學》，33（7），103-108。

13

媒體服務代理商的整合服務經營策略

凱絡媒體董事總經理　朱詣璋

經營哲學

　　面對多變的媒體環境，媒體產業工作者需在傳播專業上不斷自我精進，而媒體服務公司的知識服務工作乃是以人為本，故經營管理者必須延攬人才，不吝培養，積蓄團隊合作的力量，建立彼此尊重的互信環境，營造夥伴間的認同與信賴，讓每位人才能依其所長、盡情揮灑，是媒體產業成功經營之基石！

作者簡歷

　　朱詣璋，人稱「朱爸」，現任凱絡媒體公司董事總經理，靠著對廣告媒體的熱情與天真而沉浸了三十個年頭。熱愛調查研究及媒體觀察，親力親為激情付出而獲得寶貴的歷練過程，也得以陶醉在變化萬千的傳媒世界。

前　言

「數位化」為台灣媒體產業現在正夯的議題，尤其是在2012年6月底，無線電視台的類比時代結束，數位化政策正式啟動，而有線電視的數位化也訂出2014年底達成75％普及率的挑戰目標。媒體服務代理商相關客戶也開始關心：數位化對產業與市場將帶來怎麼樣的影響？衝擊是什麼？未來和消費者的溝通工作與服務項目會發生何種改變？

第一節　媒體服務產業之發展模式

一、產業概況

《Cheers雜誌》於2006年10月號曾用「掌握400億預算的操盤手」為題，報導媒體服務產業，文中對於產業的運作做出清楚的描述；主旨為：媒體服務產業是廣告預算數百億的客戶們，進行與消費者溝通的規劃及執行工作，這就是操盤的工作；不論是利用電視、報紙、雜誌、公車這些傳統媒體，或是網路關鍵字搜尋、facebook網路平台等新興數位媒體，都是媒體服務代理商規劃運用的範圍。若要說明媒體服務產業，我認為，應該先從傳播基本模式說起。

(一)傳播的基本模式

廠商利用一項媒體工具，跟消費者溝通，是最單純的傳播模式。此模式架構雖然簡單，但也涵蓋了傳播過程中最基本必備的三大部分。在行銷傳播作業中，廠商本來就有預設的目標，進行產

品的販售或服務的提供，廠商需要讓消費者瞭解，因此必須透過媒介傳達出去。無論是做企劃，或是思考問題，只要能顧及這三大部分，就不會有太大問題了。

很多傳播相關的代理商，如：媒體服務公司、廣告公司、公關公司等，皆為中介者的角色，協助廠商將產品或服務訊息傳達給大眾，協助廠商與消費者進行溝通。而中介者會使用各種傳達的方式跟消費者溝通，如廣告、公關、促銷活動、事件行銷、網路活動、直效行銷、人員銷售、會展等等。這些不同的溝通形式，有些已發展出一套獨到的新模式，在達到一定的規模後，自然形成一種新型產業；以往的廣告創意、公關議題、媒體服務、活動會展等都是這個發展模式。因此，預期未來Apps也將開創出一個新興的產業。而這個發展模式也呈現了行銷傳播的溝通方式，是隨著大環境的變化而演進。

一般我們所熟悉的傳統媒體，多為電視、廣播、報紙、雜誌，或是以類別加以區隔，如：電波媒體、印刷媒體、交通媒體等，這是訊息通路選擇的基本思考。而隨著數位化的發展，現在媒體已經不限於這些分類，數位化之後，一個媒體可能是電波媒體身兼印刷

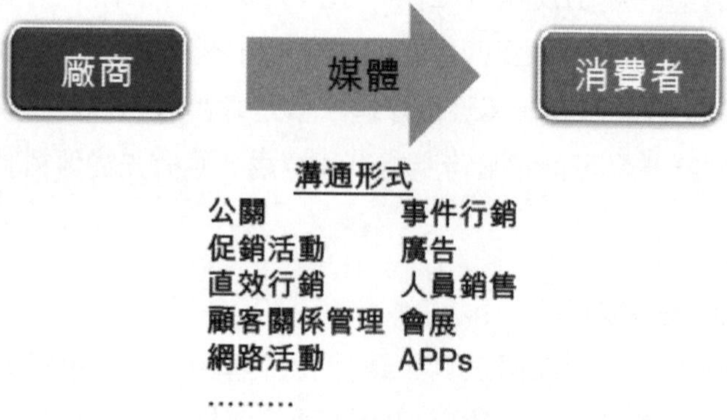

廠商 ➡ 媒體 ➡ 消費者

溝通形式

公關	事件行銷
促銷活動	廣告
直效行銷	人員銷售
顧客關係管理	會展
網路活動	APPs

··········

圖13-1　傳播基本模式

媒體，也可能是在外流動的媒體，媒體代理商要做好中介者的角色，就必須有更好的規劃完成行銷傳播的任務，讓媒體充分發揮效用。

將媒體在傳播模式中所扮演的角色概分為兩大部分（圖13-2）——訊息內容和訊息通路。以報紙為例，訊息內容就是記者採訪後所整理的文字報導，而訊息通路就是指報紙作為訊息的載體，意即報紙的派送就是報紙新聞的訊息通路；電視新聞的報導，而電視機就是我們習以為常的訊息通路。當現在行動載具如手機與平板電腦等也能收看電視的節目時，電視機已不再只是唯一能接收電視節目的載體了。

廠商在與消費者做溝通時，首先要設計好訊息內容，再來選擇適合的訊息通路，也就是最能讓消費者接觸的管道與方式。以傳統的代理商而言，最重要的是團隊合作，如一家代理商有創意部，負責訊息內容的發展，如抉擇使用文字表現、影像呈現等；媒體部，負責進行訊息通路的作業；業務部則負責訊息規劃前後裡外的整合等。當然如果更完整的會有一些市場調查的部門等，但最重要的則是創意部、媒體部和業務部。

當媒體環境產生改變，訊息內容製作與訊息通路規劃分流，

訊息製與送的Team Work
- 創意人員專責訊息內容的發展
- 媒體人員進行訊息通路的作業
- 業務人員負責前後裡外的整合

圖13-2　媒體在傳播模式中之角色

不再合爲一體由同一家代理商呈現出來。以往廣告公司做創意，公關公司做議題，現在兩者已經沒有明顯分歧。過去著重團隊合作（team work），現在則是採專業分工。不過，也延伸出另外一個現象：各家企業只要多做一些，可能就會「踩線」。舉例來說，公關公司只要多做一些創意的發想，可能就會干涉到廣告公司的業務，以後這樣的狀況會越來越明顯。但是，所謂天下合久必分，分久必合，也許某天又會變成綜合代理，由誰主導難以預論。

(二)傳播服務產業的專業分工

如前文所提到的，在傳播產業專業分工的狀況之下，訊息內容與訊息通路已經分開，因而形成有不同功能的傳播服務。廣告代理商或是廣告公司，主要的專業在於品牌的管理。廣告公司協助品牌做廣告，或是形象廣告；公關公司專業在於議題管理，瞭解廠商的背景，才能訂出議題並進行後續運作；活動公司雖然看似簡單，一般人以爲只要多請幾個工讀生就能完成，但實際不然，因活動公司必須有相當豐富的軟硬體資源，能夠應變所有突發狀況，這是相當大的學問。而媒體服務代理商的主要專業在於傳播資源的分配。許多媒體尤其是商業媒體，基本上還是以廣告收入爲主，而媒體服務

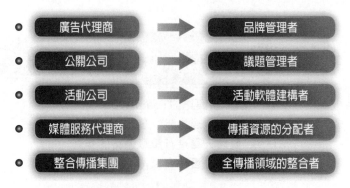

圖13-3　傳播產業的專業分工

代理商也希望掌握更多媒體資源以服務客戶，因此媒體服務代理商與媒體常維持良好關係；另外，整合傳播集團是全傳播領域的整合者，必須嫻熟各項傳播工具的運用，透過統整來創造更佳的傳播效益。

在日新月異的時代變遷下，傳播業界出現了許多新的專業分工，產生了許多新興的行銷傳播相關代理商，但不論如何，只要擁有自己的特色，在傳播業界還是會有存在的價值。

二、媒體服務產業介紹

媒體服務產業起源於歐洲，最初是由於歐洲市場的客戶需要在不同的國家購買媒體，而每個國家又有當地不同的媒體環境，因此需要有專業企業可以整合不同國家的需求，協助客戶統一處理相關媒體的業務，因此專業的媒體服務產業應運而生。

如1967年在歐洲成立的凱絡媒體（Carat Media），是全球首家媒體服務公司，在1980年代後期，WPP集團（Wire & Plastic Products Group）爲整合旗下奧美廣告及智威湯遜廣告的媒體業務，因此成立傳立媒體公司。此後，全球各個廣告集團紛紛成立媒體服務公司。發展至今，媒體服務產業迥異於以往，不只是廣告公司的一個部門，而是獨立於廣告公司之外獨立運作的企業體。

坊間常有以「媒體購買」一詞用來統稱媒體服務代理商之主要工作，其實所謂媒體購買，是指在廣告廠商規劃的預算之內，購買媒體以呈現廠商的廣告訊息；即受廣告廠商委託，購買某一特定廣告活動所需的廣告版面與時間的過程與工作。然而，媒體購買只是媒體服務產業最基本的工作項目，媒體服務產業的運作中尚有許多前置準備工作，是個紮紮實實有科學、有根據、有價值的服務。

目前媒體服務的主流發展，是廣告代理商合作成立專業廣告媒

體服務及購買公司，或是廣告媒體購買聯盟，整合廣告代理商整年度所需的廣告版面與時間，形成更大的談判優勢與空間；媒體服務公司和各廣告媒體洽商廣告媒體合約，為廣告主及廣告代理商爭取更優惠的廣告價格、更有利的廣告價值服務，以及更方便的廣告刊播程序等利益。

(一)核心服務項目

媒體服務業到底在做些什麼？基本上，媒體服務業的角色大致可以分為三大項目：資訊提供者、策略建議者、成本守護者。我將於下文中初步分別一一說明。

◆資訊提供者

一份企劃案原則上都是針對未來所擬定，而未來的計畫要如何走？如何設定未來的目標？怎麼樣的做法比較有效率？如何將預算做最有效益的運用？什麼樣的計畫才能達成目的？一連串問號都必須事先有所規劃。

做任何企劃前都需要蒐集相關資料，根據有利的資料再往下發展計畫。即便是已有一定市場地位的品牌，在每次推出產品活動之前，仍然要瞭解其他競爭廠商的作為、瞭解市場狀況及消費者的需求。媒體服務業目前在資訊提供者這個任務上，扮演著舉足輕重

表13-1　媒體服務扮演的角色

資訊提供者	策略建議者	成本守護者
・競品市場	・媒體組合	・軟體開發
・消費者研究	・媒體排期	・系統運用
・媒體趨勢	・媒體創意	・購買談判
	・媒體資源	・評量基準

的角色，除瞭解競爭品牌的市場狀況，也要進行消費者研究，瞭解消費者的偏好及習慣；此外，在媒體專業上的趨勢掌握更是必要的，熟悉各媒體的功能以便選擇，讓客戶能更有效地與消費者溝通。

◆策略建議者

到第二階段，則是媒體策略的規劃與建議。在媒體組合方面，有了競品市場、消費者研究、媒體趨勢等的資訊，就可以開始選擇要使用哪種媒體，選擇可以達到最大的效益之媒體組合。在媒體排期方面，選擇廣告時段以契合目標消費者的生活作息；要選擇訊息刊播時間點，讓產品特色更能印記在消費者心中。

媒體創意的有效運用，可以提高一個產品的價值，有什麼與主題相關的資訊可以使消費者更加清楚品牌概念，並與媒體配合使用，如專訪老茶廠的廠長之經驗，做專題報導，或是配合廣告刊登。在媒體資源上不論是戲劇節目的置入或是新聞節目專訪，藉助相互運用來擴大傳播的範圍，並提高目標對象在訊息上的理解與偏好。

◆成本守護者

媒體服務包含了媒體購買，但是媒體購買並不是媒體服務的全部。媒體服務公司為了做好媒體購買，需要購買大量的資料及軟體，從過去資料的蒐集與分析，可以知己知彼從而追求更佳的購買績效；藉由軟體系統則可以更有效率的分析過去、掌握未來。數位化後，網路上的媒體運用比以往更零散與複雜，現今媒體服務公司必須更進一步瞭解所有細節，如Nielsen的收視率調查報告以前是運用的大宗，但是現在網際網路媒體加入，許多新興的網路調研資料也需蒐集，造成媒體企業購買軟體的成本增加。

此外，媒體服務也必須掌握好的購買條件，如：與媒體做購買

價格的談判，以協助廠商降低成本，評量基準的建立則是廠商評估媒體服務優劣的基礎，除了評量購買成本之外，也需同時評量傳播效益。因此，媒體服務產業的競爭也越來越激烈。

(二)媒體購買產業生態

廣告代理商與媒體服務代理商，兩者間呈現既合作又競爭的關係。媒體服務公司多由廣告公司內部的媒體部門獨立出來而成立，雖然彼此之間的專業不同，但還是會共同經營同一個客戶；在消費者溝通課題上，就容易因彼此立場不同而出現競爭關係。但是，通常廣告代理商與媒體服務代理商幾乎還是策略夥伴，很少會存在有純競爭或純合作的關係。

廣告主將媒體服務代理企業視為利多角色，在媒體環境越來越複雜的發展趨勢下，應該要有更專精的服務單位來對應。經過近十年的發展，廣告主已經逐漸分辨出廣告代理商和媒體服務代理商的個別運作模式，也習慣廣告代理商和媒體服務代理商是各自獨立的對應關係，要做廣告創意、廣告素材時找廣告公司，要將創意或素材傳達出去，尋找通路時找媒體服務公司業。以凱絡為例，目前超過80%的客戶比例是直接與廣告主進行作業。

媒體業者則視媒體服務代理商為業務直接關係人，媒體的資訊及資源會直接對應媒體服務代理商，這樣可以產生更聚焦的對話與更共通的專業發展，媒體業者與媒體服務代理商是在相同領域的業務範圍內努力耕耘。此外，媒體服務代理商同業之間，則視彼此為學習的對象，競爭與合作並行，如台北市的媒體服務代理商同業組成了協會組織，以互相交流尋求共利市場。

(三)台灣媒體服務產業的發展

◆整體產業發展情況

　　台灣在1984年開放外資廣告公司後，全球各大廣告集團紛紛進入台灣成立子公司，因此當全球傳播界吹起成立媒體服務公司的風潮後，台灣也接著跟進。傳立媒體公司於1995年成立，之後至2001年的數年間，是台灣媒體服務公司成立的全盛時期，全球主要傳播集團紛紛在台灣成立媒體服務公司，至2001年底台灣已有十四家媒體服務代理商。

　　這十幾年來，總計有三十個品牌進到這個產業，歷經整合與併購之後，截至2011年底仍有超過二十個品牌在市場上運作。在2001年至2011年間，媒體服務公司的家數雖然增加不多，但已掌握台灣七成以上的媒體預算，媒體服務公司對於台灣媒體生態已有舉足輕重的影響力（**表13-2**）。

◆台灣外資與本地媒體服務公司概況

　　媒體服務產業在經歷十多年的發展後，由近年媒體承攬金額來看，前十名的媒體服務公司大多以外資企業為主（**表13-3**），其中只有二家本土的媒體服務公司（宏將廣告與彥星廣告）。

表13-2　媒體代理商總承攬額比較表

	2001年	2010年	2011年
台灣五大媒體廣告總量（A）	528.5億	583億	602.1億
媒體代理商家數	14家	19家	18家
媒體代理商總承攬額（B）	216.2億	427.95億	443.2億
B/A	41%	73%	74%

資料來源：潤利、尼爾森及《動腦雜誌》。

　　就承攬額比率來看，外資媒體服務公司占七成以上的比率，顯示台灣媒體服務產業的運作所需要的資金、研發、管理制度，仍多仰賴外商的資源。而外商媒體集團也成立集團運作機制，統籌對內之資源共用及對外之購買談判，如WPP集團下以Group M群邑整合旗下的傳立、媒體庫和競立等公司，IPG集團以艾傑比整合極致和優勢麥肯；Aegis Media安吉斯媒體集團則以安吉斯整合凱絡和偉視捷，更含括數位傳播行銷的知世・安索帕、專精於網路搜尋行銷領域的安布思沛行銷以及家外媒體的博仕達。

表13-3　媒體服務公司承攬金額

單位：NT億元

媒體服務公司	2010年	2011年	外資比例
凱絡Carat Media	65.0	66.0	100
貝立德Media Palette	56.0	58.0	70
媒體庫Mediage:cia	54.0	57.5	100
傳立MindShare	44.86	45.0	100
宏將MediaDrive	31.2	33.0	0
星傳Starcom	26.0	28.0	100
實力Zenith Optimedia	25.0	27.0	100
宏盟OMG	25.0	28.0	100
偉視捷Vizeum	16.0	18.0	100
彥星Glory Star	17.84	17.65	0
博崍媒體Bright	15.83	17.2	0
二零零八2008 Media Marketing	12.0	12.5	0
競立MediaCompany	9.2	9.0	100
德立Prime Media	8.1	8.5	0
康瑞AGEIN	5.5	5.5	0
喜思CS Innovations	5.16	5.2	0
艾比傑Mediabrands	4.0	5.0	100
博報堂Taiwan Hakuhodo Media	3.62	4.2	100

資料來源：《動腦雜誌》2012年，5月號。

◆**本土媒體服務公司的經營經驗：以凱絡媒體爲例**

　　台灣凱絡媒體成立於2000年，結合全球最先進的媒體技術，與本地媒體資源及行銷經驗。身爲全球第一個獨立的專業媒體企業，爲率先協助客戶進行媒體獨立操作，提出360°媒體整合服務觀念的媒體企業。

　　作爲一個專業的媒體代理商，最重要的就是協助客戶銷售商品，因此「客戶優先」（Client First）成爲凱絡最核心的思考要項。從2000年成立之初開始，凱絡便引進了Allocator、Scheduler、Tracer等以客戶品牌爲中心的媒體溝通觀念與專業媒體工具；2001年投資市場研究，進行廣告知名度調查，每年至少執行十三週的資料蒐集，累積超過四十個品類三百多個品牌的資料。2007年更斥資千萬執行消費者溝通研究（Consumer Connection Study, CCS）以強化對消費者的瞭解，CCS系統爲引進自英國、已逾十年歷史的科學研究方法，CCS幫助凱絡探究消費者，甚至是深入人的心理層面，進而替廣告客戶找出最高利潤與機會點的傳播管道。面對瞬息萬變的環境，唯有回歸原點——消費者，才能做好溝通工作。

　　自2003年起，凱絡媒體連獲台灣首要媒體服務代理商的殊榮，連年維持全台媒體承攬額的首位，也曾兩度獲得《廣告雜誌》評選爲「年度風雲媒體代理商」，2010、2011及2012連續三年獲台灣廣告主協會評選爲「年度傑出媒體代理商」，專業表現與客戶服務上頗獲業界肯定；除了台灣本地獲獎之外，凱絡更由素負盛名的國際性行銷傳播產業媒體Campaign，頒贈「2012台灣地區年度最佳媒體代理商」（2012 Taiwan Media Agency of the Year），是台灣區唯一入圍且獲得金獎榮耀的最大贏家。此外，發行逾660輯的《凱絡媒體週報》已出刊超過十年，提供行銷傳播專業人士即時的行銷傳播資訊和觀點，也藉此自我要求對媒體環境的敏銳觀察。

　　基於對傳播行銷產業的高度認同感與使命感，凱絡媒體深刻體認產業與企業是共生關係，因此企業內高階主管均積極投入業界相關公會組織並擔任重要職務，包括台北市媒體服務代理商協會（MAA）、台北市廣告代理商業同業公會（TAAA）、中華民國發行公信會（ABC）、公益廣告協會（AC）、中華民國國際行銷傳播經理人協會（MCEI）、國際廣告協會（IAA）等組織。

第二節　台灣廣告媒體的市場環境

一、台灣廣告投資概說

　　廣告投資是整體廣告媒體環境發展相當重要的一環，長期以來媒體的經營主要依賴使用者付費及廠商廣告費用的挹注，尤其是商業媒體之廣告業務部門，其業務收入多少往往決定該媒體之發展能量。

　　此外，政經環境的情勢與發展，也牽動廣告廠商在行銷資源中對廣告的投注比重。以下，我將針對台灣廣告媒體的發展狀況與市場環境，進行概要的介紹與分析。

(一)廣告總量與成長率

　　2010年台灣廣告總量為583億元，較2006~2009年的500億上下的規模，有相當幅度的增加。我們可發現：2010年廣告投資金額成長率高達二位數，2011年投資量趨緩，僅較2010年同期微幅成長3%。近幾年台灣廣告市場的發展平平，從成長率看來變動的幅度並不大，代表只維持著一定的規模。2010年是成長最大的一年，廣告成長率有大幅度成長，是過去十年最大的一年，但這當中有2009年金融海嘯的背景存在。不過2011年的微幅成長，感覺又回復到之前成長幅度不大的情勢（**圖13-4**）。

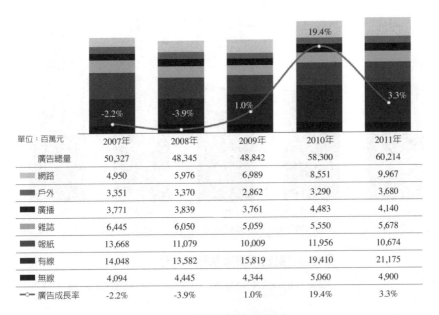

圖13-4　各媒體廣告總量

單位：百萬元	2007年	2008年	2009年	2010年	2011年
廣告總量	50,327	48,345	48,842	58,300	60,214
網路	4,950	5,976	6,989	8,551	9,967
戶外	3,351	3,370	2,862	3,290	3,680
廣播	3,771	3,839	3,761	4,483	4,140
雜誌	6,445	6,050	5,059	5,550	5,678
報紙	13,668	11,079	10,009	11,956	10,674
有線	14,048	13,582	15,819	19,410	21,175
無線	4,094	4,445	4,344	5,060	4,900
廣告成長率	-2.2%	-3.9%	1.0%	19.4%	3.3%

資料來源：Nielsen Media Research XPRN 2007-2011；網路廣告量IAMA 2007-2011。

(二)廣告投資媒體結構變化

　　廣告可以讓消費者瞭解商品或服務的特色，在大眾傳播的考量下，廣告的媒體運用比例和消費者的媒體接觸習慣息息相關，媒體擁有廣泛的閱聽眾自然可以達成廣泛告知的目的。

　　廣告投資的媒體結構變化，逐年來以電視廣告投資占比例最大，且仍顯示成長的趨勢。電視因其聲光效果，以及在台灣看電視是大家重要的休閒活動之一，帶動電視媒體在行銷傳播上不錯的效益，連帶的在廣告選擇與預算投放上都高於其他媒體。相對的，報紙、雜誌則是廣告投資結構屬於比較衰退的趨勢。另外，網路廣告的成長是非常快速的，與五年前相較足足成長了一倍，最直接的影響就是擠壓了平面媒體的比例（**圖13-5**）。

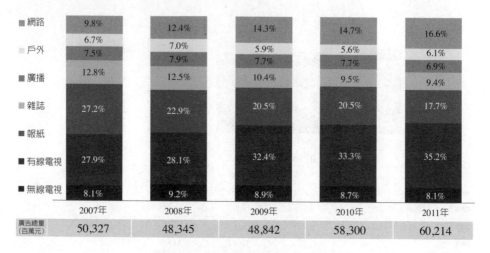

	2007年	2008年	2009年	2010年	2011年
■網路	9.8%	12.4%	14.3%	14.7%	16.6%
□戶外	6.7%	7.0%	5.9%	5.6%	6.1%
	7.5%	7.9%	7.7%	7.7%	6.9%
■廣播	12.8%	12.5%	10.4%	9.5%	9.4%
■雜誌	27.2%	22.9%	20.5%	20.5%	17.7%
■報紙					
■有線電視	27.9%	28.1%	32.4%	33.3%	35.2%
■無線電視	8.1%	9.2%	8.9%	8.7%	8.1%
廣告總量 (百萬元)	50,327	48,345	48,842	58,300	60,214

圖13-5　廣告投資媒體結構變化

資料來源：Nielsen Media Research XPRN 2006-2011；網路廣告量IAMA 2006-2011。

二、視聽群眾與媒體接觸

(一)媒體滲透率

　　媒體滲透率是消費大眾接觸媒體的比率，雖然不同媒體接觸期間的定義有所差別，但從中仍能瞭解媒體接觸消費者的廣度。電視仍為消費者接觸比例最高的媒體，以昨日收看比例而言，維持了九成以上，但2011年微降。戶外媒體種類繁多，以上週看過戶外廣告而言，近幾年都維持著八成左右的比例。網路的滲透率十年前不到二成，在年年成長下2011年已突破五成了。報紙、月刊雜誌和廣播的滲透率則是下滑的，尤其是報紙從超過六成下滑到四成出頭。

(二)媒體花費時間

　　消費大眾因其年齡、居住區域、教育程度等不同的人口變項而有不同的生活習慣，也有不同的媒體接觸習慣。瞭解不同的媒體接

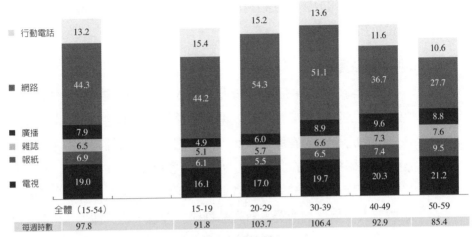

圖13-6　媒體花費時間

資料來源：凱絡媒體CCS（2010）。

觸狀況，可以進一步掌握不同消費族群的差異。

　　近年，網際路路成為占據大眾最多時間的媒體，尤其是以20~39歲族群花最多時間在上網。15~29歲年輕族群在手機使用時間上已逼近看電視時間。另外，隨著年齡層的增長，消費者花費在電視及平面媒體的時間會相對的較多（**圖13-6**）。

(三)媒體使用需求

　　媒體對視聽眾有特定的價值，消費者使用媒體也有既定的目的。從消費者使用媒體的需求關聯中，可以瞭解媒體的價值，依此運用於對消費者的傳播計畫當中，將可創造更有效率的溝通。

　　媒體使用需求主要分為五個類別，包括：資訊蒐集／學習新知、創意激發、放鬆心情、與親友互動陪伴及提振心情。其中，電視與網路主要是放鬆心情、與親友互動陪伴及提振心情這三個面向；平面或戶外主要是資訊蒐集／學習新知；而創意激發主要是網路的部分。總結，網路同時滿足感性及理性需求；而電視則以滿足

感性需求，如放鬆、互動為主；平面及戶媒體以滿足理性需求，如學習新知為主（**圖13-7**）。

(四)媒體傳播效益

由於媒體各自的不同形式及屬性差異，而形成各有不同傳播特色的狀況。因此，各媒體在對消費者進行訊息傳遞時，也就自然產生不同的影響力；在廣告廠商選擇媒體做行銷傳播時，尋求與目的相符且具傳播效益的媒體來加以運用（**圖13-8**）。

電視與網路是建立消費者對廣告注意力的最有效媒體；戶外／店頭廣告不但增加消費者對產品細節的理解，也發揮促購效果；電視媒體的傳播效益居各媒體之冠。電視的廣告投資比例在廣告業界占一半以上，跟上述效益成正比，這是台灣獨特的媒體現象。

(五)數位生活時代

拜科技進步之賜，數位應用已進駐我們的生活，也將引領廣告媒體環境的發展進到另一個新的紀元。從數位相關硬體設備的普及資料，可以瞭解長期以來數位應用跨入消費大眾生活的進程。根據

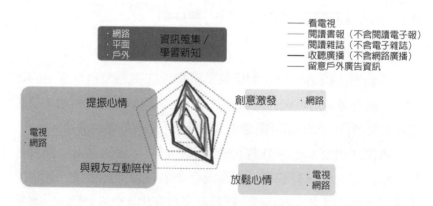

圖13-7　媒體使用需求

資料來源：凱絡媒體CCS（2010）。

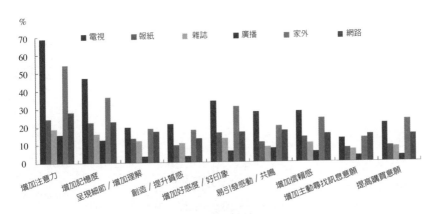

圖13-8　媒體傳播效益

資料來源：凱絡媒體CCS〔2010〕。

尼爾森生活型態大調查，行動電話及電腦普及率已超過八成；數位相機、MP3及高畫質電視、網路電視盒、MOD擁有比例也逐漸成長。隨著科技的發展，人們的生活慢慢走向數位時代。

　　因此，媒體服務產業必須對廠商廣告投資狀況及視聽眾媒體接觸狀況面向有最新的資訊更新，從過去資料的蒐集與分析，到未來發展的預測與研判，都是重要工作；另外，對於廣告投資比重有增加趨向的媒體，及視聽眾接觸比例有提高趨勢的媒體，未來的重要性將提高。這些重要性提高的媒體，將成為對客戶建議媒體清單中的必選，也是媒體服務公司重要的媒體資源提供者。

第三節　數位匯流之媒體發展趨勢

　　根據資策會產業情報研究所（MIC）於2010年3月發布的「台灣資通訊產業發展現況」資料顯示，超過85%的台灣家庭擁有電腦，將近八成的家戶得以透過網路與全球連結，而有近一半的台灣人口

經常性地「掛」在網路上，平均每人擁有超過一支的行動電話，在移動中使用網路的人口數已超過四成，而數位電視普及率則超過三成。由這些數字，可初步勾勒出台灣社會的數位趨勢發展面貌（圖13-9）。

- 面積—36,188KM²
- 人口—23.12million（70%的人住在都會區）
- 戶數—7.81million
- 平均每人所得
  —US$16,997（GNP）
  —US$34,598（PPP）

- 電腦普及率（以戶數計算）—85.7%
- 經常上網人口—1,057萬人
- 家戶連網普及率—78.7%
- 行動上網普及率—41.9%
- 行動電話普及率—116.6%
- 數位電視普及率—31.1%
- 全球資訊大廠採購中心
- 超過10項以上產品市場占有率世界第一

圖13-9　台灣的數位普及率與產業現況

資料來源：資策會FIND（2010）。

一、傳播加速度的新現象

數位匯流讓零碎的時間單位能被有效利用，使時間單位變得更有價值。消費者在新科技的引導之下，對於各種資訊的接受速度都越來越快。若把5,000萬閱聽眾持有一個工具作為全球媒體普及率的指標，則廣播花了三十八年、電視花了十三年、全球資訊網（www）花了四年、iPod花了三年，而臉書只花了兩年就達成目標。

我認為主要原因為：溝通，是人類最基本的關係需求，傳播科技的出現與進步，便是為了滿足來自於人類對資訊取得與溝通速度的即時需求。未來，我相信Apps也將成為另外一種媒體工具與傳播

仲介。Nokia曾提出「科技始終來自於人性」的主張，但現在的情況更像是：「以科技帶動人性」！

　　網路的功能基本上是爲了計算能力、交換資料，所以網路一開始是因此而存在。但是運算能力及傳輸能力提升後，只要有人在網路上做娛樂，就會有社群的結合。如：同樣一台電腦的價格，六個月之後的價錢就不一樣，原因在於電腦的計算能力每十八個月就能成長一倍，雖然只是計算能力的改變，但它的影響力就像「蝴蝶效應」一樣，無遠弗屆。

　　數位匯流科技將如何湧向消費者？如何實現人們對於美好生活的想像？媒體平台成爲連接兩端使其產生化學變化的重要關鍵。不論是數位產製、雲端儲存技術、伺服器效能、4G傳輸技術或是應用程式Apps的開發，這些創新科技都是透過媒體（終端裝置、傳輸平台）與消費者界接，而在消費者持續追求便利的前提之下，可以預見，單一媒體將逐漸降低它的影響力，媒體匯流則是必然的趨勢。

二、多工的媒體消費行爲與品牌溝通

　　根據2010年凱絡媒體CCS調查，電視、電腦與手機這三個螢幕，占據了台灣消費者每日82%的媒體使用時間，虛擬與現實兩個世界、三個螢幕，競爭著消費者的時間與注意力。此外，台灣地區15~54歲的消費者，在晚間時段（晚間6~12點）多工行爲驚人，同時從事多項活動、有廣泛不同的媒體接觸點、被多元訊息交叉包圍。

　　數位化所帶來的結果，讓現在消費者使用媒體的時間分配變動急遽變化，消費者需在同一時間做許多事情，如同時使用電腦，也邊開著電視等等多功的行爲，因此必須懂得如何更有效率的分配時間。此外，科技發展已經改變了人們的生活型態，也發展出一些新的生活型態，像是現在人們爲了在最短的時間內能做最有效的應

用，所使用的用語越來越簡短化，像是在網路上越來越簡短化的用語，如台北車站被簡稱爲「北車」。

再者，電視網、電腦網和手機網的匯流整合，也同步破壞了消費者媒體足跡原有的必然性。媒體不再有所謂的節目時間表，只有消費者自己的時間表，消費者可以在任何時候做任何事情，消費者的媒體接觸行爲更難掌握，企劃思維也與過去完全不同。因此，在數位匯流時代，品牌、消費者與媒體三者共同面臨了全新的重要溝通課題（**圖13-10**），包括了：

1. 內容（content）：品牌應該研究消費者眞正在意的事情是哪些？消費者如何接觸、如何接收以及如何與這些內容連結？品牌應該如何運用這些內容與消費者溝通？
2. 互動（social）：消費者如何彼此聯結、互動與分享？
3. 行動性（mobility）：不同的時間與地點，消費者需求的差異是什麼？
4. 交易（commerce）：由於消費者將可以隨時運用手機與網路

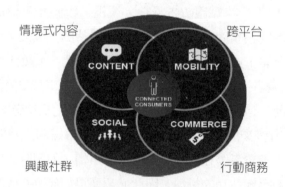

圖13-10 未來品牌活動值得觀察的四個面向

資料來源：Aegis media "Innovating in a convergent world-A vision for the next 3-5 years"，2011年3月。

購物，因此需要瞭解消費者在虛擬通路的購買行為並提出對應的服務方案。

YouTube等社群媒體的產生，讓業餘者越來越專業，也造就了廣告與內容的模糊化，形成有史以來最興盛的集體創作時代。而這樣的趨勢，也迫使行銷人員在提供消費者的資訊內容上建構起另一種思考模式，如下所示：

情境式內容（content）→興趣社群（social）→跨平台（mobility）→行動商務（commerce）

舉例來說，誠品書局所舉辦的講堂內容，就是一種拉近消費者距離的情境式體驗。但是，每一次講堂，不一定每個人都能參加，因此，誠品就可把講堂的內容，做多元化的展現，包含放在官網上同時開講，或者提供下載服務，讓消費者可藉由科技工具來欣賞講堂的內容，另外也可提供社群服務，讓有同樣興趣的人，有機會討論及分享對講堂內容的看法及感受。因此，凱絡媒體也將內容的展現，整合成下列重點：一次生產、多次使用、多元加工、多頻傳輸、多工服務。總之，匯流內容的創新製程，就是不斷的切割、排列及重組。

三、媒體產業生態系統

在數位匯流導致媒體界線日益模糊的今日，我認為：媒體產業應該具備BOE整合傳播新概念（Integrated BOE Communication），從全觀的角度來整合不同屬性的媒體（Bought Media、Owned Media、Earned Media），以達到最佳的傳播效果（**圖13-11**）。

圖13-11　媒體生態系統（BOE Ecosystem）

(一)購買的媒體（Bought Media）

　　品牌主投資預算購買的媒體均屬於這一類，品牌主對於購買的媒體擁有較佳的掌控、得以完整傳遞品牌設計過的訊息。消費者使用媒體的主要目的之一是獲取資訊（包含廣告、產品資訊），因此藉由購買的媒體主動傳遞品牌訊息仍是必要的投資。

(二)自有的媒體（Owned Media）

　　品牌所擁有的傳播資產屬於自有的媒體，例如：實體門市、代言人、虛擬官網、消費者活動等。善用自有媒體，可以打造一致性的品牌經驗，並讓消費者有深度體驗品牌的機會。

(三)賺得的媒體（Earned Media）

　　亦稱為口碑媒體，泛指各種未經購買而與品牌相關的傳播訊息與傳播管道，例如新聞報導、網路上消費者的分享討論等。數位的世界中，口碑媒體的重要性益發重要，根據創市際市場研究顧問於2010年9月份的調查顯示，僅一成多的受訪者不相信網路口碑，約有九成的受訪者認為網路口碑對他們而言是「重要」的，其中，15.1%

的受訪者認為網路口碑「非常重要」。然而，品牌主對於口碑媒體的內容掌控性最低，但是，若能善用良好的品牌經營以及細緻的傳播規劃，足以真正為廣告主賺到無價的媒體效益。

　　如何將BOE三個媒體有效的運用及整合，是新媒體時代中媒體企劃人員的挑戰。企劃人員必須更深入的瞭解消費者與品類、品牌及媒體的關係，才能決定BOE的運用比重。譬如消費者涉入度低的類別（如飲料類）可能仍需仰賴購買媒體強化聲量；而消費者涉入度高的類別（如汽車類），則需加強自有媒體及口碑媒體的溝通。

　　網際網路現今已成為普及率極高的新興通路平台，網路效應則產生了自給自足、自我強化、由點而線、由線而面等不同特色。以女神卡卡的媒體經營為例，女神卡卡在台灣訪問兩天，幾乎占據了每天娛樂版的頭版，充分呈現了「訊息就是媒體」的現象。其宣傳將Bought Media的資金運用在Owned Media上，只要每天在推特Twitter發布訊息，所造成的影響力就已遠遠超過電視或報紙等傳統媒體。

　　可預期的是，未來在匯流行銷的洪流下，這個成功的BOE Ecosystem，將會像個有機體的生態，生生不息循環不已。上述的行銷模式提供了另一種媒體策略思考企劃思維，很值得所有行銷企劃工作者們，作為成功經驗的參考借鏡。

📶 第四節　媒體代理商的整合服務

一、整合服務的發展重點

　　媒體服務產業發展的進程，從最早期單純以媒體購買為主，發展到至今媒體購買需要有媒體策略的支持和整體媒體企劃的全盤考量，再進展到媒體計畫，需要更充足的媒體研究資料做依據。而

今，媒體服務產業提供服務的範疇，更跨越了媒體購買、媒體企劃和媒體研究，進入整合行銷傳播的層次。在數位發展的推動下，整合服務的思維更成為傳播產業專業分工的另類課題，在專業分工下還須兼顧整合服務，以滿足客戶在行銷傳播作業之需求。因此，歸納上述發展，我主張新一代的媒體服務產業，必須同時顧及下列四個發展重點：

(一)以消費者為中心

媒體整合服務已經跳脫前面所提及的傳統核心價值，現在必須面對的是以消費者為中心的思維（consumer is king），除了瞭解消費者在意的事情，因為行銷人員所做的決定對消費者的意義也很重要，我們需要消費者的認同，資訊才有意義。因此，必須要有消費者研究做支持，這樣才能和消費者做到位的溝通，也有機會產生進一步的互動。所以，如果廠商沒有足夠的消費者分析做參考，往往不會在新媒體上做廣告，而只選擇運用以往較有把握的傳統媒體。

常言道：「過去，產品是消費者體驗的終點，而現在，產品則是消費者體驗的起點。」而媒體服務如今該思考的是如何運用這股匯流潮流，借力使力，讓產品更能貼近消費者。企業也應該利用群體智慧，來進行內部創新。舉例來說，在NIKE+的社群裡面，消費

圖13-12　以消費者為核心之分析架構

者可以討論及分享關於跑步的種種訊息，而NIKE也能從消費者在這社群的討論當中，歸納出消費者的消費模式。越多人參與，產品和服務就越聰明，同時藉此創新企業的營利模式，創造出更大的利潤。

(二)尋找感動的時刻

瞭解消費者之後，就必須在對的時刻把對的資訊傳遞給消費者；找到對的時刻後，要更進階的將傳達「感動」的情感體驗，創造關聯性強、接受度高、能夠感動消費者的題材；如何讓消費者感動的這個部分，是在與消費者溝通中很重要的一塊，也是行銷人員不可忽視的一環。

圖13-13　尋找感動時刻之分析架構

(三)全面的整合服務思維

如前文所述，消費者如今更有效同步的利用零碎的時間單位，也顯示整合服務需要用更有效率的方式，讓消費者能同時進行很多媒體使用行為。處於一個多工時代，必須要幫助消費者做整合的思考。例如企劃人員可以思考透過各種不同的管道，期能達到一樣的溝通效益和傳播目標，這也正是整合行銷傳播存在的原因和價值。

發展整體計畫架構

確認各個溝通管道
的任務

投入必要資源

定期協調各個溝通
管道與想法

圖13-14　整合思考之分析架構

(四)創造故事性與分享效益

　　創造讓消費者感動的時刻和內容，對現今的行銷人員來說更顯重要，因此，消費者創造內容（User Generated Content, UGC）也成為傳播的重要一環。透過一般消費者自己的角度，來創造故事，然後運用有效的資源，如社群或是論壇等社群媒體平台，讓有經驗的消費者分享他們的經驗，更能發揮感同身受的效果。

　　此外，現今消費者在完成購買行為之後，就完成了消費旅程。現在已不如以往，一個商品要先打知名度，先宣傳製造聲量，創造消費者的需求，並告知要如何購買等，才會促使消費者採取行動，這是一個完整的傳播過程。但是現在的購買行為，消費者已經在購買前的階段，就會自行透過各類媒介管道蒐集資料、判斷產品的好壞，甚至是體驗產品的狀況，最後自行下訂單就能完成購買。因此，這樣的改變也讓行銷人員必須更完善的規劃行銷策略，在消費者購買前的準備工作要更齊全。

圖13-15　創造故事性之分析架構

二、媒體代理商的發展方向

當媒體成為通路之後，對廣告內容製作者而言，知名度、好感度、認知度等分波段操作的傳播模式，將不再一體適用於所有狀況。品牌主現在需求的往往是一次到位的快速溝通，而在快速的溝通與決策過程中，消費者對品牌的信賴度相對益顯重要，因此品牌經營是匯流行銷的重要課題。當消費者變了，載體特性與內容產製都不一樣了，媒體服務代理商要如何因應這些改變，才能趁勢攀上浪頭？

(一)理解消費者

在消費者為王的時代中，媒體服務代理商不只要能跟上消費者的脈動，更要成為消費者的知心好友，理解溝通對象的喜好與行為，因此更多、更精細、更深入的消費者研究絕對是必要的投資，如此才能協助企劃人員發展出有效的傳播策略及媒體計畫。

(二)擁抱新科技

隨著科技推陳出新，媒體形態改變，廣告形式也截然不同過往，資訊IT專業人員故成為媒體代理商不可或缺的關鍵人力資源，

媒體代理商必須有服務業的態度與精神，還必須具備科技業的專業知能與資源，因此，與學術或研究機構合作也是提早取得新科技資訊的方法之一。麻省理工學院（MIT）的「媒體實驗室」（Media Lab）積極進行產學合作，包含Aegis Media、Google、Hallmark、PEPSICO、Motorola、Samsung等知名企業皆為其合作對象，以優先互相取得新媒體科技之資訊與運用。

(三)量身訂做的評估指標

匯流改變了說故事與聽故事的方式和場所，現行的媒體評估方法必將難以沿用，我建議：要掌握日後評估指標的最有效發展可能，不妨參考下文中所述：

◆回歸行銷傳播策略

長久以來廠商及媒體公司均以收視點成本（Cost Per Rating Point, CPRP）作為績效評估標準，但是CPRP並不能反應出真正的傳播效果，每一個行銷活動都應有它的目標，如提升知名度、增加試用、增加銷售等。因此，評估機制應回歸並充分反應行銷目標。

◆建立資料庫

匯流行銷來自準確的客戶名單，社群操作的目的之一也是建立資料庫，未來與資料庫相關的各種需求一旦產生，媒體評估指標必然會因此產生連動關係。

◆與銷售直接連動

科技帶動新的媒體平台，也改變了媒體的遊戲規則。新媒體的經營方式將逐漸著眼於以消費者實際採取行動作為計費的方式，廣告主也將以實際結果作為付費基準（pay by result），類似按銷售額付費（Cost Per Sale, CPS），以消費者行動為收費依據的時代即將來臨。

◆人人皆能製作娛樂

　　媒體代理商的企劃人員向來被認為是傳播圈內最具有科學實證精神的數字專家，但當消費者使用媒體、看待媒體的方式不斷在改變時，在媒體效益與數字之外，還要能夠設計並帶領消費者開啟品牌體驗的旅程。2011年安吉斯媒體集團全球大會的研究報告便指出，未來媒體人員除了現有企劃購買的工作之外，同時還要具備如同「娛樂製作人」（Entertainment Producer）的角色，同時兼顧訊息傳遞管道之特性與內容設計之需求，才足以因應數位匯流之下的媒體競爭環境。

◆轉型才是王道

　　數位匯流的時代中，傳播過程改變、中間通路可以被取代，而媒體除了擁有強大的消費者資料庫之外，也可以成為通路，因此，我們不禁要問：未來媒體代理商的角色是什麼？即便現在還無法清楚描繪出未來媒體代理商的清楚相貌，但是媒體代理商絕對有必要開始思考如何在組織、在作業流程及在人才招募各面向進行改造，以逐步轉型（transformer）來回應諸多變化。

📶 第五節　管理理論及領導風格：步調穩健，樂在做事

　　我以個人的產業經驗與觀察，提出媒體服務產業最重要的經營管理課題：內部人員管理及外部客戶經營。我之所以這樣發言，乃是因媒體服務產業是以「人」為主的產業，不像生產事業有機具設備、產品配方等作為企業資產，這些都是具象又是實體的資產。所以，「人」是媒體服務產業最重要的資產，人雖有實質的個體，但從人性及思維延伸的任何運用都無法具象量化，不可能列在企業的

427

資產項目當中。

「人」既然這麼重要，人才培育與人力資源對企業而言扮演了更關鍵的角色，在徵才、選才、用才、育才、留才各個層面，都必須有積極做法，才能對應上企業經營管理的目標。如凱絡媒體長期以來採行績效管理流程（PMP）、職能發展計畫、全面獎酬計畫等基本做法外，近年來更以符合作業需求的角度發展創新做法，例如階層別訓練、360°員工職能發展評估報告、晶鑽500菁英養成計畫等，建立適合媒體代理服務產業的人力資源制度，保持人才競爭優勢。至於在客戶經營面上，達成最好的服務品質是最重要的，把事情做好、讓客戶可以信賴，才是媒體整合服務的本質！有好的服務，才能在業界形成口碑，使客戶間互相分享推薦。如凱絡媒體與中華汽車的合作，在服務與互動上建立起良好評價，隨後相關關係企業如：裕隆汽車、格上租車、雷諾、裕通、納智捷、酷比等品牌，都隨而選擇凱絡媒體作為媒體代理商。

我自認是一個喜歡做事的人，因為我的原則是：無論什麼事情，只要維持步調穩健，著重思考，都能從中如同尋寶般，學習並挖掘出獨特的觀點與意義。我覺得，我是屬於「研究型」的企劃文人，時時秉持「有根據，才能說話」的哲學，不去追求表面的虛華浮誇，而是根據謹慎觀察與資訊分析，加上一些創新的直覺力，全力以赴地做「對的事情」。

藉著這篇文章，我一再強調：媒體服務產業的領導管理，首要關鍵在「人性」，「人」既然是最重要的資產，產業內部的員工便必然需要被企業尊重；相對地，員工自身也須展現認真負責的任事態度，兩方面才能達到最平衡的狀態。媒體服務產業有其專業的特色分工，如：企劃、購買、研究各自專業領域協同作業，因此團隊作業成為重要的作業型態，凱絡媒體長久以來在團隊通力合作之下屢創佳績，其背後蘊含著兼具團隊式管理風格與授權式管理風格的

綜效，讓作業團隊充分得到授權，經由共同討論、協力完成，創造出效能最大發揮的彈性空間。因為，我認為：信任的態度，是成功的關鍵，充分授權團隊，讓團隊自由選擇策略，在信任關係之下會有更優異的表現，藉著從錯誤中學習與包容，在良性循環當中不斷成長。

　　企業治理是客戶經營之本，在媒體服務產業以人為主的結構下更形重要，這也印證了傳播界所稱的「人即資源」的定律。在凱絡媒體，跨部門的資源隨處可見，在提案前可以找到不同專長的人員共同討論，可以減少摸索、提高效率、激盪創意。服務能力是客戶經營的基礎，2011年，凱絡媒體平均每人教育訓練時數為67.4小時，面對日新月異的數位環境必須有足夠的能力因應，投資在人的培訓也會比過往更多。凱絡媒體期望藉由營造重視人的環境，將人的能力完全激發。

　　凱絡媒體自2000年成立以來營運相當穩健，截至2011年已連續九年居全台灣媒體代理商承攬額之首位，並多次獲頒「年度風雲媒體代理商」及「年度傑出媒體代理商」獎項。這樣的經營實績，表示了內部企業治理與外部客戶經營已然進入一個正向循環體系運行（**圖13-16**）。

　　凱絡媒體的工作氛圍是相當自由的，因而每個人可以發揮出最好的一面，形塑了物以類聚的效應，同時也匯集了主動自發的態度。從關心客戶、在乎客戶出發，除了得到客戶的肯定與業界的認同，也內化成為企業文化的重要元素。

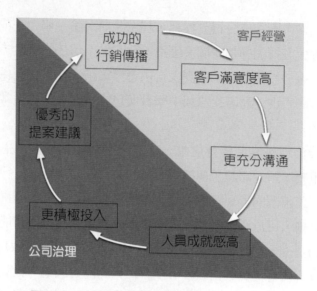

圖13-16　企業治理與客戶經營之ECO System

📶 結　語

　　客戶的經營必須以工作上的作業為基礎，在日常作業之外仍有一些客情關係的維繫，這些客情關係不只是互動應對或交際應酬這些表面的內容，往往更須在服務、滿意及信任等深層的內容上著力。媒體服務產業協助客戶對消費者做好溝通，提案建議並不存在絕對的標準答案，因此在作業面的專業要求之外，必須靠長時間的溝通與互動來建立彼此的默契及信任。

　　媒體服務產業所處的環境，是多元的、多樣的，更是變動的，瞭解環境掌握環境成為開動所有工作之前必須先完成的工作。凱絡媒體自成立迄今持續發行每週一次的《凱絡媒體週報》，期間逾十二年，發行超過660輯。《凱絡媒體週報》以掌握媒體發展趨勢、提供即時事件資訊，與客戶分享環境發展同步的觀點，這也成功地

表13-4　2011年數位發展趨勢類別週報專題列表

輯數	出刊日	專題名稱
567	1月5日	2010台灣Groupon元年團購市場分析
574	3月2日	網路社會今昔異　探究網友真心情
580	4月13日	如何經營素人部落格？
583	5月4日	網購市場面面觀（上）
584	5月11日	網購市場面面觀（下）
585	5月18日	〈Angry Birds〉從手機遊戲開始掀起憤怒狂潮
586	5月25日	換個地方看電視！
588	6月9日	電視收視率調查工具大進化：IntoNow
596	8月4日	facebook語意網帶來的網路變革
597	8月11日	App：重新定義媒體
598	8月18日	你，就是控制器——體感技術應用分析
604	9月29日	facebook的f8開發者大會
606	10月13日	協同創造開發共創價值與魅力（上）
607	10月20日	協同創造開發共創價值與魅力（下）
610	11月10日	facebook vs. Google+
611	11月17日	車用APP趨勢發展
616	12月22日	相同的路上相異的交會時刻

達成了客戶經營的目的。2011年五十二週的週報專題中，最符合發展趨勢的數位類別專題共十七篇（**表13-4**），占了三分之一的比重。

我認為：未來的傳播人必須是「娛樂的製作人」，要具備將所有品牌資訊多媒體化，在多個裝置端說一個動人故事的能力。因為，未來的媒體，娛樂效果將會占很大的比重。從消費者端來看也可發現，當今的消費者已經不再是用傳統的做法來接收資訊，他們在電腦上看電視節目、在手機聽音樂、在平板電腦上看書、在電視上購物、在社群網站上讀新聞，消費者隨時隨地都在搜尋分享，他

已不是固定時間接觸固定媒體的機器人。他們跳脫過去三個屏幕的運用，因此，未來的媒體傳播人必須要能夠用專業去選擇空間或平台，並要兼具「說故事」的能力。

打個比方：好的「說故事」者，並不是把所有的藝術品都塞進一個房間裡，不可能成就一座可觀的博物館，而只是一間堆滿雜物倉庫而已。關鍵便在於懂得對材料的去留取捨，如同專業策展人（curator）般具備高度的組織能力，能夠將材料做最完善的組合與安排，這才是未來媒體服務產業的專業走向！

14
公關顧問產業的發展經營策略

利眾公關顧問公司董事長　嚴曉翠

經營哲學

　　靜止與抽離，是我最常做的心靈運動。我認為，領導人的任何決定都會像蝴蝶效應一樣牽連很大。當過分起落的喜或怒的情緒產生，應該先行獨處，暫不做任何決定，也不輕易說話，而是站在對方的立場，客觀分析後再進行決策。

作者簡歷

　　嚴曉翠，政大傳播學院在職碩士班及輔大企管系畢業。曾服務於精英公關集團二十三年，從助理做到集團執行長，2003年起於世新公廣系及政大廣告系兼任講授公關課程。公關基金會常務董事，曾任基金會執行長。2012年，累積長期產業經驗，創立利眾公關顧問公司。

前　言

　　公關顧問產業在台灣快速發展是近二十多年的事情，其市場定義及服務內容在近十年來更產生巨大的變化。主要是這十幾年來，快速發展躍為經濟要角的科技產業、金融產業、醫療產業在對外溝通上都比其一般民生消費產業來得複雜，給了公關顧問業很好的發展空間；即便是民生消費的傳統產業也都因為面臨社會環境的轉變，除了廣告行銷，更需要仰賴公關顧問處理繁雜的社會責任議題。

　　溝通，其實就是公關的本質；未來，掌握溝通的環境研判、對象分析、應對策略乃至語藝的專業，更將隨著現今傳播科技的變化而不斷演進，以影像和視覺論述溝通敘事的比例將越來越高，利用視覺影像進行溝通已經是未來的趨勢。公關產業相關的從業人員，必須跟隨傳播環境以及傳播科技的變化不斷與時俱進。

　　本文中，將介紹公關產業的基本定義，說明台灣的公關生態環境，接著闡述公關顧問產業專業服務之內容以及類型，希望對讀者認識台灣的公關產業發展有正面的助益。

第一節　公關顧問產業的定義

一、公關顧問業的定義

　　美國公共關係顧問學會（The Counselors Academy of Public Relations Society of America）將公關顧問的功能定義為——提供旁觀者的看法、提高企業的知名度、支援企業在生產與行銷方面所作

的努力、在危機發生時提供化解的建議、促進勞資雙方的溝通、將相關資訊告知公司大小股東、加強敦親睦鄰的社區關係、作爲企業與政府機構之間的橋樑、當企業目前的公關策略與目標發生牴觸時提出批判、評估現行的公關企劃案、運用新的技巧補強目前的公關活動。[1]

上述定義是界定公關顧問公司所提供的服務內容及角色，但組織內部的公關人員也扮演相同的角色，擔負組織對所有利益關係人及外部環境的溝通管理任務。所不同的是，外部公關顧問可提供外部的客觀看法並能吸納更多外部資源，協助企業經營者及組織內的公關人員多元的溝通服務。本章節以下的所有介紹，主要以外部公關顧問公司所形成的公關顧問產業發展作爲介紹主體，但對於組織內部公關及其所遭遇的課題則不在主要的介紹任務中。

在介紹公關顧問產業前，必須先從「公關」兩字的意義來切入。直到現在，許多人對於公關這個名詞的認知，還停留在喝酒、交際等刻板概念上。隨著公關顧問業務的擴張，許多人又把公關納入行銷推廣概念下，導致大眾認爲公關等同於行銷推廣活動。

客觀來說，公關的確服務許多企業的行銷部門，但行銷業務並非公關溝通任務的全部。兼具管理理論與傳播理論的交集，才是公關溝通的本質，除了協助業務或行銷主管達成組織目標之外，協助執行長（Chief Executive Officer, CEO）、營運長（Chief Operating Officer, COO）、財務長（Chief Financial Officer, CFO）等其他管理階層的主管，去分析組織與其不同關係人之間的關係，標示出外圍環境的影響，並告訴企業組織應該如何傳遞正確的訊息，也是當前公關典範轉移的重要方向。

---

[1] Harris, T. L. (1992). *Choosing and Working With Your Public Relations Firm*. Lincolnwood, Illinois: NTC Business Books.

　　要瞭解當前的公關產業，必須先認知到，公關的定義已經從語藝學派、整合行銷學派、媒體關係與議題框架等理論，逐漸發揮企業經營與組織管理的積極功能。面對此現象之轉變，探索公關產業與其業務內容的新方向，我認為不妨從「形象」角度著眼。

　　形象議題無疑是由公關人員所負責，但是面對形象價值，首先應該先思考什麼是企業形象？什麼是品牌形象？例如HTC是一個企業品牌？還是產品品牌？P&G是企業品牌還是產品品牌？HTC是一個產品品牌，而P&G是企業品牌，原因在於，HTC以出產商品來建立品牌；而P&G企業下雖然有眾多商品，但是P&G只負責代理工作，並非生產產品，所以屬於企業品牌。

　　企業形象與品牌形象的評估指標並不相同，兩者的建構以及強化策略也呈現差異化。針對企業形象的調查，國內較知名的指標有包括天下標竿企業調查、遠見企業社會責任大調查（Corporate Social Responsibility, CSR）等；品牌的部分則有品牌價值調查。兩者的定義跟功能並不相同，訴求標的與溝通對象也有所差別。建立品牌化的過程需要整合行銷力量的，從定位到研發、產品生產及售後服務等各個環節的共同累積；企業形象的建立則涉及企業組織目標、長期關鍵議題以及危機管理、各種利益關係人議題與關係促進等分析，並產出各種直接影響經營環境，或是潤滑企業與市場關係的作為。

　　反觀現今的台灣市場，諸多企業並未將產品品牌與企業品牌分開思考，甚至常常混淆操作，不僅造成溝通資源的浪費或不足，更可能造成負面的影響，使企業面臨危機。例如一個缺乏形象管理能力的企業，卻背負著一個高知名度的品牌，使外界認為該企業擁有高獲利，招致社會大眾產生對企業獲利方式的質疑。

　　企業的經營過程必定將面臨產品品牌與企業品牌的決策，這時候便需要公關來輔助，利用公關的專業分析模式，協助企業釐清各種形象的目的性，評估各項決定對於企業造成的形象影響，依據環

境偵測的結果建立其形象策略；至於公關產業到底是如何協助企業
建構企業形象？則必須從企業的目標、傳達的管道與受眾來觀察。
舉例來說，銀行和高利貸雖然都提供資金流通的業務內容，但兩者
的形象必須有所差別，而公關的任務則是建立一種形象（image）價
值，塑造出可獲得利害關係人認同的正確企業品牌定位。

　　建立企業形象，目的乃是使企業對外界造就一致性的觀感與內
涵，表現層面包括企業理念、核心價值、目標及願景等等。此外，
也要思考一般大眾對於知名度、企業形象、企業本質數者間的概念
差距，以及對企業訊息的認知。我建議企業可透過形象示意圖，標
示出企業的企業形象建立點，以企業目的爲出發點，思考經營願
景、理念與制度、產品與服務等因素，藉由社會參與、公關、廣告
等輔助，對各個不同利益關係人進行訊息傳遞（**圖14-1**）。

圖14-1　企業形象示意圖

二、公關顧問的溝通任務

　　面對公關顧問在管理企業形象建構過程的角色變化，公關從業人員的任務也隨之改變，新的挑戰課題在於，如何在外在環境的影響下，針對組織與不同利益關係人之間的關係作出研判、設定目標，同時對主要對象傳達正確與正面的訊息。從任務的變化面來看，比起過去媒體關係與行銷等任務來說，公關從業人員在管理面向上所需擔負的職責更加複雜。

　　在此情況下，公關人員必須評估其工作任務與溝通方式，使應有的形象臻於完美，並達成組織目標。如同廣告，企業形象的經營也必須鎖定明確的溝通對象，而不是追求廣泛的知名度即可。因此，企業形象的建立必須基於標的對象來審慎評估及思考（**圖14-2**）。

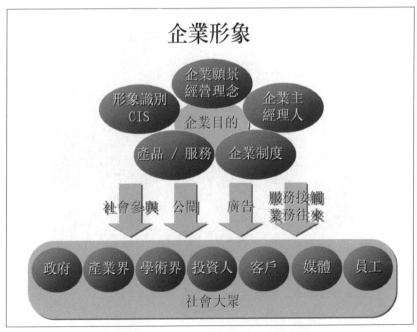

圖14-2　企業形象的營造示意圖

　　從公關溝通任務性質的根本變化來看，新的挑戰是要同時考量環境、變動性、議題演變以及危機因子，這些變數都會影響公關人員的決策與結果。影響公關決策的因素，包括了企業的外在環境因素，如文化、經濟、政治等；內部的影響因素，如員工、股東、競爭者等。當外在環境題目與內在環境的利益關係人交叉，並形成對企業之影響議題，企業便必須思考應對策略，產出正面增強的形象建立策略，或是啟動危機管理的議題參與（**圖14-3**）。

三、公關顧問的價值

　　前述文中所提到的公關顧問的任務，包含了環境偵測、利益關係人分析、議題傳播分析、危機管理策略或企業形象策略等等，而這

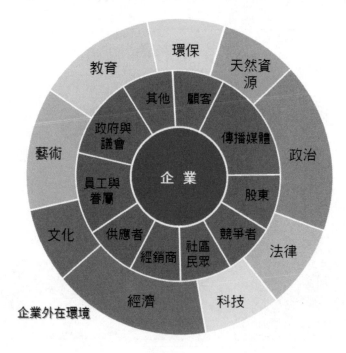

圖14-3　影響公關決策之因素

些都必須建構在專業的研究方法上，以系統性的策略協助企業營造良善的傳播與溝通生態環境，此即公關顧問產業當今的價值所在。

公關顧問角色的價值來自於「環境不確定性」與「資訊不對稱性」，這兩者將導致大眾的困惑，使組織不知道在某種情況下應該怎麼選擇立場，這時候，正是公關顧問可以發揮所長的場域。首先，在不確定性高的情況之下，情況晦暗不明，公關人員便可幫忙企業分析環境，告訴決策者現在的具體狀況爲何，應該如何應對，如何做出正確決策等等，這就是公關顧問發揮專業的機會。

而資訊不對稱，意指資訊會因接收人的不同而有差異，造成判斷結果的落差。通常資訊較多的一方會利用各種方法，使資訊較少的一方去服從其策略，而後者應該克服劣勢，誘使前者透露出其所擁有的資訊，進而說服或進行策略誘使，最普遍被提到的例子是車輛買賣，舊車市場中，買主對舊車的性能好壞並不清楚，但賣主本身則是相當清楚，而賣方會利用此情形來設計策略，使買主聽從及建議購買商品。

以往，企業組織有較多運用媒體的機會，這也是一種資訊不對稱狀況，因爲一般大眾無法得知媒體的實際運作狀態；現在，企業已不具有此優先機會，因爲所有人都有使用媒體的管道，反而是企業組織需要藉由觀看個人，來掌握未來的趨勢。

上述的「不確定性」與「資訊不對稱」，呈現出從單向不對等到雙向不對等的過程，導致企業與利益關係人彼此說話，但卻缺乏對話。這種雙向不對等的誤差，更進一步因傳播科技的變化、全球化以及消費者意識高漲等因素而加劇，使許多企業身陷溝通風險中，而公關顧問的功效，在於可以還原雙向對等的正向溝通，將企業自溝通風險中解救出來。這種正向溝通能力，在面對危機處理時更爲明顯，在當今環境下，危機源越來越多元，危機議題的參與者增加，加上網路的傳散模式、速度、語藝等危機判準困難度日增，

這些都與過去傳統新聞媒體環境下的危機判準有很大差異，此皆為
公關產業必須學習與挑戰的課題，為客戶打造資訊傳散下的環境評
估與應對判準，使客戶在面對全媒介傳散的新型態危機時，已準備
好良好的應變策略。

公關顧問的工作任務，是幫助企業組織分析整體環境關係、趨
吉避凶，這些決定都需要「策略」的運作；做行銷、找名模、辦活
動等等，都只是公關溝通的部分手段，公關顧問的真正價值，是找
出策略點，擬定合適的執行流程，偵測總體情勢、界定議題、釐清
目的，再做出適當決策（**圖14-4**）。所以，利益關係人的思維加上
有效的溝通，是公關專業發揮價值的重要基礎。

對照前文所述，一個合理的問題應運而生——現有的公關人員

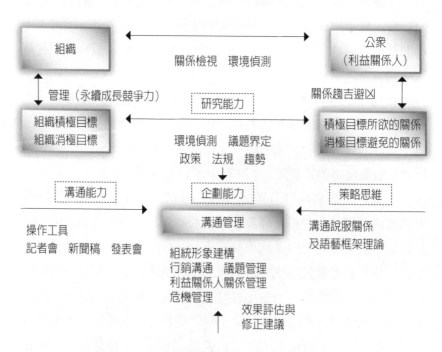

圖14-4　公關產業趨吉避凶決策之思考方向

訓練以及學校教育的方針，是否符合當前產業變化的需求？現今台灣公關產業面對的狀況，是公關人員的缺額極大，以及人才流失的雙重困境，而正確的教育方向與理念之缺乏，也導致產業專業素養成長緩慢。

　　現在的高等教育體系往往將公關課程放在廣告系下，固然有著產業理論演進的歷史根源，但以現今的產業需求來看，這種定位明顯不適用；我建議在管理與溝通融會的過程中，應將公關學門與商學院做結合，公關教育體系才能得以完善。除此之外，公關部門在許多企業組織內並沒有被放在正確的定位上，公關管理功能應與生產、行銷、人事、研發、財務等部門並列，平行同時為總經理服務。唯有如此，才有辦法掌握公司的走向，擁有即時資訊，來協助企業做出好的溝通決策（**圖14-5**）。未來，面對公關總體市場的人才需求，無論台灣或是中國大陸，無論是企業內部的公關部門或是

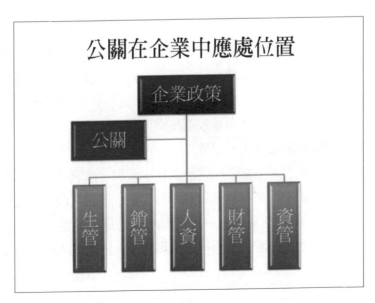

圖14-5　公關在企業中應處位置示意圖

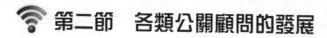

公關產業的公關人員，皆處於人才短缺的狀態。

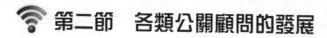 第二節　各類公關顧問的發展

　　公關顧問公司服務的對象非常廣泛，依據其所服務業主的產業領域及服務內容的差異性，逐漸發展出不同的產業利基市場，公關顧問市場中，除了綜合型公關服務也在近十多年發展出個別定位的公關顧問服務，主要有政治公關、財金公關、醫療公關、精品公關以及科技公關。

一、政治公關[2]

　　過去傳統的政治公關主要以政府為主體，建立、維護和發展各種內外關係，以體現政府職能的一種管理思想和實踐活動；但若只是將政治公關的工作內容，定義為「政府」與「社會或特定團體」之間的互動與形象塑造，這樣的說法則顯得狹隘，忽略了其中的「計畫性」，計畫性代表了一種積極主動而具延續性的「形象塑造」，同時忽略了其「非計畫性」或是「日常事務」性質，這些性質可能出現在政治人物與人民、民間社團彼此互動中的公關交流。

　　另一種政治公關形態則是以選舉為核心的公共關係，近期由於台灣政治競爭日趨激烈化，導致「政治市場」開始出現專業行銷、公關產業和專業人才，來協助政治人物、政府、政黨及利益團體，在各項選舉活動中，贏得勝選以取得重要職位，讓其政策、主張得以實踐，利益也能獲得保障。其工作內容乃是對於選舉進行有組織、有系統的流程規劃，運用行銷市場技術，為候選人進行形象包

裝和與選民溝通的工作。目前台灣主要經營政治公關的公司包括有威肯、新高山、戰國策等。

二、財金公關

財金公關主要以金融產品服務相關議題為服務對象，包括以下數者：

1. 財政部所發放特許執照的金融事業，如銀行、保險公司。這部分的業務包括金融商品的溝通與行銷，當然也包括這些金融企業的品牌行銷及企業形象管理及公關諮詢等任務。
2. 上市公司，例如食品、半導體公司。這部分的業務包括上市櫃公司的各種投資人相關溝通、財報的公布、法人與分析師關係的經營等。
3. 併購案服務，此乃牽涉到兩方面股東利益關係、員工權益等之間的溝通，這部分包括了內部員工溝通、議題管理、危機處理與投資人溝通等。

以這類財金專業議題作為服務主體或提供專業服務的公關公司包括奧美公關及利眾公關。

三、醫療公關

由於「健康傳播」具備高度專業性及特殊性，其中許多較為艱澀的醫藥訊息，必須加以重新解碼、編碼來讓大眾理解，藉由整合行銷及醫療專業，建構出與目標群眾充分的溝通。醫療公關必須要具備掌控趨勢、主導議題、發揮創意、多元工具運用以及細膩的溝通。同時除了透過公關操作引發關注外，更期望發揮議題深厚的影響力，促動目標對象採取行動。目前台灣主要經營醫療公關業務的

公司包括有精萃公關、格治公關、禾唯公關、利眾公關等。

四、精品公關

　　精品公關著重品牌的企劃與包裝，同時也負責「說故事」的任務。包括處理媒體、對外溝通、活動企劃執行及臨場危機反應，服務對象主要是時尚精品、彩妝保養以及服飾等產品，並負責規劃執行品牌公開宣傳活動，媒體訊息的露出，並進一步塑造品牌形象。朝這部分專業發展的公關公司，包括鈞霈公關、先勢公關、達豐公關等等。

五、科技公關

　　科技公關的主要服務內容，包括科技產業領域中之新產品上市、產品的創新、科技的應用，或是科技相關議題與發展等公關計畫。其中溝通的對象包含了企業對企業或是企業對消費者；產品方面則包括電腦相關、軟硬體、半導體、零組件、週邊、通訊、網路、消費性電子等相關性產品。台灣較知名的科技公關公司包括世紀奧美、經典公關、利眾公關等等。

六、電信業與公關

　　電信產業是近年來台灣市場中需求快速擴大的產業，從半導體、電信設備與基礎建設、手機品牌、系統營運商到軟體服務提供者等，都隨著智慧型手機的普及、固網數據服務以及行動數據服務的普及，產生持續的公關需求。隨著電信規格的世代更新以及消費者使用行為的逐漸變化，發展出系統廠商間的競爭、規格的普及與市場教育、手機品牌間的競爭、通信協定，與系統業者間的合縱聯盟，為公關產業帶來多元化業務內容。而公關產業提供的服務包括

品牌行銷、媒體與消費者的溝通、企業形象、規格與產業議題溝通
等等。目前台灣服務電信產業較知名的公關公司，包括利眾公關、
聯太公關、先擎公關等。

📶 第三節　台灣的公關顧問市場

一、產業市場概論

　　台灣公關產業的營運理論發展相當特殊，最初由留學研究者引
進，進而受到政府提倡，推行公營事業，然後隨著社會整體環境的
改變，使公關產業開始快速成長。[3]

　　相較於世界上其他市場，台灣的公關市場有著相當特殊的發展
歷程，大約距今二十多年左右，台灣正式出現公關產業，民國76年
解嚴後，導致媒體開放、投資開放，孕育了滋養公關產業成立的傳
播環境。相對於台灣的廣告產業的發展歷史，廣告公司通常比公關
產業成立的更早，但是經過幾十年的發展，兩者在股權結構上卻有
很大差異。

　　廣告產業以外資股權為主，公關產業則是本土企業，較具代表
性的大型廣告公司如奧美廣告[4]，奧美廣告於1985年，購買國泰建業
廣告打進市場，而後許多國際廣告公司陸續以相同策略跟進，此發
展模式造成目前台灣的廣告產業呈現由國際品牌主導的狀況，本土

---

[3] 張在山（2004）。《公共關係》。台北：五南。
[4] 奧美廣告，奧美（Ogilvy & Mather）是世界上最大的市場傳播機構之一，由被
　譽為廣告學之父的大衛·奧格威創建於1948年，該集團隸屬於WPP集團。台
　灣奧美成立於1985年，與台灣廣告界的淵源，則要追溯到1972年的國泰建業公
　司。國泰建業與奧美建立了技術合作以及合資協定，並且正式將公司名稱改為
　奧美。取自：http://zh.wikipedia.org/wiki/%E5%A5%A5%E7%BE%8

廣告公司在生存空間以及經營規模都相對受到壓縮（**圖14-6**）。

　　當國際廣告公司在台灣市場攻城掠地，國際公關產業也試圖進入台灣市場，但卻無法複製廣告產業般的成功經驗，因遭到本土公關產業的拖延策略，使國際公關產業無法掌握購買台灣的公關產業的精準時機，使台灣本土公關產業得以掌握成長空間。

　　90年代後，國際公關產業對打進台灣市場展開第二波行動，而當時國際公關產業本身多將公關產業賣給廣告公司，而廣告公司又多被集團併購，如偉達公關（Hill & Knowlton）與博雅公關（Burson Marsteller），這些國際公關產業被併入WPP集團（Wire & Plastic Products Group, WPP Group）、歐姆尼康（OMNICOM）等大型傳播控股集團後，決策者關注上市與金融問題，風險控管與資金流動性等考量箝制了投資策略，加上亞洲金融風暴的影響，使各集團決定將資金撤離亞洲市場，也使得台灣本土公關產業接收了國際

台灣公關公司數量成長史

- 1991年前設立迄今　6家
- 1991-1995年-12家
- 1996-2000年-24家
- 2001-2005年-20家

2012年活躍的公關公司家數超過60家

圖14-6　台灣公關產業發展歷史

公關產業的客戶源。

　　由此可知，台灣公關產業的發展歷經兩個重大時期，其一是拖延戰術，使公關產業有時間與空間去成長發展；其二是外資退出，使公關產業得以茁壯並接取到客戶源，而台灣也成為世界上唯一外資在台發展失敗的特例。

　　除了資本結構，人才結構的變化也影響台灣公關產業的組成樣貌。最早進入市場的公關產業，起初鎖定本土企業客戶，而台灣社會剛從戒嚴中釋放，社會開始多元化發展，媒體對於大眾影響力與日俱增，當時的公關人員多半從新聞媒體界出身，比較熟悉如何協助本土企業運用媒體拓展業務，也成為社會資源與新聞產製模式的意見領袖。

　　90年代後，業界開始接收外商公關產業的客戶源，開啟了台灣公關產業蓬勃發展的契機。一方面，本土公關產業在服務外商企業時，從外商的國際經營管理做法中吸收了先進的公關概念以及操作手法；另一方面，外商大多採取長期合約的合作方式，使得公關人員在語文能力，以及垂直產業深入知識的需求提高，創造出足夠的規模經濟，使公關產業深化發展。

　　近期公關產業隨著整體環境的需求變化應運而生，從科技公關、醫療公關、財金公關到電信公關，各種專業公關產業因應各種垂直產業專業門檻的不斷提升而增加，奠定了目前台灣公關產業或集團的樣貌；隨著本土公關產業專業知識的建構堆疊，加上對於本土環境的充足理解與觀察深度，也使外商公關產業跨入台灣市場的難度日益提升。

　　進入二十一世紀後，另一項對公關產業發展的影響變化也隨之發生，即傳播科技的發展。隨著網路社群的力量快速擴升，消費者的閱聽習慣與資訊取得管道也產生了劇烈變化，帶來傳播管道的複雜化、消費者分眾的細密化，以及議題發動者（意見領袖）的多元

化：當傳統媒體面對環境變遷而掙扎轉型之時，公關產業的業務服務內容也必然跟著轉變。

當學界悲嘆大眾傳播已死，傳統的公關典範也隨之瓦解，面對環境的改變，傳播產業進入重新洗牌的戰國時代，各種產業界線不再涇渭分明，廣告公司、媒購公司、網路公司、活動公司、公關產業開始彼此跨界，並爭奪行銷資源的主導權，而公關產業也積極導入更多行銷、品牌、直效傳播、網路溝通、社群與意見領袖關係等資源與策略方法。面對溝通環境的變化，公關產業過去賴以為專業基礎的媒體研究與溝通能力，並不足以應對改變。為了與其他產業抗衡，公關產業必須創造出結合理論與實務的規模經濟，將公關策略的思考模式融入新的理論工具，此現象導致了水平專業融合的公關產業開始出現，最具代表性的現象，乃是大型本土公關集團紛紛著手開設網路公司與廣告公司。

近幾年來，隨著全球化、經濟危機、資訊普及與網路社群化等大環境因素影響，社會大眾對於企業的信任感日益降低，各種政府、非政府組織、自發性的群眾行為或網路串連對抗企業的案例日益頻繁地發生。企業面對各種危機疲於奔命，議題管理與CSR的內外需求日增，傳統公關中的企業公關、政府公關或是公眾事務等功能性需求日益複雜化、困難度提升，傳統的方法與觀念也不敷應對。這也使得企業公共事務溝通的水平需求產生，使得台灣公關產業面對另一波變化。

二、產業發展概況

台灣的公關產業目前看來百家爭鳴，但台灣的市場規模實際上仍不如其他國家，故目前台灣公關產業數量不多。即便如此，許多公司雖掛名為公關產業，但實際上並非提供公關服務項目與業務：

也有的公司在執行面上屬於公關產業，但是企業名稱卻不像是公關產業。

　　至於台灣公關產業的規模也並不大，約七成左右，都是由20人以下組成的中小型公司，少有超過30人以上的經營團隊（圖14-7）。以中小型公關產業為主的台灣公關產業結構，長期而言並非健康的專業生態，因為經營規模將影響到研究素質與專業累積的能力，中小型公司在客戶服務上可以掌握少數特定客戶，但是在人員訓練、專業能力開發乃至專業資源的投入等面向上，都面臨許多局限，導致人員流動率不停增加，降低整體產業的專業信度。

　　這類的經營困境，加上環境需求的快速變遷，使中小型公關企業顯得進退兩難，大型的公關企業在面對變化的應對能力與資源較高，如部分大型公關產業已將公關部門進行專業化細分，配合政治、金融、科技領域的特殊需求，尋求不同專業背景的人力，使人才專長配合公關的專業，這也是未來公關人員的重要職涯發展方

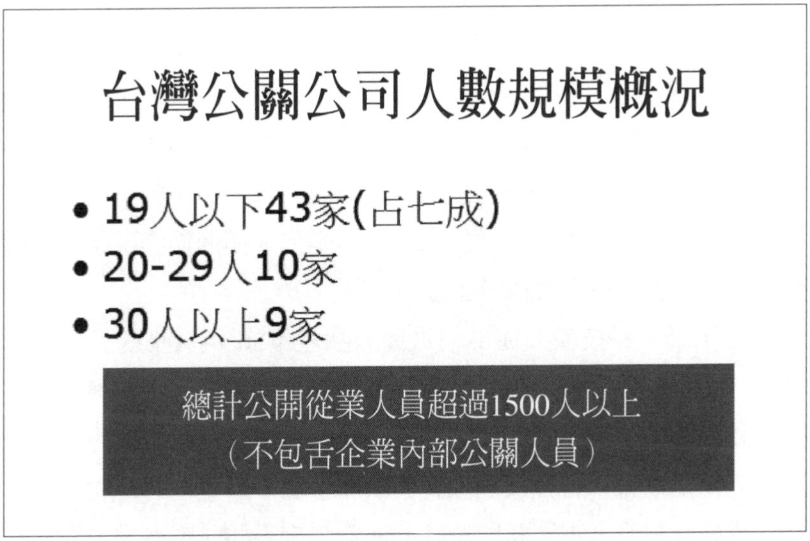

圖14-7　台灣公關產業人數概況

向，可以找出自己在垂直與水平專業累積上的優勢，創造差異性，讓自己成為領域的主角。

📶 第四節　台灣公關產業的服務專業

若要分析台灣公關產業的專業服務內容，則必須從業主以及服務需求兩個角度同步觀察，如前文中所論述的，垂直產業的區分是台灣公關產業面向專業差異化的第一個改變，至今，垂直產業的分際仍是公關產業在界定服務型態的重要方式；而垂直產業區分的方法並非一成不變，而是隨著整體經濟環境與產業結構的變遷過程持續調整；此外，各種產業隨著面對國際化的競爭，學習行銷傳播手法的速度也有所差異，並影響到企業在產業中的影響力與經營狀況。

一、公關產業的客戶結構

台灣近二十年來，產業結構變遷帶來客戶組成變化，從早期的家電業、營建業、靠「本夢比」膨脹又泡沫的網路業、隨著通路變革而快速變動的快消品產業、從DRAM到面板到半導體供應鏈的半導體產業、從IT硬體到資訊設備基礎建設到整體服務解決方案的資訊業，都可以看出產業結構約三至五年變換一個週期的現象，這種變動也構築出各種的公關傳播需求。

近年來，科技產業從早期占據公關產業50%~90%的業務高比例，今日已逐漸稀釋，但科技業以及消費性產業依然是台灣公關市場占比最高的公關業主；隨著傳播科技的發展、受惠於網路化與社群化的電信產業、各種疾病教育與治療手法不斷更新的醫療產業、隨法規建全以及各種資訊門檻降低而蓬勃發展的財經產業，均逐漸

成熟穩定，成為目前公關產業重要的業務來源，同時也是最具成長潛力的垂直產業市場。

另外，各種產業接觸公關產業的先後次序，也影響著公關客戶結構的變化。早期，科技業受惠於發展速度與社會關注，而產生大量溝通需求，IBM、HP等大型的國際企業挾帶著全球的公關經驗與觀念進入台灣市場，使科技產業很早就學習並熟悉公關運用策略。除了科技業之外，國際快消品企業如P&G也是進入台灣市場的先驅，這些國際快消品企業相當熟悉運用公關協助品牌溝通以及行銷操作的方式，也是早期台灣公關產業取得大量相關業務的原因。關於未來，我認為過去較少運用公關方法的產業，例如金融業、製造業、B2B產業等等，必然將陸續熟悉公關產業，進而成為公關產業的潛力客戶。

二、公關產業的服務型態

公關產業的服務型態有幾種類型，最常見的區分方式，就是將客戶服務分為長約服務客戶以及專案服務客戶；另一種方法，則從客戶的需求出發，將服務分為營銷類需求以及非營銷類需求，其中，營銷類需求包括品牌類的溝通以及產品銷售相關的各種公關活動，非營銷類需求則包括企業形象、公共議題管理、危機溝通等等。

有關長約服務與專案服務，前者乃指客戶具有持續性的公關服務需求，例如定期密集的媒體監看、分析，持續性的媒體聯繫與互動，定期新聞發布，或是依據產品線以及不同商品與品牌議題，規劃持續性的溝通策略並予以執行；後者則是因為客戶未必有如前者般的服務需求，故僅針對特定商品訊息或議題，進行一段時間的操作，小至一場記者會，或是在兩、三個月內一連串的商品發表會、

消費者活動或網路溝通等等。以整體產業結構而言，專案服務的需求仍高過長約服務需求，但由於各家公關產業因產業結構以及客戶屬性的差異，將呈現不同的變化，例如科技業有持續與媒體溝通與聯繫關係的需求，因此以科技業為主的公關產業長約服務的比例較高；而快消品產業通常依據品牌與產品進行切割，故常以專案服務的方式進行。

至於營銷類與非營銷類的服務業務，營銷類業務占較多比重，從早年70%~80%的比重，隨著近期企業形象與議題管理類需求之提升，也占有整體業務約60%~70%左右的比例。營銷類業務包括傳統媒體業務，如記者會、媒體策劃報導、新聞稿、產品測試安排等，也包括與消費者直接溝通的業務，如事件行銷、消費者活動、產品Road show等等；近年，隨著網路傳播的興起，業務層面也拓展至社群討論、網路活動、部落客溝通等等；而非營銷類的業務，則包括客戶內部溝通活動、供應鏈夥伴溝通、重要大型直客溝通、公益活動、議題管理與危機處理，及近期越來越受重視的CSR策略與活動等等。

三、公關產業的人才來源

前文中已經提過，早期公關業的人才多數來自新聞與媒體行業，隨著產業結構與公關專業內涵的變化，公關產業的人才來源與專業背景也開始產生質變，隨著公關產業業務範圍逐漸擴大，加上高等教育開始正視公關產業的相關課程，開設專業學程，或者設立獨立科系，產生產業學術化的現象，顯示當今階段公關產業的人才來源多與行銷、傳播背景相關。在產業內部，由於此階段業務面較多偏向營銷策略，因此具有廣告、廣電、視傳等，也紛紛進入產業中；而垂直產業的深化，增加了專業學術背景人才的異質性，包括

來自資管、企管、財金、國企、醫藥公衛的人才。

　　隨著非營銷類業企業溝通需求的激增，公關產業的人才需求又產生了進一步的變化，面對來自政治、公共政策、勞工、企業管理、環保等領域的需求日益提升，以應對企業在各種面向上與不同利益關係人溝通的複雜需求。但是由於管院、商學院以及其他法學院對於公關的相關基礎教育較為不足，因此，這些領域的人才取得，也成為現階段公關產業的發展瓶頸之一。

　　隨著公關產業的發展結構日益複雜，未來產業人才在異質背景的專業融合將成為公關專業發展的常態，如我上述所論及的，有些公關產業會做所謂的「分業」，由於未來的趨勢必須依靠專業取勝，以筆者自己為例，同時具有商管知能與傳播專業技能，擁有處理金融客源的能力，如股票、提案、撰寫企劃案等，足以勝任金融領域的專業公關人員。以現今台灣的市場情形來看，金融與消費的市場發展已趨於穩定，但醫療公關仍屬潛力市場，基於自身在公關產業的實務經驗，建議可以培養具有醫療專業技能的人才並加以訓練，成為專業的醫療公關人員。

　　目前，公關產業的服務內容仍著重於專案服務，但其實一家公關企業，應幫客戶經營企業形象，此屬於長約服務，若僅是純粹替客戶提供行銷企劃，則一律收取所謂的「顧問費」來維持收益；目前台灣市場上大多公關產業都在做行銷的服務，但是，台灣真正應該要培養的人才是高階公關顧問以及專業公關人才，這才是公關產業未來致勝的關鍵。

🛜 第五節　公關領導經營哲學

　　作為公關企業組織的管理領導者，最重要的責任，是確保組織的永續發展，此任務的兩大基石首先為引領組織發展的視野與格局，再者為培育組織發展所需的領導人與團隊。這兩點或許對多數的CEO來說是再普通不過，但對於一個沒有特殊外資或財團等奧援的台灣本地企業，特別是顧問服務業來說，是十分困難的。

　　作為專門產業，公關顧問公司的發展歷史已屆百年，即便如此，某個特定課題仍然在全球公關專業及學術研討會中不斷被提出討論──「公關產業如果要像醫師、律師、會計師一般取得社會尊重，是否應該針對從業者進行證照考試？」這個課題幾十年來不斷被提起，也永遠無解，影響所及便是公關科系作為一個實質學門，究竟應該放在傳播領域？或者是管理領域？至今無解。

　　關於公關專業，有一個相近學門發起較晚但已卓然有成，那就是「人事管理」。人事管理主要負責組織人才的招聘及養成訓練，而公關則是負責組織對利益關係人及外在環境的溝通工作，顯然地，管理學院認為「人」是看得見、可以量化的指標，而「溝通」是看不見量化成效的指標，所以公關雖是以組織的溝通管理作為核心，但被摒除在管理學院之外，也尚未被以「溝通」為主的傳播學院認真看待。

　　關於企業形象、品牌形象、領導人形象等課題，我們已經越來越熟悉，品牌價值跟企業社會責任這些課題也開始被指標化計量管理，但若靜心一想，這些由公關人員負責的專業課題，仍舊跟隨美國式思維走。由於上述指標是由美國的價值系統所發展的，美國政府及企業對於形象課題均積極經營，因此無論是組織內的公關部門或外部公關顧問公司的發展都相對地成熟，而美系國際企業在全球

市場都建立起與總部一致的公關管理規範，因此能跟隨客戶共同發展出全球市場規模，而這些美系公關顧問公司也幾乎都隸屬於傳播類的控股上市集團。基於語文差異及對異國文明程度的憂慮，加上採購制度的綑綁，美系企業大多依從總部決定全球公關服務的指定任務，在市場及資金的懸殊條件下，目前沒有任何非美系的公關顧問公司能發展出相同的營業規模。

然而，並非美國才有先進的公關學術及專業，歐、亞各洲等市場，在近三十年間，始終不斷產出傑出的公關學術研究及專業成長，也因為在地性特質，產生獨特的良好發展，但由於市場規模及資金額固，在公關集團發展過程中，基於股東對營業成長要求的壓力及專業人才的需求，美系企業不斷購併這些具有獨特性跟區域性發展的公關產業，就像茁壯中的果園，來不及開花結果，便被移枝散葉了。

歐洲國家雖然也有很多品牌企業，但在公關運用策略上並不像美系企業般積極，因此不易扶植出當地能走向國際規模的公關顧問集團；在亞洲地區強勢發展的日本、韓國，因為民情及在地性，本地公關人才及公關產業確實能在自己的主戰場跟國際公司分庭抗禮，但仍難脫被集團購併，或因民族性強烈而打不進國際市場的命運。

近十年最被關注的市場，莫過於中國大陸，全世界著名的公領域學者紛紛受邀至大陸講座、研究，陸續培育出一批年輕研究者；而中國大陸政府對國家形象的重視，在國家系統的控制下，產出大批人才、快速發展相關制度，最具代表性者便是前國家發言人趙啓正，在推動中央及各部會發言人制度及訓練系統之後，退休後更服務於人民大學傳播學院，繼續培養政府及民間組織所需的公關學術研究及人才。

中國大陸的市場寬廣，產業需求激增，使全世界的公關企業

與公關人才，都在近年內轉移陣地，投入大陸市場，快速形成肉搏戰的紅海市場；在中國當地，已有不少公司被美系公關顧問集團購併，但因為內需市場之廣大，足以培育出具一定經濟規模的本地企業，如「藍色光標」因為服務「聯想」這家大陸目前最成功的品牌企業，使「藍色光標」成為在全中國擁有最多服務據點跟員工數量的公關產業。相較於歐美市場受金融海嘯影響的景氣低迷，中國大陸市場的蓬勃成長讓本地公關產業並不急於拓展國際發展，但中國大陸政府及公關產業是否能如美系企業般，給予國內公關產業足夠機會躍上國際舞台，此點我認為則有待觀察。

回顧台灣的公關產業及市場發展，台灣的公關市場在解嚴後蓬勃發展，而筆者也有幸在這個年代投身這個領域。在這二十多年的發展中，初期如聲寶、裕隆、富邦等本地企業，因為第二代接班人多受美式教育，並積極與國際企業合作發展，成為較早成立公關部門並採用外部公關顧問公司的公關產業推手，同時如IBM、可口可樂、P＆G等大批美系企業進入台灣市場，帶來了美系企業的公關制度與經營觀念，加速了台灣在地公關產業的發展，包括筆者與許多早期的台灣公關市場開拓者，都受惠於這些企業給予的公關專業學習成長機會。在此同時，美系的公關集團如博雅跟偉達也開始進入台灣市場，並和美系企業共同提供歸國人才發展所長的多元平台。

90年代，第一次亞洲金融風暴爆發，博雅跟偉達等大型外商企業關閉了在亞洲主要市場的服務據點，將重心放在大陸市場，也清空了台灣公關產業的發展空間，筆者當時正處於這樣的環境中，幸運獲得了擔任公關產業領導管理者的機會，筆者當時的經營策略，楷是積極洽商包美系公關產業在台灣的服務代理權，致力壯大經營規模跟服務內涵；這個階段對台灣公關產業來說，是一個快速起飛的黃金成長時期；在此期間，後發的美系公關集團因為管理人才數量不足，加上先發公司都棄守台灣市場，因此將重心放在大陸以及

印度等新興市場，不致使資本優勢阻礙台灣公關產業的成長。

📶 結　語

　　前文中所提，亞洲企業相較於歐系企業，相對不重視顧問專業的抽象價值，加上台灣市場規模有限，外商企業近年並陸續將預算重心放在大陸市場，使台灣市場被推擠到邊緣；而公關人才並不是生產機具，而需要長時間的教育與培養，在大陸市場中如黑洞般深不見底的人才需求，也吸納了眾多的台灣公關人才，使台灣公關產業轉化為勞力密集的大量行銷活動為主的紅海市場，對人才培育產生不利影響。

　　領導管理者的任務，是確保企業組織的永續發展！回顧過去二十五年的公關顧問工作經驗，筆者在撰寫本文時，並不限於國內市場，而是從國際格局著眼，探討台灣公關產業的發展歷程與經營策略，以及市場開拓及培育人才的方向。台灣公關產業應該儘快密切地與國際公關集團採取競合策略，產生台灣公關產業的發展契機與在地特色。因此，對於大陸市場近十年來所形成機會與威脅，最佳的因應之策，乃是在未來十年內，找到台灣公關產業及市場的創新定位！這項課題行之不易，但仍存在著機會！至於成果如何，且讓我們擦亮眼睛，擁抱希望，積極開創未來！

參考書目

孫秀蕙（1997）。《公共關係：理論策略與研究實例》。台北：正中。
臧國仁、孔誠志（1995）。《公關手冊》。台北：商周文化。

新聞傳播叢書 10

電訊傳播 CEO 的經營策略

主　　編／劉幼琍

作　　者／朱詣璋、李泰臨、李彬、何薇玲、呂學錦、林
　　　　　東民、吳健強、陳怡君、陳建銘、楊鳴、廖福
　　　　　順、劉幼琍、賴弦五、嚴曉翠

出 版 者／威仕曼文化事業股份有限公司

總 經 銷／揚智文化事業股份有限公司

發 行 人／葉忠賢

總 編 輯／閻富萍

特約執編／鄭美珠

地　　址／22204 新北市深坑區北深路三段 260 號 8 樓

電　　話／(02)8662-6826

傳　　真／(02)2664-7633

網　　址／http://www.ycrc.com.tw

 E-mail ／ service@ycrc.com.tw

印　　刷／鼎易印刷事業股份有限公司

 I S B N ／978-986-6035-13-5

初版一刷／2013 年 4 月

定　　價／新台幣 550 元

國家圖書館出版品預行編目(CIP)資料

電訊傳播 CEO 的經營策略 / 朱詣璋等合
著；劉幼琍主編. -- 初版. -- 新北市：威仕
曼文化, 2013.04
　　面 ；　　公分. -- （新聞傳播叢書；10）

ISBN 978-986-6035-13-5 (平裝)

1.電信產業 2.電信管理 3.電訊傳播

557.7　　　　　　　　　　　　　　102004927